深圳中学核心素养提升丛书

整本书阅读新视野

主　编◎杨　洛
副主编◎杜晓童
参　编◎刘雅娟　庞雨尧　梁妆妆　宋照宇
　　　　刘　畅　于舒婷　刘　莎

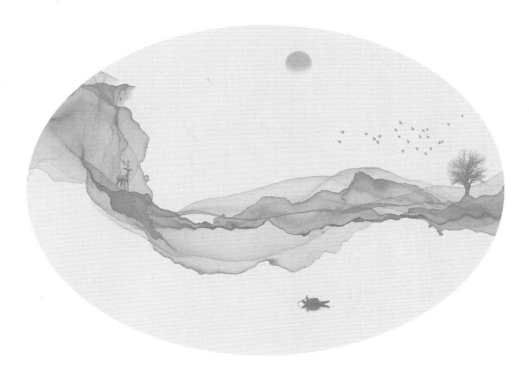

中国人民大学出版社
·北京·

深圳中学

办学定位　建设中国特色世界一流高中
培养目标　培养具有中华底蕴与国际视野的拔尖创新人才
深中精神　追求卓越　敢为人先

校　　训　团结　进取　求实　创新
校　　风　主动发展　共同成长　不断超越
教　　风　敬业爱生　言传身教
学　　风　尊师守纪　勤学多思

深圳中学核心素养提升丛书
编委会

主　编

朱华伟

编　委

熊志松　娄俊颖　王新红　郭　峰　王粤莎

总序

教育的目的和本质是育人，是使学生在教育中成长并且能不断提升自我、完善自我，在关爱他人和服务社会中实现自我价值。在学校，教育的目的一方面需要依托教师的职业行为（主要是教学）来实现，另一方面更需要学校的教育理念指导和学校课程支撑，其中最核心的无疑是学校的课程建设和实施。

20世纪90年代后期，我国开始试行国家、地方、学校三级课程管理制度，课程决策权部分下放到了学校，全国各地随即开展了轰轰烈烈的"校本运动"。"校本课程"（School-Based Curriculum）本是一个"舶来品"，欧美一些国家在20世纪初就开始关注以校为本的教育改革。在我国第八次基础教育课程改革的大背景下，校本课程成为我国新课改的重点，同时也成为越来越多学校和教师关注的焦点。

国家课程注重的是普适性，是为了保证学生对基本知识技能和素质的掌握和实现，针对的是大多数学生的共性需求。而校本课程开发直接指向差异，它是一种"特色课程"，以学校为开发单位和实施单位，包含浓郁的校园特色、本校学生特色，旨在尊重学生、学校和社区的独特性与差异性。这也是深圳中学一直以来重视校本课程建设，积极进行校本教材开发的出发点和落脚点。

著名哲学家吉杜·克里希那穆提曾说："正确的教育所关心的是个人的自由，唯有个人的自由，才能带来与整体、人群的真正合作。"为什么很多学生在中等教育阶段很难体会到学习的幸福和乐趣？很大程度上是因为他们缺乏相对自由的选择权。为了赋予学生更多的自由和更多样的选择，深圳中学在近十几年来通过实地调研学生实际需求、深入挖掘素材资源，开发了360多门丰富多样的校本课程，让学生在更广阔的天地里去体验、去发现、去成为最好的自己。

深圳中学从21世纪初成为课程改革样板学校，我们在前期校本课程探索和实践的基础上，结合新课标关于培养学生核心素养的要求，对学校360多门校本课程进行精心筛选和整理，特推出"深圳中学核心素养提升丛书"。该丛书包括《映鉴：中国近现代人物作品与人格魅力》《整本书阅读新视野》《物理思维破茧：从高考到强基》《像生物学家一样思考：高中生物学核心素养学术情境资源集》《中学生常见心理困惑答问》，内容涵盖语文、物理学、生物学、心理学等多个学科，它们既相互联系，又各自相对独立。我们力争使这套书能够充分体现出以下特点：

第一，聚焦落实立德树人，培养学生核心素养。立德树人是教育的根本任务。培养和发展学生核心素养，根本出发点是全面贯彻党的教育方针，践行社会主义核心价值观，突出强调社会责任感、创新精神和实践能力，促进学生全面发展，落实立德树人根本任务。本丛书在编写中深入挖掘学科育人价值，有机融入理想信念、爱国主义、责任与担当、奋斗与坚持等主题内容，在帮助学生构建知识体系与关键能力的过程中，培养学生形成正向的思维模式与必备品格，全面提升核心素养。

第二，坚持以人为本，培养全面发展的人。这是深圳中学校本课程开发的灵魂追求，也是这套书的基本特征。以人为本既是现代教育的价值取向，也是我国校本课程开发的基本价值取向。校本课程的实施归根结底是为了学生的全面发展，我们通过不断的努力和尝试，开发编写丰富多样并且适合本校学生发展的校本教材，践行对以人为本的追求和探索。

第三，坚持理论与实践的有机结合。这套书不是空谈理论，而是立足于深圳中学的学校特色和课程特点，针对实践进行反思和总结，致力于理论建构与实践探索的统一。其中，既有对本学科专业知识的解读，又融合了大量针对提升学生学科素养的导读、解析和课例。

第四，坚持注重多维视野的相互关照。从宏观与微观、历史与现实、继承与超越、国际与本土等方面探讨中国近现代人物思想、整本书阅读、物理思维、生物学习等领域，既反映了学科发展的基本趋势，又体现出理论的创新追求。

校本课程的显著特点是给教师赋权增能，让教师成为课程开发的主体。这套书凝聚了诸多老师的智慧和汗水，他们在选题、组稿、修改、定稿和编辑出版的过程中付出了艰辛的劳动。如果没有他们的努力和付出，这套书是很难和大家见面的。非常感谢这套书的编著者们，是他们的辛勤和卓越成就了深圳中学校本课程的厚度！

校本课程的开发是一个渐进的过程，尤其是特色的形成需要进行长期摸索和逐步积累。几十年来，深圳中学从未停止探索的脚步。我们期望通过我们的微薄之力进一步发展学生的能力和兴趣，进一步推进校本课程的发展和进步。我们乐于和学界同人分享我们的这些成果，同时也真诚希望大家批评指正，欢迎各位同人不吝赐教。

是为序。

2023 年 10 月于深圳中学新校区斯善楼

前言

　　在《普通高中语文课程标准》(2017年版,2020年修订)中,必修课程、选择性必修课程、选修课程三类课程都安排有"整本书阅读与研讨"任务群,落实到教材编写上,人教社高中语文教材各册均有相应的专属单元教学内容。上述课程设计的有效实施,不但需要改变教师热衷于讲授、学生耽于解题、家长看重升学的积习,还要求语文教师遵循语文教育规律,积极利用和开发各种课程资源,变革教学方式,克服"课时不够""不好控制"等实际困难,帮助学生建构阅读整本书的经验,促进学生语文素养的提升。怀揣这样的"初心",结合深圳市教育科学规划课题"基于语文核心素养下的高中语文精品阅读课程的设计与实施"的研究,深圳中学语文科组的部分老师在该课题主持人杨洛老师的带领下,进行了两年多卓有成效的探索和实践,于是有了这本《整本书阅读新视野》。

　　本书所选阅读书目包括《红楼梦》《少年中国说》《呐喊》《曹禺经典剧作:〈雷雨〉〈日出〉〈原野〉〈北京人〉》《青春之歌》《梁衡散文中学生读本》《蛙》《杀死一只知更鸟》《语言学的邀请》等中外作品,且不限于文学作品。每本书下设"意蕴与价值""作家与作品""任务与策略""延伸与拓展""收获与成长"五个板块。其中最有价值、最能体现一线语文教师创造精神的当属"任务与策略"板块:不但有阅读进程表等工具帮助学生安排阅读计划,还设计了包括阅读法指导、跨媒介研究指导、变式阅读等阅读策略,提供了阅读摘抄与评注示例等学习支架。在"收获与成长"板块,收录了深圳中学学生的读书札记、剧本、课堂讨论实录等形式多样的整本书阅读成果。这些成果表明,同学们在阅读过程中训练了概括能力,提升了思维品质和鉴赏能力,形成了适合自己的读书方法,养成了良好的阅读习惯,建构了独属于自己的阅读整本书的经验。

期待不止于此。

期待深圳中学的学生们不仅能收获整本书阅读的经验，还能增广人生的格局，陶冶崇高的精神和博大的胸怀，打下厚实的"精神底子"。期待语文科组的老师们继续砥砺前行，不断优化信息化背景下建构阅读整本书经验的过程与手段，为深圳中学实现建设具有中国特色的世界一流高中的愿景做出新贡献。

作者介绍

杨　洛　本硕就读于南昌大学，曾任南昌大学人文学院讲师。曾获"深圳市优秀教师""深圳市高考工作先进个人"等称号，著有专著《白鹭洲内外》，参与编写《广播电视新闻采访写作教程》，主持深圳市教育科学规划课题，在省级以上刊物发表多篇论文。

刘雅娟　毕业于陕西师范大学。曾获"深圳市高考工作先进个人"称号，多次被评为校级"优秀教师""优秀班主任"，在省级以上刊物发表多篇论文。

庞雨尧　本硕就读于北京师范大学。曾获深圳市高中语文教师优质课比赛二等奖，获"深圳市高考工作先进个人"称号，在省级以上刊物发表多篇论文。

宋照宇　本硕就读于复旦大学。曾获校级青年教师教学大赛一等奖，获深圳中学"十佳青年教师"称号。

杜晓童　本硕分别就读于华东师范大学和东北师范大学。曾获深圳市高中青年教师教学基本功比赛二等奖、深圳中学青年教师优质课比赛一等奖。

梁妆妆　本硕就读于北京师范大学。曾获深圳市高考模拟试题命题比赛一等奖。

刘　畅　本硕分别就读于中南财经政法大学和华东师范大学。

刘　莎　本硕分别就读于北京语言大学和北京大学。曾任深圳中学语文教师，日本立命馆孔子学院汉语教师。

于舒婷　本硕就读于北京大学。曾获深圳市青年教师基本功比赛二等奖。

目录

美的历程

——《红楼梦》整本书阅读指导

刘雅娟

阅读指导视频

朗读音频

《红楼梦》 作者：曹雪芹著，无名氏续，程伟元、高鹗整理

出版社： 人民文学出版社

出版年： 2008

定价： 24.99 元

丛书名： 中国古典文学读本丛书

ISBN： 9787020002207

一、意蕴与价值

选择《红楼梦》的理由很多。从作品本身的价值和影响来看，《红楼梦》是我国四大古典文学名著之一，是一部具有高度思想性和高度艺术性的伟大作品，它代表着中国古典文学艺术的最高成就之一，达到了中国古典小说的巅峰，被誉为"中国封建社会的百科全书"。《红楼梦》的问世，对文学界的影响是巨大的，并且形成了一种专门的学问——"红学"，昔人曾有"开谈不说《红楼梦》，读尽诗书也枉然"的评价，可见其艺术魅力。这样的传世佳作，自然不可不读。

从高中生的角度来看，阅读和学习古典名著是继承与弘扬传统文化的重要方式，而"文化传承与理解"正是 2017 年颁布的《普通高中语文课程标准》中提出的语文学科核心素养中的四个方面之一。《红楼梦》中所包含的中华文化的骨气、质地以及丰富的情感，特别是那一首首诗词中所蕴藏的无与伦比的审美情趣，能够使阅读者犹如上了一堂堂生动活泼的国学课，从字里行间体会到祖国的语言文字之美、传统文化之美。"审美鉴赏与创造"也是语文学科核心素养之一，通过阅读《红楼梦》，特别是通过赏析其中文学、建筑、服饰、膳食、医药等方面的精彩描写，学生可以提高审美情趣与鉴赏品位,形成正确的审美意识,并在此过程中逐步掌握表现美、创造美的方法。

此外,在四大名著中,《西游记》《水浒传》和《三国演义》从内容和思想性上更适合小学和初中阶段阅读,而《红楼梦》则更适合高中阶段阅读。高中生的思维发展水平与理解能力都为他们更好地读懂这部伟大的作品奠定了基础。2017年1月10日,2017年高考北京卷《考试说明》发布,《红楼梦》纳入高考必考范围。人教版教材也将《红楼梦》列为高中语文必修三的必读经典书目。这也是我们选择此书的理由之一。

二、作家与作品

《红楼梦》,中国古典四大名著之首,章回体长篇小说,原名《脂砚斋重评石头记》,又名《情僧录》《风月宝鉴》《金陵十二钗》《还泪记》《金玉缘》等,梦觉主人序本正式题为《红楼梦》。本书前80回为曹雪芹所著,后40回由无名氏续写,程伟元、高鹗整理。

《红楼梦》是一部具有高度思想性和高度艺术性的伟大作品,代表着中国古典文学艺术的最高成就。它以荣国府的日常生活为中心,以宝玉、黛玉、宝钗的爱情婚姻悲剧及大观园中的点滴琐事为主线,以金陵贵族名门贾、史、王、薛四大家族由鼎盛走向衰亡的历史为暗线,展现了穷途末路的封建社会终将走向灭亡的必然趋势。小说以其曲折隐晦的表现手法、凄凉深切的情感格调、丰富深远的思想底蕴,在中国古代民俗、封建制度、社会图景、建筑金石等各领域皆有不可替代的研究价值,达到了中国古典小说的巅峰,因此被誉为"中国封建社会的百科全书"。

《红楼梦》塑造了众多的人物形象,他们各有自己的个性特征,成为不朽的艺术典型,在中国文学史和世界文学史上永远放射着奇光异彩。

《红楼梦》的情节结构,在以往传统小说的基础上,也有了新的重大突破。它改变了以往如《水浒传》《西游记》等长篇小说情节和人物单线发展的特点,创造了一个宏大完整而又自然的艺术结构,使众多的人物活动于同一空间和时间,并且使情节的推移也具有整体性,表现出作者卓越的艺术才思。

《红楼梦》的语言艺术成就,更是代表了我国古典小说语言艺术的高峰。作者往往只需用三言两语,就可以勾画出一个活生生的具有鲜明个性特征的形象;作者笔下每一个典型形象的语言,都具有自己独特的个性,读者仅仅凭借这些语言就可以判别人物。作者的叙述语言，也具有高度的艺术表现力，比如小说里的诗词曲赋，不仅能与小说的叙事融为一体，而且能为塑造典型性格服务，做到了"诗如其人"——切合小说中人物的身份和性格特点。

由于以上各方面的卓越成就，《红楼梦》无论是在思想内容上还是艺术技巧上都呈现出了自己崭新的面貌，具有高超的艺术魅力，足以屹立于世界文学之林。

《红楼梦》传世版本极多，加上欣赏角度与动机不同，学者们对于涉及《红楼梦》的各个方面均有许多不同的看法，大致可分为文学批评派、索隐派、自传派等数派，各派别对此书的思想文化、作者原意等都有不同的阐释，从而形成了"红学"。

《红楼梦》一书的旨义思想历来众说纷纭。就像书中第一回开篇的那首诗中所说的那样："满纸荒唐言，一把辛酸泪。都云作者痴，谁解其中味？"鲁迅将《红楼梦》定义为"人情小说"。脂砚斋《凡例》评道：此书只是着意于闺中，故叙闺中之事切，略涉于外事者则简。王国维在《〈红楼梦〉评论》中说：《红楼梦》一书与喜剧相反，彻头彻尾之悲剧也。蔡元培在《〈石头记〉索隐》中将此书概括为"吊明之亡，揭清之失"之作。

而《红楼梦》原作者究竟是谁也扑朔迷离，曾引起中国学界的持久争论，且这个争论至今仍然存在。2010 年人民文学出版社新版署名"曹雪芹著，无名氏续，程伟元、高鹗整理"，更加严谨客观（"旧说以为是高鹗续作，据近年来的研究，高续之说尚有可疑，要之非雪芹原著，而续作者为谁，则尚待探究"）。

但无论有多少谜团未解，都不影响《红楼梦》之伟大杰出，《红楼梦》仍然是中国人永远读不完、永远值得读的书。作为传统文化传承者的青少年，更是不可不读。

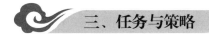

三、任务与策略

1. 整体思路

本书阅读按照"个人通读—教师指导—小组研读—班级研讨"的思路进行，学生先在基本了解本书内容的前提下根据"通读指导"粗读全文，对作品做初步理解，并结合"通读指导"中每一部分所留的"问题／任务"对所读内容进行深入思考。之后，再由教师对本书的重点突破内容进行指导，并按照任务安排分小组研究学习。最后，围绕小组讨论的几组内容进行班级研讨。同时，整合阅读经验，指导学生今后对其他同类作品的阅读。

2. 通读指导——阅读进程表

回目	关键词	问题 / 任务
第一回至第五回	前五回是小说的序幕，也是小说的纲，基本交代了全书的主要人物、背景、发展脉络、人物命运等，小说的情节发展也在此基础上展开	（1）如何理解作为小说"楔子"的两个神话故事 （2）甄士隐这个人物的意义何在？他的故事与小说主要情节有何关联 （3）通过阅读，弄清楚贾府人物关系及四大家族的关系 （4）品读《好了歌》及金陵十二钗判词
第六回至第二十回	专题人物分析1：王熙凤 专题人物分析2：秦可卿	（1）结合第一回至第二十回相关精彩情节分析王熙凤的形象 （2）联系刘心武《揭秘红楼梦》相关内容破解红楼最神秘的人物秦可卿之谜 （3）品读第十七回至第十八回的对联及诗歌
第二十一回至第四十回	专题人物分析3：林黛玉 专题人物分析4：薛宝钗	（1）结合本部分相关情节赏析林黛玉和薛宝钗的形象 （2）品读本部分精彩情节：贾政悲谶语、宝黛共读《西厢记》、晴雯撕扇、宝玉挨打 （3）赏析《葬花吟》，品读海棠诗与菊花诗 （4）了解"钗黛之争"，以及"钗黛合一""钗黛互补"等说法的相关内容
第四十一回至第六十回	专题人物分析5：贾探春 专题人物分析6：史湘云	（1）结合本部分相关情节赏析贾探春和史湘云的形象 （2）品读本部分精彩情节：鸳鸯抗婚、香菱学诗、宁国府除夕祭宗祠、蔷薇硝事件 （3）品读黛玉《秋窗风雨夕》词、香菱《咏月诗》三首及芦雪庵联句诗
第六十一回至第八十回	专题人物分析7：贾迎春 专题人物分析8：尤三姐	（1）结合本部分相关情节赏析贾迎春和尤三姐的形象 （2）品读本部分精彩情节：群芳开夜宴、尤二姐之死、抄检大观园、宁府夜宴现异兆 （3）品读黛玉《桃花行》诗与众姐妹的《柳絮词》；赏析黛玉、湘云中秋夜凹晶馆的联句诗
第八十一回至第一百二十回	专题人物分析9：贾宝玉	（1）将主要人物命运与第五回判词相对应，体会小说"草蛇灰线，伏笔千里"的结构之妙 （2）品读本部分精彩情节：黛玉之死、凤姐托孤、鸳鸯殉主、宝玉出家 （3）结合全书内容，赏析贾宝玉形象，思考作者塑造这个人物的意义 （4）思考续书内容与第五回的人物设定是否有不吻合之处，以及是否有更好的情节设置 （5）品味续书的思想性和艺术性，与前八十回进行比较，体会其中差异

3. 策略指导

阅读策略	主要内容	实施方式	设计目的
起始课	《红楼梦》导读	教师导读、起始课资料	引导学生初步了解《红楼梦》
阅读策略一	阅读法指导	结合文本，现场阅读，课堂指导	要观其大略，缩小课堂研读范围，教给学生课后阅读的有效方法
阅读策略二	专题探究指导	相关文献资料、教师指导	通过专题研究来加深学生对作品的了解，引导学生学会主动探究
阅读策略三	创意写作指导	教师指导	通过多种形式的创意写作来检验学生的阅读效果
阅读策略四	跨媒介研究指导	影视资料	通过跨媒介的比较阅读来加深学生对读本的认识

起始课

教学目标

（1）介绍《红楼梦》的相关知识，引发学生的阅读兴趣。

（2）明确阅读进度，初步指导学生安排个人阅读计划。

（3）设定通读任务，让学生初步了解整本书阅读的大方向。

教学过程

内容一：《红楼梦》导读（制作PPT课件，介绍《红楼梦》相关知识）

（1）《红楼梦》的前世今生。

（2）谁解其中味——《红楼梦》的主旨探究。

（3）《红楼梦》作者之谜。

（4）《红楼梦》的传世——"程高本"。

（5）《红楼梦》的成就和影响。

（6）《红楼梦》人物一览（图片、剧照）。

（7）《红楼梦》经典情节一览（图片、剧照、文字解说）。

（8）结束语：开谈不说《红楼梦》，读尽诗书也枉然。

内容二：阅读计划安排

（1）规定阅读时限，根据时间安排个人每天的阅读进度，要求在阅读时限内完成对整本书的阅读。学生需制定自己的个人阅读进度表。

（2）将"通读指导"发给学生，让他们根据"通读指导"粗读全文，对作品做初步理解，并结合"通读指导"中每一部分所留的"问题/任务"对所读内容进行深入思考。

（3）教师对本书的重点突破内容进行指导，并按照任务安排分小组研究学习。最后，围绕小组讨论的几组内容进行班级研讨。

内容三：通读任务设计

任务一：红楼人物树、大观园简图。

任务二：列表梳理关键人物与核心情节。

任务三：梳理主要人物的命运结局。

任务四：贾府的关键事件。

任务五：《红楼梦》中的物与人。

任务六：《红楼梦》中的经典语段。

任务七：《红楼梦》的文化拓展。

阅读策略一：阅读法指导

教学目标

引导学生学会阅读整本书的有效方法。

教学过程

内容一：整本书阅读法一览

1. 目录浏览法

通过浏览目录，"透视一本书"，感知全书概貌，分解长难作品的阅读难度，拟定阅读任务清单。

2. 动态阅读法

在阅读过程中，可运用"多色笔""便签条""观点卡"等方法进行动态阅读，提高阅读质量。用"多色笔"点画勾圈，边阅读边思考，将读本中的难点和重点都标识出来；用"便签条"随手批注，将个人的碎片式感悟与体会记录下来；用"观点卡"对阅读中形成的观点进行提炼，学会思辨。

3. 复述法

读完某个时限内规定的文本内容后，可用复述法来检查自己的阅读效果。复述可在阅读小组内进行。一人复述时，其他人可以发现复述中出现的遗漏乃至错误，大家可以进行补漏和纠错，从而加深对文本的印象。

4. 自主发现法

根据教师的指导，学会在阅读中自主发现问题，然后将这些发现记录下来，思考这些发现与文本的关系。定期向教师汇报阅读发现，接受教师的指导，提升批判思维能力和写作能力。

内容二：课堂指导阅读法

（1）运用"目录浏览法"，引导学生浏览《红楼梦》的目录，通过目录内容初步感知全书概貌。教师可在关键回目略加强调，提醒学生在个人通读时对这些回目加以重视。同时告知学生"通读指导"中回目分配和专题人物分析设置的原因，提点学生注意精读相关回目中的经典片段。

比如作为全书序幕和总纲的前五回，从目录中可提炼出以下要点：

第一回　甄士隐梦幻识通灵　贾雨村风尘怀闺秀

1. 通灵宝玉（神瑛侍者与绛珠仙草）——男女主人公前缘早定
2. 甄士隐与贾雨村——引子人物、铺垫、伏笔、定作品基调

第二回　贾夫人仙逝扬州城　冷子兴演说荣国府

1. 演说荣国府——为读者阅读全书开列了一个简明"人物表"
2. 贾夫人仙逝——黛玉寄人篱下的原因、多愁善感的根源

第三回　贾雨村夤缘复旧职　林黛玉抛父进京都

1. 贾雨村复职——为后文"乱判葫芦案"埋下伏笔
2. 林黛玉进京——介绍贾府人物、描写贾府环境

第四回　薄命女偏逢薄命郎　葫芦僧乱判葫芦案

1. 薄命女——照应前文甄士隐元宵佳节失女
2. 乱判葫芦案——引出贾、史、王、薛四大家族

第五回　游幻境指迷十二钗　饮仙醪曲演红楼梦

指迷十二钗——交代人物命运的发展和结局

除前五回外，《红楼梦》还需要精读的回目如下：

第十二回　王熙凤毒设相思局　贾天祥正照风月鉴

第十三回　秦可卿死封龙禁尉　王熙凤协理宁国府

第十五回　王凤姐弄权铁槛寺　秦鲸卿得趣馒头庵

第十九回　情切切良宵花解语　意绵绵静日玉生香

第二十二回　听曲文宝玉悟禅机　制灯谜贾政悲谶语

第二十七回　滴翠亭杨妃戏彩蝶　埋香冢飞燕泣残红

第三十三回　手足眈眈小动唇舌　不肖种种大承笞挞

第四十四回　变生不测凤姐泼醋　喜出望外平儿理妆

第四十五回　金兰契互剖金兰语　风雨夕闷制风雨词

第四十六回　尴尬人难免尴尬事　鸳鸯女誓绝鸳鸯偶

第四十九回　琉璃世界白雪红梅　脂粉香娃割腥啖膻

第五十二回　俏平儿情掩虾须镯　勇晴雯病补雀金裘

第五十三回　宁国府除夕祭宗祠　荣国府元宵开夜宴

第五十八回　杏子阴假凤泣虚凰　茜纱窗真情揆痴理

第五十九回　柳叶渚边嗔莺咤燕　绛芸轩里召将飞符

第六十回　茉莉粉替去蔷薇硝　玫瑰露引来茯苓霜

第六十三回　寿怡红群芳开夜宴　死金丹独艳理亲丧

第七十一回　嫌隙人有心生嫌隙　鸳鸯女无意遇鸳鸯

第七十五回　开夜宴异兆发悲音　赏中秋新词得佳谶

（2）运用复述法，在课堂上现场阅读《红楼梦》第一回，以阅读小组为单位，让同学们一一复述情节，互相补漏、纠错。通过复述情节，以及互相补漏、纠错的过程，加深对文本的印象，同时更深入地思考和理解文本内容。

引导学生在阅读中自主发现问题，第一回中的几个关键点在思考之后就自然而然地浮现出来：

1）"女娲补天""木石前盟"两个神话故事的含义和作用。

2）甄士隐的故事与全书主要内容的关系。

3）《好了歌》及《好了歌解》的深层含义。

教师略加点拨，让同学们在接下来的阅读中去寻找答案，并以文字形式记录下来，形成"阅读发现汇报"。

在阅读过程中，可提醒同学们运用"动态阅读法"。用"多色笔"勾画阅读重难点，比如生僻难解的字词或典故之类。对学生而言，《红楼梦》的语言理解起来还是有一定的难度，有些地方需重点攻克。用"便签条"随手批注，以微评论的方式及时记录阅读感受与体会。读完限定回目后，整理"观点卡"，写出自己的阅读思考。小组内部定期交换观点卡，结合"通读指导"上的问题和任务，通过思考和讨论得出自己的见解，可在之后的班级研讨会上发言，或形成文字展示。

观点卡

阅读回目		阅读日期	阅读时长	阅读页数	
今日阅读摘要:					
今日阅读思考:					
与他人讨论之后的结果:					
我的观点:					

阅读策略二　专题探究指导

教学目标

（1）引导学生学会专题探究的方法，激发学生阅读兴趣，通过专题探究来对文本进行更深入的剖析，加深对文本的理解。

（2）在探究中发展学生的辩证思维和批判性思维，注重培养学生思维的逻辑性。

教学过程

内容一：专题人物探究设计

1. 人物整体评传

如：王熙凤论、薛宝钗论、史湘云论、探春论、花袭人论、红楼二尤传、贾府的老爷少爷们、贾府的太太奶奶们、宗法家庭的宝塔顶——贾母、刘姥姥是丑角吗、论贾府中的奴仆们。

2. 人物细节剖析

如：黛玉之死、晴雯之死、金钏儿之死、元春之死、尤三姐之死、贾宝玉的逃亡、"冷美人"宝姐姐、"呆霸王"薛蟠、"冷二郎"柳湘莲、"凤辣子"之"辣"、最有政治风度的女性形象——探春。

3. 人物类别比照

如：《红楼梦》中三烈女（鸳鸯、司棋、尤三姐）、"憨湘云"与"呆香菱"、秦可卿与李纨、袭人与晴雯、探春与赵姨娘、邢夫人与王夫人、贾赦与贾政。

附：填写《红楼梦》主要人物代称一览表。

人物	代称	一字评定	对应回目
袭人		贤	第二十一回
平儿			
晴雯			
探春			
宝钗			
紫鹃			
薛姨妈			
湘云			
香菱			
王熙凤			
薛蟠			
柳湘莲			
宝玉			
迎春			
尤三姐			

内容二：作品主题探究设计

1. 对书中"三个世界"的探究

（1）现实世界：贾府。

（2）理想世界：大观园。

（3）虚幻世界：补天，浇灌，太虚幻境。

2. 对作品悲剧性的探究

（1）时代悲剧。

（2）文化悲剧。

（3）女性悲剧。

（4）人生悲剧。

3. 对作品中各种形式的预言的探究

（1）图谶：比较典型的是第五回，警幻仙子引宝玉浏览十二钗簿册，每位女子的册子除诗文外都配有一幅图画，这些画上绘制的或是人物，或是景致，或是花鸟，用来暗示红颜薄命的主题。

（2）诗谶：小说中出现的大量词、曲、赋等韵文，以更为诗意的方式暗示了人物命运。

（3）语谶：小说中人物日常所说的话语往往也预示了人物命运。

（4）梦谶：神游太虚幻境以及后续出现的人物梦境都具有暗示作用，有的暗示个人命运，有的暗示家族兴衰。

（5）灯谜、酒令、戏文等：通过这些生活琐事无意间预示了家族和个人的命运。

内容三：审美价值探究设计

（1）红楼诗词曲赋之美。

（2）红楼建筑之美。

（3）红楼饮食之美。

（4）红楼服饰之美。

专题探究可以以小组研究和班级讨论的方式进行，也可以形成文字，以专题探究论文的形式在小组和班级展示。

阅读策略三　创意写作指导

教学目标

（1）引导学生深读、精读作品，沉浸到作品中去，增强阅读的参与热情。

（2）多元锻炼听、说、读、写、设计制作等不同维度的语言运用和语文学习能力。

（3）通过创意写作培养学生的审美情趣和鉴赏品位，并在此过程中引导学生逐步掌握表现美、创造美的方法。

教学过程

内容一：梦回红楼

（1）如果有可能，你愿意——

给《红楼梦》中的谁做丫鬟（小厮）？

和《红楼梦》中的谁做朋友？

和《红楼梦》中的谁做同桌？

选项：贾宝玉、林黛玉、薛宝钗、史湘云、贾探春、贾迎春、贾惜春。

请做出选择，并给出充分的理由。

（2）如果有可能，你愿意选择大观园中的哪一处作为你的住所？为什么？

选项：怡红院、潇湘馆、蘅芜苑、秋爽斋、稻香村、缀锦楼、蓼风轩、栊翠庵。

（3）假如《红楼梦》中的人物有自己的朋友圈，他们会在自己的朋友圈里吐槽些什么呢？请根据小说内容为书中人物设计朋友圈。

（4）仿照《林黛玉日记》的写法，以《×××日记》为题，选择一位红楼中人，变换视角，讲述红楼故事，展现你对人物的认识与理解。要求尽量模仿《红楼梦》的语言风格来写。

以上创意写作字数不限。其中前两题也可在课堂上以问答方式完成。

内容二：红楼人物书签赛

《红楼梦》人物书签制作活动的具体要求如下：

（1）共八组人物，各阅读小组以抽签形式选择。

（2）每组需制作四枚人物书签，以小组合作的形式来完成。

（3）可自行购买空白书签纸或自制书签纸；自行配图或文字，自行装饰。

（4）评比出优秀书签作品，在班内展示。

【附】《红楼梦》人物书签分组名单：

（1）宝玉　　贾琏　　贾兰　　贾蓉

（2）黛玉　　宝钗　　湘云　　宝琴

（3）元春　　迎春　　探春　　惜春

（4）王熙凤　秦可卿　尤氏　　尤二姐

（5）贾母　　王夫人　邢夫人　薛姨妈

（6）贾敬　　贾赦　　贾政　　贾珍

（7）袭人　　香菱　　平儿　　紫鹃

（8）鸳鸯　　晴雯　　司棋　　尤三姐

内容三：诗词咏红楼

（1）古诗词创作：以咏红楼人物和故事为主题，或以赏析《红楼梦》诗词为主题，题目自拟。

（2）现代诗创作：主题同上，题目自拟，长短不限。

古诗词可以选择近体诗（绝句、律诗、词、曲），也可以选择古体诗，按照体例要求创作即可。现代诗字数不限。

阅读策略四　跨媒介研究指导

教学目标

（1）借助多媒体音频资料，对文本进行跨媒介研究，辅助文本阅读，增强对文本的理解。

（2）通过文本和剧版、影版的比较，发现文本和影视作品的差异，加深对文本内涵的体会。

教学过程

内容一：剧评和影评撰写

可选择书中的经典剧情，如"林黛玉进贾府""宝玉挨打""黛玉葬花""晴雯撕扇""香菱学诗"等，与剧版或影版进行比较，从导演的独特构思、声音、画面、音乐、拍摄技巧、角色扮演等方面进行评论，谈谈自己的认识。

写剧评和影评要注意总体把握，细部突破。首先对一部剧或影片要有正确的总体评价，在此基础上选择一个较小的视角深入挖掘，做到高屋建瓴、品鉴入微，避免面面俱到、人云亦云。要注重思辨、讲究文采。要有自己独到的见解，力求新颖、深刻，不要趋同，说一些人人都明白的"正确观点"。注意评论语言的生动活泼、形象鲜明，既要有理论色彩，又要明白晓畅。

剧评和影评要求必须有标题；副标题可以有，也可以没有。字数不少于800字。注意不要写成纯粹的观后感，要体现剧评和影评的特点。

内容二：配音大赛

以阅读小组为单位，每组自由选择书中的若干经典片段，再找到与之相应的剧版或影版内容，分角色给人物配音，然后对比剧版或影版的原配音，看看有何不足。请组内同学互相点评，互提意见，最后选定最佳配音片段，参加班级配音大赛。

内容三：戏剧表演

选择剧版或影版中的一段内容，推选导演和编剧，自行编写剧本，从全班范围内挑选演员，排演一出戏剧，在课堂上演出。

教师可推荐以下内容供学生选择：林黛玉进贾府、宝玉挨打、刘姥姥二进荣国府、抄检大观园等。

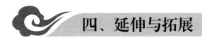

四、延伸与拓展

1. 文学读物

《红楼梦辨》 作者：俞平伯

出版社：商务印书馆
出版年：2010
定价：25.00 元
丛书名：中华现代学术名著丛书
ISBN：9787100073738

　　俞平伯是"新红学"的开拓者之一,其代表作《红楼梦辨》是新红学史上的第一部专著,篇幅虽不大,却涉及了红学的诸多领域,取得了丰硕的研究成果,很多研究具有开创性价值,学术意义重大,影响深远。全书分上、中、下三卷,上卷集中讨论后四十回的问题,中卷主要剖析前八十回的文体,下卷则侧重佚稿与脂评研究。

《红楼梦新证》　作者:周汝昌

出版社:译林出版社
出版年:2011
定价:100.00 元
ISBN:9787544719971

　　周汝昌是新中国红学研究第一人,考证派主力和集大成者,被誉为当代"红学泰斗"。其红学代表作《红楼梦新证》是红学史上一部具有开创性和划时代意义的重要著作,奠定了现当代红学研究的坚实基础。海外著名学者评之为"无可否认的红学方面一部划时代的最重要的著作",国内学者则称之为"是任何有志于红学研究的人都无法绕行"的巨著。

《刘心武揭秘〈红楼梦〉》(一～四部)　作者:刘心武

书名:刘心武揭秘《红楼梦》(第一部)
出版社:东方出版社
出版年:2005
定价:28.00 元
ISBN:9787506018411

书名:刘心武揭秘《红楼梦》(第二部)
出版社:东方出版社
出版年:2005
定价:28.00 元
ISBN:9787506023830

书名：刘心武揭秘《红楼梦》（第三部）
出版社：东方出版社
出版年：2007
定价：28.00 元
ISBN：9787506028608

书名：刘心武揭秘《红楼梦》（第四部）
出版社：东方出版社
出版年：2007
定价：28.00 元
ISBN：9787506029674

　　刘心武，中国当代著名作家、红学研究家，曾在中央电视台《百家讲坛》栏目进行系列讲座，对红学在民间的普及与发展起到促进作用。

　　《刘心武揭秘〈红楼梦〉》是 2005—2007 年东方出版社出版的系列图书，该书共四册：从金陵十二钗中的秦可卿着手，详细考证了书中各人物的原型，复原了《红楼梦》诞生时的时代风貌。

《红楼梦诗词曲赋鉴赏》　作者：蔡义江

出版社：中华书局
出版年：2001
定价：38.00 元
ISBN：9787101028586

　　蔡义江，中国红楼梦学会副会长，筹创中国红楼梦学会、《红楼梦学刊》。本书中收录了各种版本《红楼梦》中的诗、词、曲、赋、歌谣、古文、书札、谜语、酒令、联额、对句等体裁形式的文字，包括一般不易见到的脂评抄本中独存的诗作，收录最为齐全。为使读者加深理解，每首都加了"说明"、"注释"、"鉴赏"或"评说"，有的还有"附录"或"备考"，较难读懂的《芙蓉女儿诔》还加了"译文"。书中论述精彩纷呈，给人以很大的启发。

《红楼梦断》(一～四部) 作者：高阳
出版社：中国友谊出版公司
出版年：1998
定价：110.00 元
ISBN：9787505714430

　　高阳，中国台湾当代著名历史小说家，代表作有《胡雪岩全传》三部曲、《慈禧全传》等。《红楼梦断》共四册：《秣陵春》《茂陵秋》《五陵游》《延陵剑》。前两册写李煦一家的败落，"树倒猢狲散"，繁华落尽终成梦。后两册写芹官历经"朱门绣户、锦衣玉食"，而后家道中落，直至被抄家、籍没回京的过程。往昔的梦终醒来，红楼之梦亦离断，此谓"红楼梦断"。

　　"红楼本是曹家史，高阳妙笔今归真。"这部书是高阳"融艺术想象与学术考辨于一体，写尽曹、李两家由朱门绣户、锦衣玉食到家道中落乃至籍没归京的荣辱盛衰过程的历史小说"。高阳的作品既有《红楼梦》的影子，让人觉得《红楼梦》是曹、李两家的家史，但又不让人感到雷同和重复。而历来争论不休的《红楼梦》是否为曹雪芹的自传，高阳也以小说的形式阐明了自己的看法。显然，他认为《红楼梦》是以曹家还有李家的家史为依据的，所以他的小说也处处让人联想到《红楼梦》。

　　2. 影视作品

1987 年电视剧版《红楼梦》

导演：王扶林
编剧：周雷、刘耕路、周岭
剧本顾问：周汝昌、王蒙、曹禺、沈从文等
演员：陈晓旭、欧阳奋强、张莉、邓婕、高宏亮、郭霄珍等
集数：36 集
每集时长：约 40 分钟

　　1987 年首播的央视版《红楼梦》是中央电视台和中国电视剧制作中心根据中国古典文学名著《红楼梦》摄制的一部古装连续剧。该剧前 29 集基本忠实于曹雪芹原著前

八十回，后 7 集夏金桂撩汉、司棋之死、海棠花开、贾宝玉丢玉、林黛玉焚稿、薛宝钗出阁、惜春出家、获罪抄家、宝玉雪地里披着大红猩猩毡斗篷出家等主体剧情仍以程高本后四十回为准，另外舍弃了宝玉中举、兰桂齐芳、家复中兴的小团圆结局，并根据脂批和红学探佚学研究成果对香菱之死、探春远嫁、贾母之死、巧姐获救等情节进行了修改，又重新创作出狱神庙探监、凤姐死于狱中、湘云流落风尘、贾府家亡人散等剧情。该剧播出后，得到了大众的一致好评，重播千余次，被誉为"中国电视史上的绝妙篇章"和"不可逾越的经典"。

1989 年电影版《红楼梦》

导演： 谢铁骊、赵元

编剧： 谢铁骊、谢逢松

演员： 夏钦、陶慧敏、傅艺伟、刘晓庆、林默予、赵丽蓉、李秀明等

集数： 6 部 8 集

总时长： 730 多分钟

　　1989 年电影版《红楼梦》是由北影厂牵头，1986 年至 1988 年拍摄，于 1988—1989 年陆续上映的长篇系列电影，是迄今为止国内篇幅最长的电影，与 1987 年剧版《红楼梦》可谓是一时瑜亮，各有千秋。导演手法细腻，熔现实、虚幻于一炉，见典雅、豪放于一色，称得上是改编之作的巨制。谢铁骊由此而荣获 1990 年第 10 届中国电影"金鸡奖"最佳导演奖。

五、收获与成长

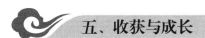

学生习作展示

终不忘，世外仙姝寂寞林
——浅析林黛玉形象
深圳中学 2020 届　爱丽雅

　　《红楼梦》作为中国古典四大名著之首，被誉为"中国古典小说巅峰之作"，不说

别的，仅书中大大小小的人物就有四百多个，这些人物在作者的生花妙笔之下，个个形象丰满，跃然纸上。其中我印象最深刻的，当属潇湘妃子林黛玉了。

其实小学时便草草翻过两遍《红楼梦》。只是那时确实是什么都不懂，也根本不能称作是"阅读"。记得当时最关注的便是宝玉、黛玉与宝钗之间的"三角恋"。我那时最厌恶黛玉，总觉得她娇娇弱弱又爱哭闹、使小性子，偏生还嘴上不饶人，脾气臭得很。

这样的人，凭什么做十二钗之首？凭什么能让宝玉"空对着，山中高士晶莹雪；终不忘，世外仙姝寂寞林"？

然而有幸能够重新静下心来，细细再读时，我才意识到自己当时的肤浅，对林黛玉的形象，也有了完全不同的认知。

林黛玉无疑是内外兼美的。她的美貌，《红楼梦》里进行过多次或正面或侧面、或详细或写意的描写：宝玉初见黛玉时，她是"两弯似蹙非蹙罥烟眉，一双似泣非泣含情目。态生两靥之愁，娇袭一身之病。泪光点点，娇喘微微。娴静时如娇花照水，行动处似弱柳扶风。心较比干多一窍，病如西子胜三分"。王熙凤说她："天下真有这样标致的人物，我今儿才算见了！"这些都是从正面直接描写黛玉容貌之美。侧面描写也不少，譬如写龄官："只见这女孩子眉蹙春山，眼颦秋水，面薄腰纤，袅袅婷婷，大有林黛玉之态。"这是以龄官之美来侧面表现黛玉之美。

她才华横溢，在大观园众姊妹中堪称翘楚。她博览群书，不论是"四书"还是杂剧《西厢记》《桃花扇》等，皆有涉猎。她品诗时悟性也很高，李、杜、王、孟等的诗作信手拈来，不愧兰心蕙质。她认为写诗应缘心而发，抒写真性情，难怪"满纸自怜题素怨，片言谁解诉秋心"。

其实她管理方面的才能也不可小觑。大观园内俗事烦扰，唯有潇湘馆内最为宁静和平。最干练泼辣的王熙凤在生病找代班主事时说："再者林姑娘和宝姑娘他两个倒好，偏又都是亲戚又不好管咱这家务事。况且，一个是美人灯，风吹吹就坏了；一个是拿定了主意'不干己事不张口，一问摇头三不知'，也难十分去问他！"薛宝钗圆滑善经营自不必多说，而黛玉能在凤姐这儿得到与宝钗相当的评价，其治家能力想来也是极佳的。

而有关她的性格，读者们褒贬不一，有慨叹她灵心慧性的，有嫌弃她小气拧巴的，然而我觉得她虽然看起来敏感爱哭，却也有很多可爱之处。

她其实外向开朗，也爱闹也爱笑。每次大观园中的聚餐、赏花，她从来都是欣然前往，乐在其中。玩闹得起劲了，便是"笑岔了气，伏着桌子'嗳哟'"。她还有"段子手"技能，宝钗念画画所需材料时说到"生姜二两，酱半斤"，黛玉忙接过口来"铁锅一口，锅铲一个"，竟是说听宝钗要了这些作料，便替她"要了铁锅来，好炒颜色吃的"，引得众人大笑。她的伶牙俐齿实在厉害，怪不得宝钗说她"真真是这个颦丫头的一张嘴，叫人恨又不是，喜欢又不是"。

她被人诟病的小气任性、善妒好吃醋也大多只对与她最亲近的宝玉。其实很好理解，一个孤零零漂泊无依的弱女子，孤身一人在大观园寄人篱下，受到的委屈可想而知，好不容易遇到了一位挚爱、知己，半路上又冒出个什么"金玉良缘"，谁人能不忧愁难过？在宝玉向她保证过以后，她不还是向宝钗坦诚，与宝钗成了好友？

黛玉最难得的，是她通透而不失傲骨，坚持"质本洁来还洁去"，不肯同流合污陷于沟渠。她说"我心里想着潇湘馆好，爱那几竿竹子隐着一道曲栏，比别处更觉幽静"。刘姥姥去潇湘馆时，说黛玉的闺房："这那像个小姐的绣房，竟比那上等的书房还好。"作者笔下处处可见她的高洁雅致。

然而她难道真的"目无下尘""不食人间烟火"吗？我觉得未必。她不是不会做人情：她能对一个婆子说"难为你，误了你发财，冒雨送来"，又命人给她几百钱，打些酒吃，避避雨气；她能将自己的潇湘馆打理好；她也能在众人玩闹时活跃气氛，逗得人发笑。可她并没有如宝钗一般被世俗磨平了棱角。与此相反，她坚定地捍卫着自己的傲气。

她同宝玉一样，是个倔强的叛逆者。她也明白怎么做会更得别人喜欢，可她不愿这么去做，她可以笑脸逢迎，但她选择了竖起尖刺，以"尖酸刻薄"来反抗世俗。她不是不通透，只是太率真，而这样的"知世故而不世故"，才显得最为难得。

纵使钗黛平分秋色，而宝玉却独独钟情于黛玉，如今看来也不无道理。黛玉是红楼里最能了解宝玉的吧，她从来都是平等地看待宝玉，真诚地理解他的。府中人都劝宝玉入仕为官，盼望他延续家族荣耀，只有黛玉从没有在他面前提起这样的事——因她最懂宝玉的心，知道他最厌烦的就是压抑性灵，与这些官场"禄蠹"虚与委蛇。

林妹妹的好，用心体会了之后，才发现数不胜数。只可惜红颜薄命，这样的通透人儿，终究是玉殒香消，成为大观园中的一缕幽魂。

或许如此灵秀佳人，本就不该属于这纷乱污浊的尘世吧。她终究只能是"世外仙姝寂寞林"，与扰攘红尘中的宝玉有爱却无缘。

爱博而心劳
——贾宝玉形象赏析
深圳中学 2020 届　洪韵然

宝玉在《红楼梦》一书中是一个颇不讨人喜欢的角色，有人认为他是"孽根祸胎，混世魔王"，也有人觉得他"乖僻邪谬，不近人情"，还有人认为他"潦倒不通世务，愚顽怕读文章""天下无能第一，古今不肖无双"，轻一点说也是有"痴病"……而且这样看宝玉的，不是他的仇人，而是疼爱他的祖母、母亲和"恨铁不成钢"的父亲。

更别说读者们，大多不是喜爱"世外仙姝寂寞林"的黛玉，便是欣赏"山中高士晶莹雪"的宝钗，又或是偏爱"霁月光风耀玉堂"的湘云……大部分人对书中性情各异的女孩子们总是喜爱得紧，却独独对这个男主角不甚喜爱。身边的大多数女孩子说起宝玉，要么是一口一个"花心大萝卜"，要么认为他"于国于家无用"，是个扔出贾府去连自己都养活不了的大草包。

再看看宝玉自身，他竟也认为自己是人当中的"渣滓浊沫"，这样一看，连自己都这么认为了，那么对他"似傻如狂""花花公子"的评价也就无可厚非了吧？但他真是这样的人吗？

书中给他勾勒出一幅速写肖像：他自己被烫了手，倒问烫了他的那位姑娘疼不疼；他自己被大雨淋得水鸡儿似的，反提醒一位姑娘赶快避雨；他甘心为丫头充役，受丫头的气。他聪明而憨厚，女性化而不阴柔。他喜欢女孩子们，也为女孩子们所喜爱。

众所周知，《红楼梦》是一部女性的悲剧，但设想一下，如果不是从宝玉的角度来看，而是从贾母、王夫人、贾赦的角度来看，所有女孩子的悲剧，都不能称为悲剧。贾母认为黛玉的死，是死于她自己的"心病"；王夫人认为晴雯的死，是死于她自己的"女儿痨"；贾赦认为迎春的死，是死于她自己的"命"。

许多人认为宝玉是"花花公子"。不可否认，他对身边女孩子的爱都有着或明或隐的性爱成分。但是他的这种爱与贾琏、贾环、薛蟠等玩弄女人、奴役女人之流是截然不同的。还是鲁迅先生说得好："昵而敬之，恐拂其意，爱博而心劳，而忧患亦日甚矣。"

"昵"，就是多少含有性爱因素的爱。而"敬"，能看出他把她们每一个人的悲欢哀乐、荣辱得失都放在心上，这就叫作"爱博而心劳"。而正是"昵"这一点，使得宝玉这一人物也愈显真实。

几千年来被否定的女性价值，在宝玉眼中充分反映出来，几千年来被遮掩住的女性的悲剧，也在宝玉面前赤裸裸地呈现出来，所以鲁迅先生才说"悲凉之雾，遍被华林，然呼吸而领会之者，独宝玉而已"！

看起来似傻如狂、荒谬古怪的多情公子宝玉，其实最是通透明洁、温柔可亲了，虽与世俗格格不入，却也多么可怜可爱啊！

好一朵玫瑰花

——品析探春形象

深圳中学 2020 届　徐榕蔚

　　单纯烂漫、坦诚率真的史湘云，多愁善感、才高八斗的林黛玉，大方得体、温柔贤惠的薛宝钗……曹雪芹在《红楼梦》中塑造了一系列个性鲜明、形象丰满的女性形象。十二金钗可谓各有千秋，但给我留下最深刻印象的却是"才自精明志自高"的探春。

　　探春的气度容貌在十二金钗中非同一般："削肩细腰，长挑身材，鸭蛋脸面，俊眼修眉，顾盼神飞，文采精华，见之忘俗。"这等干净利索的气质，与绮罗丛中娇养出来的侯门贵女迥然不同。正因为如此，其独特之处才更加让人难以忘怀。

　　探春极有才华。琴棋书画，贾府四春各有所长，其中探春以书法独胜。书中虽然没有对其高超技艺的直接描写，但是从她所居住的秋爽斋的布置中，读者便可略知一二。书斋中有许多大件的摆设，以及她所收集的砚台、笔筒，还有米芾的书画、颜真卿的对联……无不展现出探春对于书法的热爱以及她的高雅志趣，这与其他姐妹大不相同。此外，她在诗词方面的造诣虽不及宝黛，却也颇为不俗。省亲大会上众姐妹作诗，探春远出于她们之上，诗社也是由她带头发起的。可见，探春着实是一位令人钦佩的大才女。

　　更让人印象深刻的是探春的远见卓识与出众的管理才能。在与其他姑娘一样过着衣食无忧的生活时，探春却敏锐地觉察到了贾府的经济危机与不可逆转的衰败之势。因此，在王熙凤因身体虚弱而不得不让李纨掌管家务，并让探春与宝钗协助的时候，她推出了一项极富创意的经济改革措施：在大观园内实行承包制，从而达到调动众人工作的积极性与削减开支的目的，给了日渐衰微的贾府一个喘息的机会。

　　同是管理家务，探春关注的是整个家族的命运，而凤姐更多关注的是个人私利。探春具有极其强烈的忧患意识，大力"兴利除宿弊"，而凤姐则见风使舵，以讨好贾母为主。两人的管理才能，高下立判。

　　大观园众人对于探春的评价颇高，兴儿曾这样评价过探春："三姑娘的浑名是'玫瑰花'。""玫瑰花又红又香，无人不爱的，只是刺戳手。也是一位神道，可惜不是太太养的，'老鸹窝里出凤凰'。"就连一向强势的凤姐也不禁称赞道："他虽是姑娘家，心里却事事明白，不过是言语谨慎，他又比我读书识字，更利害一层了……"探春以她的远见卓识、敢作敢为赢得了贾府上下对她的称赞。

　　探春的命运是不幸的。"才自精明志自高，生于末世运偏消。"她不幸的根源是她所处的时代，以及她无法选择的出身与性别。她曾说："我但凡是个男人，可以出得去，我必早走了，立一番事业，那时自有我一番道理。"但探春身上最宝贵之处就在于，她并没有因为她的不幸而自怨自艾，而是尽了最大的努力为自己争取最大的幸福。

　　欣赏探春，欣赏她过人的才情与魄力，欣赏她推行改革的勇气，更欣赏她不甘被命运拨弄而努力争取的坚韧。在许多时候，我们无法改变我们的出身与环境，但我们依旧可以为自己打造出一片广阔的天地，一如那玫瑰花般热烈而芬芳的探春。

少年心事当拏云 可堪人间第一流

阅读指导视频

——《少年中国说》整本书阅读指导

宋照宇

朗读音频

《少年中国说》 作者：梁启超、何爱英

出版社：同心出版社
出版年：2013
定价：26.80 元
丛书名：大家美文·美丽中国书系
ISBN：9787547704745

一、意蕴与价值

为青少年选书需要有的放矢，让他们能读下去且能获得智识上的增益与情感上的陶冶。有鉴于此，我们认为《少年中国说》可堪首选，因为这本书具有以下三个特征：文笔畅达、尊重智识、情感真挚。

若论文笔，梁任公独创之报章体汪洋恣肆，气势磅礴，一气呵成，读来令人畅快淋漓。虽然语言介于文言文与白话文之间，但绝不晦涩难懂，因为词汇选择都是现代社会事物，而且喜用一连串比喻、排比修辞，阅读体验极佳。

若论对智识的尊重，在当时（十九世纪末二十世纪初）一众知识分子中，梁启超绝对首屈一指。即便在当下，他的一些言论和主张也依然振聋发聩。例如《忧国与爱国》一文中指出，一些自谓爱国者往往借爱国之名行误国之实，直指当下"爱国贼"的现实。又如他一方面对顽固派污蔑科学的言行予以痛斥，另一方面也为当时部分爱国青年认为科学万能的现象担忧，并指出国人对科学的态度要么失于傲慢，要么失于盲目。

若论情感的真挚，梁启超的文字情感沛然，不知激荡了多少仁人志士的心胸。想来，不论男女老少，不论对梁启超识与不识，都能背诵那脍炙人口的句子：红日初升，其道大光。河出伏流，一泻汪洋……美哉我少年中国，与天不老！壮哉我中国少年，与国无疆！

今日朝气蓬勃、乳虎啸谷的青少年，不读文笔畅达、尊重智识、情感真挚的《少年中国说》，读什么呢？！

二、作家与作品

梁启超，近代中国思想启蒙者、教育家、史学家、文学家、学者，民国时期清华大学国学院四大教授之一。其文章具有独特的历史视角，令人深思，发人深省。其著作编为《饮冰室合集》，其中包括影响深远的《中国近三百年学术史》《中国历史研究法》《少年中国说》。

梁启超是公认的中国历史上一位百科全书式的人物，而且是少有的在退出政治舞台后仍能在学术研究上取得巨大成就的人物。辛亥革命前，他在与革命派的论战中发明了一种新文体，介乎于古文和白话文之间，使得士子们和普通百姓都乐于接受。同时，梁启超还是中国第一个在文章中用到"中华民族"一词的人，而现在我们常用的"政治""经济""科技""组织""干部"等词汇，也始于梁启超先生。此外，他也曾倡导文体改良的"诗界革命"和"小说界革命"。

《少年中国说》为梁启超最为通俗易懂的散文精品专集。梁启超的散文在内容与形式上都进行了重大突破，散文为其变法思想的宣传工具。其文章在形式上议论纵横、气势磅礴，笔端常带感情，极富鼓动性，"对于读者，别有一种魔力"；语言半文半白，"务为平易畅达，时杂以俚语、韵语及外国语法，纵笔所至不检束"（《清代学术概论》）。代表作《少年中国说》，针对当时中国的现状，分析透彻，说理条理清楚，运用一连串比喻、排比等修辞手法，行文一泻千里，呈现出大气磅礴的风格。故梁启超的散文影响极大，"每一文出，则全国之身目为之一耸"。以梁启超的散文为代表的新文体是对桐城派散文的一次解放，它的出现为中国古典散文向现代散文尤其是"五四"时期的白话文转化做了必要的准备。

 **三、任务与策略**

1. 整体思路

本书阅读按照"个人通读—教师指导—小组研读—班级研讨"的思路进行，学生先在基本了解本书内容的前提下根据"通读指导"粗读全文，对作品做初步理解，并结合"通读指导"中每一部分所留的"问题/任务"对所读内容进行深入思考。之后，再由教师对本书的重点突破内容进行指导，并按照任务安排分小组研究学习。最后，围绕小组讨论的几组内容进行班级研讨。同时，整合阅读经验，指导学生对今后其他同类作品的阅读。

2. 通读指导——阅读进程表

篇目	关键词	问题/任务
《三十自述》 《谭嗣同传》	梁启超的前半生 维新君子相互砥砺	（1）初步了解梁启超所处时代的社会背景，认识当时中国的迫切问题 （2）一睹戊戌君子捐躯赴国难之昂扬风采
《少年中国说》	中国之现状，少年之责任	（1）把握老大中国的弊端 （2）明确少年中国的特征 （3）体会文章的情感与气势 （4）赏析比喻、排比等修辞
《论不变法之害》 《忧国与爱国》 《国权与民权》	变是唯一不变之事 真正的爱国 合适的权利	（1）变法的必要性和重要性是什么 （2）爱国的正确表现是什么 （3）国权与民权的关系是怎样的
《呵旁观者文》 《拟讨专制政体檄》	袖手旁观者，国之贼也 反对专制独裁	旁观有几种表现？在当今社会还有吗
《论学术之势力左右世界》 《论小说与群治之关系》	文章学术乃经国之大业，不朽之盛事	（1）西方学术思想是怎样改变世界格局的？对于中国有何启示 （2）小说对社会管理的作用表现在哪些方面？现在依然适用吗
《科学精神与东西文化》	对待科学的态度	（1）什么是科学？什么是科学精神 （2）当今中国，个人与国家应该如何面对科学
《东南大学课毕告别辞》	知识饥荒与精神饥荒	（1）什么是精神饥荒 （2）作者对于疗治精神饥荒提供了哪些方法 （3）你有精神饥荒吗？如何应对

续表

篇目	关键词	问题 / 任务
《情圣杜甫》 《屈原研究》	情圣的真义 惟其自杀，是以不死	（1）如何理解杜甫是情圣 （2）为什么作者说屈原因为自杀，所以能不死
《论公德》 《论自由》 《论进步》	公德者，利群也 不"自由"才有自由 建设的破坏，破坏的建设	（1）什么是公德 （2）什么是自由 （3）当下中国哪里进步了

3. 策略指导

阅读策略	主要内容	实施方式	设计目的
起始课	《少年中国说》导读	教师导读、起始课资料	引导学生初步了解《少年中国说》
阅读策略一	阅读法指导	课外阅读笔记、课堂讨论、课后撰文	有针对性地阅读，教给学生课后阅读的有效方法
阅读策略二	专题探究指导	相关文献资料、教师指导	通过专题研究来加深学生对作品的了解，引导学生学会主动探究
阅读策略三	跨媒介研究指导	影视资料	让学生通过跨媒介的比较阅读来加深对读本的认识

起始课

教学目标

（1）介绍《少年中国说》的相关知识，引发学生的阅读兴趣。

（2）明确阅读进度，初步指导学生安排个人阅读计划。

（3）设定通读任务，让学生初步了解整本书阅读的大方向。

教学过程

内容一：《少年中国说》导读（制作PPT课件，介绍《少年中国说》相关知识）

（1）作者简介——百科全书式的人物。

（2）创作背景——救亡图存、变法维新、舍我其谁。

（3）作品内容介绍。

（4）思想性与艺术性初探。

（5）作品的成就和影响。

（6）推荐观影。

（7）结束语。

内容二：阅读计划安排

（1）规定阅读时限，根据时间安排个人每天的阅读进度，要求在阅读时限内完成对整本书的阅读。学生需制定自己的个人阅读进度表。

（2）将"通读指导"发给学生，让他们根据"通读指导"粗读全文，对作品做初步理解，并结合"通读指导"中每一部分所留的"问题/任务"对所读内容进行深入思考。

（3）教师对本书的重点突破内容进行指导，并按照任务安排分小组研究学习。最后，围绕小组讨论的几组内容进行班级研讨。

内容三：通读任务设计

任务一：列表梳理梁启超生平重要时间节点，尝试为其做简略年谱，并整体评价梁启超。

任务二：画出梁启超与康有为、谭嗣同、孙中山、袁世凯等人物关系的思维导图。

任务三：画出1870—1920年半个世纪里中国历史大事件与梁启超实践活动关系的思维导图。

任务四：在阅读篇目里任选一篇文章，就谈及的话题做延展阅读并做读书札记。

任务五：赏析梁启超散文的形式美和思想美，结合阅读篇目举例说明。

任务六：结合所阅读的篇目，谈谈梁启超为中国奔走呼号的言行对自己的启示。

阅读策略一：阅读法指导

教学目标

引导学生学会阅读整本书的有效方法。

教学过程

内容一：整本书阅读法一览

1. 动态阅读法

在阅读过程中，可运用"多色笔""便签条""观点卡"等方法进行动态阅读，提高阅读质量。用"多色笔"点画勾圈，边阅读边思考，将读本中的难点和重点都标识出来；用"便签条"随手批注，将个人的碎片式感悟与体会记录下来；用"观点卡"对阅读中形成的观点进行提炼，学会思辨。

2. 复述法

读完某个时限内规定的文本内容后，可用复述法来检查自己的阅读效果。复述可在阅读小组内进行。一人复述时，其他人可以发现复述中出现的遗漏乃至错误，大家可以进行补漏和纠错，从而加深对文本的印象。

3. 自主发现法

根据教师的指导，学会在阅读中自主发现问题，然后将这些发现记录下来，思考这些发现与文本的关系。定期向教师汇报阅读发现，接受教师的指导，提升批判思维能力和写作能力。

4. 诵读法

对于格式整齐、文笔流畅、感情丰沛的作品，要反复大声诵读，以便达到与作者的思想感情互切互磋、互琢互磨的效果，同时还能加深印象。

内容二：课堂指导阅读法

让学生课前阅读《三十自述》《谭嗣同传》，并做好阅读批注。课上以阅读小组为单位，让学生一一分享观点，互相探讨、论辩。通过分享和论辩的过程，加深对文本的印象，同时更深入地思考和理解文本的内容。

在阅读过程中，可提醒学生运用"动态阅读法"。用"多色笔"勾画精彩语段，比如作者关于自由、爱国、科学、文学、历史等话题的一些观点。用"便签条"随手批注，以微评论的方式及时记录阅读感受与体会。读完限定篇目后，整理"观点卡"，写出自己的阅读思考。小组内部定期交换观点卡，结合"通读指导"上的问题和任务，通过思考和讨论得出自己的见解，可在之后的班级研讨会上发言，或形成文字展示。

观点卡

阅读篇目		阅读日期		阅读时长		阅读页数	
今日阅读摘要：							
今日阅读思考：							
与他人讨论之后的结果：							
我的观点：							

微评论示例

《少年中国说》（节选片段）

日本人之称我中国也，一则曰老大帝国，再则曰老大帝国。是语也，盖袭译欧西人之言也。呜呼！我中国其果老大矣乎？梁启超曰：恶，是何言！是何言！吾心目中有一少年中国在。

欲言国之老少，请先言人之老少。老年人常思既往，少年人常思将来。惟思既往也，故生留恋心；惟思将来也，故生希望心。惟留恋也，故保守；惟希望也，故进取。惟保守也，故永旧；惟进取也，故日新。惟思既往也，事事皆其所已经者，故惟知照例；惟思将来也，事事皆其所未经者，故常敢破格。老年人常多忧虑，少年人常好行乐。惟多忧也，故灰心；惟行乐也，故盛气。惟灰心也，故怯懦；惟盛气也，故豪壮。惟怯懦也，故苟且；惟豪壮也，故冒险。惟苟且也，故能灭世界；惟冒险也，故能造世界。老年人常厌事，少年人常喜事。惟厌事也，故常觉一切事无可为者；惟好事也，故常觉一切事无不可为者。老年人如夕照，少年人如朝阳；老年人如瘠牛，少年人如乳虎；老年人如僧，少年人如侠；老年人如字典，少年人如戏文；老年人如鸦片烟，少年人如泼兰地酒；老年人如别行星之陨石，少年人如大洋海之珊瑚岛；老年人如埃及沙漠之金字塔，少年人如西比利亚之铁路；老年人如秋后之柳，少年人如春前之草；老年人如死海之潴为泽，少年人如长江之初发源。此老年与少年性格不同之大略也。梁启超曰：人固有之，国亦宜然。

微评论： 首段开门见山，正气凛然，如金刚怒目，拍案而起，直斥日本人称我老大帝国之傲慢，倾吐心中少年中国之宏愿。紧接着，以成串比喻和排比修辞将老人与少年之不同处处对比，层层递进，气势磅礴，绵延不绝。梁启超情感之浓烈真挚，语言之煽呼有力，于此可见一斑。

《屈原研究》（节选片段）

西方的道德论，说凡自杀皆怯懦。依我们看：犯罪的自杀是怯懦，义务的自杀是光荣。匹夫匹妇自经沟渎的行为，我们诚然不必推奖他。至于"志士不忘在沟壑，勇士不忘丧其元"，这有什么见不得人之处？屈原说的"定心广志何畏惧"，"知死不可让愿勿爱"，这是怯懦的人所能做到吗？《九歌》中有赞美战死的武士一篇，说道：

"……出不入兮往不反，平原忽兮路迢远。带长剑兮挟秦弓，首虽离兮心不惩。诚既勇兮又以武，终刚强兮不可陵。身既死兮神以灵，子魂魄兮为鬼雄。"（《国殇》）

这虽属侑神之词，实亦写他自己的魄力和身分。我们这位文学老祖宗留下二十多篇名著，给我们民族偌大一份遗产，他的责任算完全尽了。末后加上这汨罗一跳，把他的作品添出几倍权威，成就万劫不磨的生命，永远和我们相摩相荡。呵呵！"诚既勇兮又以武，终刚强兮不可陵。"呵呵！屈原不死！屈原惟自杀故，越发不死！

微评论：不知任公者，说他常出耸人耳目之说，比如这里的"屈原惟自杀故，越发不死"，就是会让人颇感诧异的观点。此处任公点到为止，未做申发。但是只要一看前文他对自杀的辨析以及对屈原人格和文学贡献的肯定，便可知这样的结论可谓水到渠成。但是从挚友谭嗣同为变法维新而饮刀菜市口以及梁启超自己为再造共和而奉献一生的现实经历中可以看出，若初心不改、人格昭彰，无论生死，均可谓不朽，亦即"去留肝胆两昆仑"！

阅读策略二　专题探究指导

教学目标

（1）引导学生学会专题探究的方法，激发学生阅读兴趣，通过专题探究来对文本进行更深入的剖析，加深对文本的理解。

（2）在探究中发展学生的辩证思维和批判性思维，注重培养学生思维的逻辑性。

教学过程

内容一：专题人物探究设计

（1）爱吾师，更爱真理——梁启超与康有为。

（2）去留肝胆两昆仑——梁启超与谭嗣同。

（3）所托非人——梁启超与袁世凯、段祺瑞。

（4）殊途同归，走向共和——梁启超与孙中山。

（5）师徒同心，再造共和——梁启超与蔡锷。

内容二：作品话题探究设计

1. 自由的真义与边界

何谓自由？今日中国，人人皆可言自由，但也有一些人并不理解自由真正的内涵，对自由有着诸多误解。最常见的是认为自由就等于放纵、无所拘束，可以为所欲为；或者认为自由是属于有权有势的人，普通百姓则鲜有自由可言；或者认为群体自由与个人自由是一回事，两者往往相互越界挤压，以致均无自由可言。以上种种，百年前如是，百年后亦如是。百年前梁启超提出若无服从与妥协则无自由、群体自由与个人自由各有边界等主张，如今读来依然鞭辟入里，依然是对症下药。

本专题将以研读梁启超关于自由话题的文章为基础，并参以古往今来讨论自由问题的先哲大家之观点，尝试辨析自由之真义与边界，并在校园范围内呼吁之、试行之，以图培养少年学子之真自由的精神。

2. 知识饥荒与精神饥荒的自我疗救

今日中国，象牙塔内外，一些青年学子忙忙碌碌而不知所学何事；部分社会成人汲汲营营不知去向何方。虽然身份不同、年龄各异,但是表现出来的症状却极其相似:"闹饥荒"。有的是知识方面不自足,更多的是精神方面无法自足。知识不自足尚易解决,而精神饥荒则难以应付。何以故?只因精神上未立高尚的人生观,而又陷入物质生活的诱惑之中。百年前,梁启超认为当时中国的学校是贩卖知识的杂货店,各学院各学科皆有经理,一般求学者,完全以顾客自命。如此,教育便演变成了一盘生意,又何谈追求真知识、沐浴智慧的春风呢?试看今日中国,梁启超的批评依然振聋发聩!

本专题试以梁启超《东南大学课毕告别辞》为蓝本,通过研读和探讨,让少年学子明确实现个人知识自足与精神自足的必要性以及路径。

3. 今日少年于国家之责任

百年前,值世纪之交,摆在彼时中国人面前的任务和责任是救亡图存,于是陈独秀、鲁迅、毛泽东、周恩来等青年志士纷纷身体力行,或以笔舌鼓吹,或以智慧擘画,或以身体流血,共同力挽狂澜,扶稳摇摇欲坠之大厦,并为之换新颜,以至于有了今天。殊不知,这些青年有一共同之心灵导师,那便是南粤青年梁启超!梁启超自二十六岁与老师康有为领衔戊戌变法,使得老大中国迈出了走向现代的第一步之后,三十年间,他把握住了每一个历史时期的脉搏,并以其如椽大笔鼓吹之、煽呼之,每出一文辄使国人为之耳目一耸,成为言论界当之无愧的骄子!不仅如此,在袁世凯称帝,历史即将要走回头路的时候,梁启超与其弟子蔡锷共同谋划反袁护国行动,最终完成了再造共和的壮举。何其有幸,彼时中国有青年如梁启超者!

如今,摆在中国人面前的任务和责任则是国家强盛、民族复兴,今日少年应如当年之前辈敢于担当重任。

内容三:梁启超作品艺术成就探究设计

(1)令人身临其境的代入感。

(2)强烈的现实关怀与喷薄而出的情感。

(3)成串的比喻、排比修辞。

(4)不文不白、亦文亦白的语言特色。

(5)对象感十足的报章文体。

专题探究可以以小组研究和班级讨论的方式进行,也可以形成文字,以专题探究论文的形式在小组和班级展示。

阅读策略三　跨媒介研究指导

教学目标

（1）借助多媒体音频资料，对文本进行跨媒介研究，辅助文本阅读，增强对文本的理解。

（2）通过文本和影版的比较，发现二者的差异，加深对文本内涵的体会。

教学过程

内容一：影评撰写

从导演的独特构思、声音、画面、音乐、拍摄技巧、角色扮演等方面进行评论，谈谈自己的认识。

写影评要注意总体把握，细部突破。首先对一部影片要有正确的总体评价，在此基础上选择一个较小的视角深入挖掘，做到高屋建瓴、品鉴入微，避免面面俱到、人云亦云。要注重思辨、讲究文采。要有自己独到的见解，力求新颖、深刻，不要趋同，说一些人人都明白的"正确观点"。注意评论语言的生动活泼、形象鲜明，既要有理论色彩，又要明白晓畅。

影评要求必须有标题；副标题可以有，也可以没有。字数不少于 800 字。注意不要写成纯粹的观后感，要体现影评的特点。

内容二：戏剧表演

选择书中的某一部分内容，以一节课为限，推选导演和编剧，自行编写剧本，从全班范围内挑选演员，排演一出戏剧，在课堂上演出。

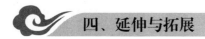

四、延伸与拓展

1. 文学读物

《少年中国梦：再读梁启超》　作者：徐刚

出版社：作家出版社
出版年：2011
定价：32.00 元
ISBN：9787506357821

梁启超的少年中国梦辉耀中华百年，富强中华者焉有不读梁启超？由徐刚编著的《少年中国梦：再读梁启超》带我们重走梁启超那辉煌的一生。梁启超之于中国，不仅是对"共和"的身体力行，其辉煌的思想更是光芒四射，至今仍是普罗米修斯手持的火把。梁启超给中国留下了宝贵的学术财富，他的《新民说》《少年中国说》是传之不朽的巨著。

《一个村庄里的中国》 作者：熊培云

出版社：新星出版社
出版年：2011
定价：45.00 元
ISBN：9787513304139

熊培云，1973 年生于江西农村，毕业于南开大学、巴黎大学，主修历史学、法学与传播学，担任过知名媒体专栏作家、社论作者及特约撰稿人，思想国网站创始人。《一个村庄里的中国》是熊培云沉潜数年的心血之作。本书以故乡村庄为立足点，考察百年来中国乡村的命运、乡村的沦陷与希望。其中有作者三十年生活的阅历与见证，六十年中国农村建设的荣辱与沉浮，并由此折射反映出近代百年中国历史的若干重要问题与玄机。这部大历史与小历史结合、大时代与小细节交织的著作，延续着作者明辨、理性、温暖、悲悯、关乎心灵与真实的写作之路。

《自由在高处》(增订版) 作者：熊培云

出版社：新星出版社
出版年：2015
定价：42.00 元
ISBN：9787513317139

《自由在高处》旨在从个体角度探讨身处转型期的人们如何超越逆境，盘活自由，拓展生存，积极生活。自由与自救，是本书的方向与重点。帕特里克说，"不自由，毋宁死"。而熊培云说，"不自由，仍可活"。自由与自救，是《自由在高处》的方向与重点。改变不了大环境，就改变小环境。小环境改变了，大环境也会随之改变。我们要做自己力所能及的事情。你不能决定太阳几点升起，但能决定自己几点起床。这是我的人生，我必让它自由。每个人都应该是自己人生的领导者。那些能够带领千军万马的人，未必能带领好自己。要么成为自己，要么一无所成。本书出版以来，累计加印三十余次。增订版加入新作六万余字，特别增加"历史与心灵"一辑，并对自由与责任、中国人的自由传统等内容做了必要增补。

《常识》 作者：梁文道

出版社：广西师范大学出版社
出版年：2009
定价：38.00 元
ISBN：9787563379637

　　梁文道生于香港，于台湾成长后返港，毕业于香港中文大学哲学系。梁文道少年早慧，兴趣广泛，涉猎各方；在各报刊发表剧评、影评、乐评、艺评、书评、文化和政治评论，在多个文化艺术机构及非政府组织担任董事、主席或顾问，还担任大学客席讲师、书院院长及杂志主编等。本书是梁文道先生撰写的时评文字结集，他以关注和热血掷出"匕首与投枪"，谈及政治、民主、民族、教育、新闻自由、公民道德等社会诸多方面。文字风格犀利，文章主旨清晰，论述简洁有力，往往一针见血命中问题之要害，其文字在带给读者阅读快感之余，还催人省思，给人启示。本书名曰"常识"，正如梁氏自言："本书所集，卑之无甚高论，多为常识而已。若觉可怪，是因为此乃一个常识稀缺的时代。"

　　两个小学生打架，A 老师只希望看见他们手拉手走出办公室；B 老师则需要厘清谁是对的，谁是错的，做错了就要承担责任。A 老师是和谐，B 老师是常识。而在这本书中，梁文道想和我们谈一谈的，正是常识。

2. 影视作品

《凤凰大视野之回望梁启超》

类型：纪录片
年代：2008
导演：田河
主讲：王鲁湘
时长：5 集　30 分钟 / 集

1898 年戊戌变法，中国从一个封建制国家迈出了走向现代民主国家的步伐。一个旧时代的士大夫梁启超，登上了中国思想、政治舞台，成为新时代的启蒙者。梁启超被誉为百科全书式的人物，一生著作甚丰，涉及政治、经济、文学、史学、哲学、新闻学、佛学、语言学等领域。在这场中国社会制度的变革中，他身体力行，积极参与旧中国维新变革的政治实践。戊戌政变后，梁启超东渡日本，走上了漫长的近代中国政治体制探索之路……本纪录片用现代人的目光审视、探寻清末民初中国知识分子的远见卓识与历史局限。

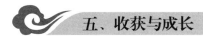

五、收获与成长

学生习作展示

论梁启超的思想变化及其所反映的现代人格

深圳中学 2022 届　陈昱豆　潘越　李翀　姚瑞泓　余思博　王楚梵

一、思想变化方面

变法时期，梁启超也曾有过思想的转变：将救国的希望从寄托于君主到寄托于国民，从曾经的崇尚科举到后来主张废除科举。经历了"公车上书"、实施新政、创办《万国公报》、成立强学会等一系列改革方式的失败后，梁启超的思想日渐成熟，他意识到，不能将改革的希望寄托于掌权者自上而下施给雨露，而应该寄希望于自下而上凝聚力量。从期望君主到期望国民，是他思想的一大转变。后来，梁启超就将开发民智作为首要任务。与他同路的维新党人认为，国之弱，民之贫，皆由八股所害。他们上书皇帝，望其废八股，梁启超甚至觉得，应当废除整个科举制度。这与他接触过许多他国的思想政治文献，以及自己丰富的阅历息息相关。他知道救国需要的不是死读书的腐朽官员，而是有着开阔眼界的新国民，有了新国民，国家才有兴盛的希望。所以，从曾经努力上进参加科举，到变法时期主张废除科举而与世界接轨，也可谓他思想进步的体现。

维新变法失败后，梁启超流亡日本，结识了革命党人孙中山。受孙中山的影响，再加上日本对于西方文化的接纳，梁启超在日本活动期间接触了更多西方关于立宪或改革的书籍与思想，他逐渐从保皇派转变成了立宪派。1907 年，梁启超在日本成立了政闻社，拥护清朝政府实施君主立宪制。革命随后爆发，他建立君主立宪制的希望宣告破灭。过了几年，袁世凯建立责任内阁，拉梁启超入伙，梁启超十分欣慰。他当时认为中国国民民智未开，贸然发动革命，必将暴乱动荡，最后又由一个有着强硬手段的领袖将中国统一，但之后建立怎样的社会制度又不得而知了。所以，梁启超认为应将主动权掌握在自己手里，先建立君主立宪制，再实现共和。于是他大力批评革命党人，宣扬君主立宪制。但随后袁世凯变卦，想建立封建帝制，梁启超一看事态不对，就联合学生蔡锷发动二次革命。后来正应了梁启超的预言，能镇住北洋军阀的袁世凯一死，中国便是一个军阀混战的局面了。

纵观梁启超的政治主张，从保皇到资产阶级立宪再到民主共和制，他的思想不断地发生变化，这也反映了他思想的多变性。作为资产阶级的领袖人物，梁启超思想的变化也反映了当时资产阶级的迷茫。再横向比较，西方的价值观在当时经历了剧烈的颠覆，尼采的哲学理论横空出世，德国哲学家雅斯贝尔斯认为其"给西方哲学带来颤栗"。尼采的《查拉图斯特拉如是说》否定了以服从和信仰为准则的旧价值体系，肯定了以人的生命与意志为准则的新价值体系。梁启超在日本或多或少地接触了尼采的哲学，从中获得了心灵的滋养。而梁启超从保皇党向君主立宪派转型，可能也有尼采著作的功劳。

值得注意的还有梁启超的学术思想，表现出两方面的特点：一为理性，二为传统性。

梁启超思想上所呈现的理性与其政治理论有着重要关系。梁启超在其史学著作中所体现的，正是这种特质。他依据历史科学，以新的角度对中国学术思想进行论述。梁启超不仅对古代学术加以考证辨析，而且以东西融汇的眼光比较差异，为史学赋予理性，减少了个人思想的主观成分。而这种理性的辩证方式，被后世所认同。

与当时很多激进的思想家不同，梁启超对待中国传统文化的态度较为温和。虽然他本人参与了五四运动，但其思想上的本质出发点是爱国，并不全盘否定传统思想文化。这种看似妥协的思想，事实上也正是理性与传统性互相作用的结果。不可否认，其思想受早期所受教育的影响。但与之相对的康有为的彻底保守性，其实能够很好地证明梁启超本身的价值观念。

经过上面的讨论，不难看出梁启超的思想经历了传统与现实的交会，是从外界汲取新思想来充实、完善自己的理念。从立宪到共和，从政坛到学术，梁启超的思想变化不可谓不引人注目。然而这变化中，也有一直没变的，那就是梁启超的现代人格。

二、梁启超的现代人格

就像我们前面所讨论的一样，梁启超的一生分为政治主线和学术主线两大部分。随着时间的流转，两条主线不断向前推进，梁启超的现代人格也在逐渐形成、成熟，直至完整。他的现代人格具有先进性、进步性、自我性和完整性，而这种人格的逐渐形成，则主要体现在他思想的变化上。

首先是维新变法时期，当大多数人还沉湎于天朝无所不有，不需与外国互通有无的幻想中时，他首先从旁观者的漠然中跳了出来，认清了要向西方学习的事实，提出向日本学习，促进了中国的政治近代化。这体现了他现代人格中的先进性。

随着甲午战败和瓜分中国狂潮的掀起，中国受到两股思想潮流的冲击，一方面是维新改良，另一方面是革命共和。梁启超最先提出立宪，而当资产阶级的改良运动失败后，他考虑过支持革命。当辛亥革命结束，资产阶级革命的不彻底性等弊端逐步体现出来时，他又一次倡导以一种较为和缓的方式救国图强。这体现了他现代人格中的进步性。

后来，梁启超的思想又一次发生巨变，他从政坛退归学术界，潜心研究，著作频出。这也许是他将挽救中国的重担交付给少年的苦心，也许是他久经沙场后的休憩，也许是他对挚爱和兴趣的追求。而这更体现了他现代人格中的完整性和自我性。他不是空喊口号的呼吁者，不是盲目救国的无知者，不是没有个人的庸俗者。他清楚地认识到了自己所想，具有强烈的自我独立性。他不仅仅是在政治上振臂高呼、引领着中国走向近代的指路人，更是一个有着完整的人格、有着自己的追求的学者。

梁启超是近代中国史上的一大先驱和一代宗师。他在政治上浸淫沉浮，在学术上硕果累累，可他给近百年后的我们留下的最深刻、最持久的影响却是他的现代人格。他的现代人格所具有的先进性、进步性、自我性和完整性，至今仍指引着我们前行。

三、感想与启示

综上所述，梁启超独立自主的现代人格贯穿他思想变化的始终，使他能在政坛上叱咤风云，也能在学术上引领风骚。回首过去，他在中国最危急的时刻站出来，身先士卒，让人们在那黑暗的社会，找到了一丝前进的光亮，他为挽救摇摇欲坠的中国做出了不可磨灭的贡献。反观现在，生于新时代的我们，更应该培养自我的现代人格来为国家建设添砖加瓦。我们应该在教育上下功夫，造就一批拥有现代人格的新时代青年，让思想上的光明驱除人格中的黑暗，用精神上的果实给予灵魂滋养，让现代人格之花开遍世界每一个角落。

梁启超先生的"变与不变"

深圳中学 2022 届　邱鑫　胥雨萌　徐圳凯　夏毓含　霍友涵　李家豪

一、坎坷亦辉煌——梁启超先生的生平概况

梁启超先生的一生，不得不说是极曲折而独特的。

他为中国的近代化政治发展振臂高呼：戊戌变法、清末新政，他极力主张维新改革，对我国救亡图存道路的探索产生了深远的影响；辛亥革命、护国运动，在狂澜之中他仍努力维护民主，为新生国家出谋划策；出游欧洲、伸张正义，他激起国民的爱国热情之高潮，向西方列强展现了中国人应有的骨气。

决心退出政坛的梁启超专心学问，著下《中国近三百年学术史》《新民说》等史学、思想巨著。在日夜操劳、工作过度后，他身染重疾，又遇医疗事故，于 1929 年离世。

初识启超先生，是少年时期的朗诵。铿锵有力的"少年富则国富，少年强则国强"深深地印在我的脑海里。善变而又有所坚守，这便是他的一生。

二、流水不腐，户枢不蠹——梁启超先生思想之变

从在万木草堂敞开思想的心扉，到胸有成竹维新大思路，他融会贯通，思潮起伏，发挥自己的见解，讲进化，开民智，变科举，兴民权，设议院。从屹立于变法的风口浪尖，到全力推崇新政，他善变而又固执。面对不断涌现的新潮思想，他立稳脚跟，绝不随波逐流，更不会墨守成规。

1887 年，14 岁的梁启超到广州入读当时广东的最高学府学海堂。在那里他学到了许多新鲜的知识。于是格式、内容都有严格要求的八股文章，便令他感到缺乏生气和枯燥无味了。这个时候，梁启超逐渐萌发了"弃帖括之志"。

1890 年，梁启超参加了科考，却因为朝中守旧势力排斥新思想而不中落第。也是在这一年，梁启超读到介绍世界地理情况的《瀛环志略》等书，始知世界有五大洲及各国。这些书开阔了梁启超的视野，使他对西方的政治、文化等问题产生了浓厚的兴趣。

这一年的秋天，梁启超认识了康有为，康向梁痛陈朝廷腐败及西方救国救民之理，梁启超听后深感自己知识浅薄，即拜康先生为师。从此他抛弃旧学投入康门，接受了康有为的改革主张和变法理论，逐渐走上了改良维新的道路。

在众多思想中，贯穿始终的，是一种强烈的使命感：解决中国的现实问题。年少气盛的梁启超，在 19 岁那年，激情满怀，励志改革。但创办了强学会之后，他才发现

是自己操之过急，改革若只是一厢情愿，风气未开，最后也只能无疾而终。

他办报，办《时务报》；他开民，开时务学堂；他宣传，宣变法之思。

"1898 年，当冰雪融化、春风微绿，北京丝丝垂柳的时候，维新变法的波涛不断冲击着森严的紫禁城。"

在美洲的游历让梁启超感受颇多。

1903 年底，漫游美洲新大陆回乡的梁启超与原本交好的孙逸仙一党断绝来往，并全力抨击革命之道，在写给康有为的书信中他这样说："与革命死战，乃是第一义。有彼则无我，有我则无彼。"梁启超思想转变锋利。这是中国由封建专制政体跨入近代民主政体的起步速度与道路之争，关系着中国的命运与前途。此后双方的论战日益激烈。在论战中，梁启超比较充分地说明了美式共和在中国行不通以及为何要以开明专制为过渡的道理，颇有说服力，使一部分革命共和派如徐佛苏、蒋观云等人转而拥护梁启超的主张并成为其得力助手。此外，受梁启超影响的还有进士、举人出身的留学生九十余人。论战中双方都攻击朝廷，使朝廷被迫向立宪派让步，加快了预备立宪的步伐。

1905 年的立宪风潮，让梁启超成为立宪派的忠实拥护者。作为这场运动的灵魂，他博考欧美各国体制，比照中国固有国情。正当一切安排停当时，暗流涌动的武昌城头，响起了革命派起义的枪声。

一切愿望终成泡影。

三、路非原路，心是旧心——梁启超先生的坚守

梁启超可谓中国近现代史上一颗璀璨的流星。青年的他在老师康有为的教导下得到启蒙，第一次从四书五经以外汲取到了前沿的思想与理论，自此一发不可收，随同康有为建立了立宪派，引领着先进分子公车上书向朝廷请愿，开展了轰轰烈烈的戊戌变法。最终纵使变法以失败告终，他逃亡日本，但仍以日本为根据地，继续发表着激扬先进青年的言论，更是在报纸上以一人之力与革命派之众打笔仗，在中国掀起轩然大波。

在日本，随着国际形势的变化和学术视野的开阔，梁启超的思想也发生了巨大的变化。他开始反思，在立宪派与革命派之间权衡，他前往檀香山，并与孙文等革命派交好，但老师康有为知道后立刻将其召回日本主持立宪派。正因为梁启超对革命抱着认同感，所以当改良派走下坡路时，他写的《新民说》充满激情，仍能保持思想魅力。辛亥革命后，他将改良派组织成进步党，但康有为觉得朝廷有恩，一心复辟，师徒二人从此分道扬镳。一战结束后，他代表中国青年团参加巴黎和会，看着繁华的巴黎，他对资本主义制度更加向往，无时无刻不对国家的前途担忧。外交的失败并未熄灭梁

启超心中的火焰，他自始至终，都在对中国人进行启蒙与开导，为实现自由、民主而奔走呼号。

启蒙、改良、革命、师徒诀别等，梁启超的一生看似蜿蜒曲折，但这也是他不停权衡、不断成长的过程。青年时向康有为学习的他是狂热的，主持戊戌变法的他是激动的，对抗革命派的他是无畏的，与孙文交谈的他是侃侃而谈又侧耳倾听的……由此可见，他的内心一直是于自己忠贞不贰的。再到民国初年，梁启超一直致力于建立西方那样的资产阶级民主政治，力图用近代西方的良药医治中国的痼疾，探索一个能改变近代中国命运的政治体制。

他后半生的文学创作，既有对西方文学的积极学习，又包含着对传统文学的重新审视，对中国的新文学、新思想起到了尤为关键的构架作用，他还创建了一套较为完整的史学体系，令后人感慨不已。一个人能从一个出色的政客转变为卓群的文人是很困难的，但梁启超做到了。同时这也说明他的思考始终围绕着中国的实际国情，从中国问题的实质出发，他的不变，无疑是伟大的。

四、更年易事不易心——对"变与不变"的评价

从保皇到共和，从建立新政府到推动五四运动，梁任公尽其一生之所能挥笔疾呼，推动时代发展，燃烧自己来做照亮时代的火炬。他的一生始终在学习，因而，刚开始的懵懂书生听见了时代的警钟，成为为时事操劳的人；他试图通过维新变法探索出一条复兴之路，却惨遭失败，在失败后毅然转向共和；然而民主共和的旗号并没有让梁启超看到他所追求的苍生天下，于是他又转身，去探索新的科学与理性的道路……

梁启超从一开始，便是一个苦苦叩门的人，他替中国的四万万民众，以自己的血肉之躯，叩开了一道又一道门，自己的手也叩出了道道疮疤。时代的微光，就此而出。他的变化，正是为了探寻救国救民的道路，他向西方的学习也是如此。

而变中的不变，便是他爱国的心。多少所谓的时代先锋，只活跃于一场运动，失败之后便沉醉于"若我能如何便可如何"的旧梦里，一如醉酒，不愿醒。而梁任公在一次一次失败中，却全无退缩颓废之意，一心追求新的道路，找寻让他眼前满目疮痍的国家变得更好的方法，这其中不变的坚持和动力，就是他的爱国之心。

五、成为"变亦不变"的人——"变与不变"带来的启发

在将近一个世纪之后，每每想起梁启超先生，我们都是慷慨激昂、满怀敬意的。当这份激情渐渐散去之后，又不免反思他这"变与不变"的一生。我们应把先生的探索经历当作经验与教训，从中得到些许启迪，以促个人、社会的进步。这里简单谈谈

以下两个方面。

（一）反省

梁启超先生在如此频繁、激烈的变化之中，没有固执地坚守一种观念，而是时刻地反思，并不断调整自己前行的方向。不妨看看他在巴黎和会之后对中西方文化的反省：

> 要发扬我们的文化，非借他们的文化做途径不可。因为他们的研究方法，实在精密，所谓"工欲善其事，必先利其器"。（《欧游心影录》）

他的反省是深刻而长久的，因此他能够紧紧把握时代潮流，在万变之中存有不变，成为时代前行的引领者。我们当代的事业，比如改革开放，就要立足于这样的反思，抓住问题，及时调整，不断勉励，才能够一直走在正确、先进的道路上。

（二）传统

在这个有着两千余年封建专制历史的国家里，君主立宪、民主共和之流，皆是西方的舶来品。这时就需要将这样的舶来品嫁接在中国的土地上，然而嫁接不得不以中国之传统为根基。虽然中国的传统文化强调礼治、差序、无为，对法治、民主、平等这样的观念是模糊甚至避讳的，但是其中仍有许多值得发掘、利用的东西。因为新事物的形式与实质在很大程度上取决于之前存在的事物，并且以这些事物为出发点和方向，新事物借鉴了存在于它们之前的某些东西。

梁启超肯定意识到了。他协助康有为编撰《孔子改制考》，借圣人之名义为变法造势；他整理出《修身三书》，弘扬儒家修身养性之学，都是很好的例证。这可以视为梁启超的一种底蕴、一种坚守，是他在激昂的变革中不曾改变的。

我们必须肯定，梁启超的"变与不变"是他作为时代引领者的独特人格，而这种人格也将激励着新时代的我们不断前行，促使我们成长为"变亦不变"的有志青年。

去留肝胆两昆仑

——梁启超与谭嗣同

深圳中学 2022 届　余靖邦　丘思　王予馨　吴浩华　徐子懿　熊毅文

"各国变法，无不从流血而成。今中国未闻有因变法而流血者，此国之所以不昌也。有之，请自嗣同始！"这是戊戌变法失败后二人诀别时谭嗣同说的几句话。站在今天的视角，我们很难想象当时谭嗣同言语的决绝。他是否仰天大笑，是否满怀希望，是否与梁启超谈起中国的大好前途，都只能是我们的猜测了。梁启超与谭嗣同，他们都是那个时代的引领者。

梁启超自四岁起居家就读，跟祖父学习识字，历代杰出人物忧国忧民的情怀、舍生取义的风范和坚贞不屈的精神品格都令他感触颇深。而谭嗣同五岁时曾得重病，昏死三日而复生，这极大地影响了他的生死观，培养了他日后遇事不退的勇气。十岁时，他拜欧阳中鹄为师，在老师的影响下，他受到了爱国主义的启蒙。他读书务求广博，曾游历中国各省，观察风土，结交名士。

马关一纸条约的消息传来时，北京城炸开了锅，原本进京赶考的学子们纷纷向皇帝上书，封封都凝结着他们对帝国主义的愤怒和对国家危亡的思考。康有为、梁启超奋笔疾书，上书光绪帝倡导学习西方，轰轰烈烈的戊戌变法就这样开始了。梁启超将维新思想的影响进一步扩大，在当时的一些爱国知识分子和开明官僚中产生了较大反响，大大增强了维新变法的声势。在这次变法中，梁启超是主要发起者和领导者。而谭嗣同是变法的主要思想者和组织者，他与唐才常等在浏阳筹建算学馆，创办新学，并撰文提出变法主张，首开湖南维新之风。不久，他被推荐进京，参与新政。变法失败后，谭嗣同英勇就义，唤起了人们爱国的热潮，点燃了日后革命的火种。

毋庸置疑，他们都为变法立下了汗马功劳。无奈的是，因为触及了以慈禧为首的顽固派的利益，这场轰轰烈烈的变法最终以戊戌六君子的牺牲画上了句号。

究竟是什么造就了这样令人敬佩的英雄呢？正所谓：时势造英雄。在当时那样黑暗的社会背景下，他们看满目山河辽阔，国家却因封建君主的腐朽无能而一片乌烟瘴气，便站起来，以自己之身为国家出力。很多像梁、谭一样的爱国者涌现出来，他们渴望着一个光明的时代，并为此努力奋斗着。他们有人以笔代枪，为唤醒中国人的民主思想而奋笔疾书；他们有人不惧生死，只求为革命的光荣前途献上自己的一份力。人民在他们的指引下明智了，勇士在他们的指引下奋起了，有智识之人在他们的指引下不再沉默了。他们用尽全力，共同推动着这个时代不断前行。

他们的精神影响着一代又一代的人，许许多多的劳动者奋斗在自己的岗位上，虽默默无名，仍乐于奉献，只为做好自己的工作，为社会贡献一份力量。清洁工们起早贪黑，奋斗在城市的每个角落里，只为让生活在这座城市里的人们能有个更加舒适的环境；建筑工人一天到头，奋斗在炽热的阳光下，只为这座城市能拥有更多高耸入云的大厦；警察同志们心怀赤诚，奋斗在大街小巷里，只为维护这座城市的正义与公平、美好与和平。

如今，我们虽生活在一代代英雄为我们创造出来的美好时代里，但也要时刻思考：我们自己奋斗了吗，努力了吗？有人会问：如此美好的年代还需要英雄吗？我想，答案是肯定的。我们新时代的英雄不仅仅定义在大国大家的层面，更要渗透到平常的各个行业里。我们这个时代能创造出什么样的英雄？自然是创新英雄。我们应当重视科技，注重发展创新力量、培养创新人才，让我们的国家越来越强盛。不有行者，无以图将来，不有革新者，无以创美好。

"'舌下无英雄，笔底无奇士。'呜呼，笔舌生涯，已催我中年矣！"任公如此说。"望门投趾怜张俭，直谏陈书愧杜根。"复生如此想。他们这种实践精神也是我们学习的范例，正处最好年华的我们，不应只埋头读书，实践能力、创新思维都是我们应该具备的。时务从刊物，广博求阅读，在资源如此多元且获取便捷的大好时代，我们更要不负时代所托，回馈时代。

"我自横刀向天笑，去留肝胆两昆仑"，这是谭复生的豪情；"少年进步则国进步"，这是梁启超先生对我们中国少年最殷切的希望。志存高远，脚踏实地，我们坚持到底，永不言败！我们是朝阳吗？我们是！我们是栋梁吗？我们是！我们年轻一代，就是国家的未来！

改革与革命
——梁启超与孙中山

深圳中学 2022 届　钟昌浩　李卓航　刘子晟　黄云意　毛欣颖　杨曦

十九世纪与二十世纪之交，衰微的中国正面临世界局势的骤变，在这个封建专制与西方民主相碰撞的时代，涌现出了许多伟大的历史人物，他们宣扬民主，推动中国的思想不断进步，而孙中山和梁启超无疑走在了这个时代的最前列。来自同一个时代却心怀不同思想的两人，更是有着说不清的恩怨情仇。

起初，梁启超认为孙中山是"愤嫉时变之流"，对他的做法不太认同。后来，孙中山逐渐走向国际舞台，令梁启超刮目相看，称其为"陈胜、吴广流也"。戊戌变法失败后，梁启超流亡日本结识孙中山，两人志趣相投，共同拯救中国的理想让他们萌生了合作的念头。但是梁启超的老师康有为却反对梁与孙中山接触，他得知此事后，立即让梁启超前往檀香山宣传保皇派思想。迫于压力，梁启超只得离开日本，两人合作的火光渐渐微弱。在檀香山期间，梁启超获得了空前的成功，不仅吸引了华侨加入保皇会，还先后获得了各项捐款 10 万元。孙中山得知后气愤不已，大骂梁启超"名为保皇实为革命"的宣言是混淆视听，背信弃义，挖人墙脚，二人的关系从此走进阴霾云雾之中。后来梁启超虽然仍对与兴中会合作共同拯救中国抱有希望，但是最终两人的关系还是没能扭转。

　　说到梁启超，就会想到维新变法，似乎它们永远绑在一块。但其实不然，我们可以将他的道路分为三条：康有为的道路，"维护共和"的道路以及中国的道路。

　　第一条道路是在万木草堂学习时，受康有为影响的道路，即立宪制。这个主张至少在梁启超流亡日本之前是不曾动摇的，主要就是以日本为模板，学习西方的君主立宪制。以康梁为首的立宪派创办了一系列诸如《时务报》之类的报刊，来宣传维新思想。这条道路在 1898 年达到高潮，但随即破灭了，以梁启超断发走扶桑收场。在流亡日本期间，梁启超一人与革命党唇枪舌剑，但梁启超不是康有为，他不会为了立宪而立宪，他从来不反对任何有救国希望的道路。

　　1911 年武昌起义的爆发，使摇摇欲坠的旧中国走上了共和之路，梁启超也从此走上他的第二条道路——维护共和。中国既然已经建立共和制，若是再立宪，就是走回头路了，他积极参与国民政府工作，宣传共和。1915 年，袁世凯复辟，梁启超随即和学生蔡锷在云南起义，发动护国战争。终于，袁世凯沦为孤家寡人，取消了帝制。可以说如果没有孙中山就没有中国的共和，但没有梁启超，中国的共和就难以发展。

　　晚年的梁启超不再过问政治，专心学术，开始了他最重要的道路——中国的道路。在他眼中，那时的中国不过是一个空壳，只有政治架构，缺少与之相应的思想，这也是他专心学术的原因之一。他心中的中国国民，应是有国家意识和独立思想、不附庸他者的新国民。他通过教育来实现理想，这是他留给现在的我们最重要的精神财富。

　　梁启超的道路，从来不是孙中山和康有为那样可以用某种思想概括的，因为他的道路是多变的，但都是为了拯救中国的道路。

　　而孙中山，因小时候村中有个太平天国遗兵，受其影响，他对洪秀全等人产生崇拜之情。13 岁时孙中山随母赴檀香山。他的长兄孙眉资助孙中山比较系统地接受西方的近代教育。在香港旅居时孙中山目睹清朝的专制和腐败，产生了反清和以资产阶级政治改造中国的思想。孙中山后来组织广州起义事泄失败，被迫亡命海外。戊戌变法以后，因日本友好人士的活动，孙中山与改良派曾商谈过合作问题，但因改良派坚持保皇、反对革命，未能合作成功，随后他在武昌起义后出任临时大总统。由于帝国主义、国内封建主义的压力与革命党本身的涣散，孙中山被迫于 1912 年 2 月 13 日辞去临时大总统职务，让位于袁世凯。后来孙中山任全国铁路督办，在发现袁世凯试图复辟帝制后，率先举起武力讨袁的大旗，虽未成功，却点燃了讨袁的火种。

　　1917 年 7 月，因北洋军阀解散国会和废弃《中华民国临时约法》，孙中山联合西南军阀进行护法战争。但孙中山在军政府内备受军阀、政客的排挤，不得不离开。之后他建立国民党，提出联俄、联共、扶助农工的三大政策，却在北伐战争前夕的 1925 年 3 月 12 日，因病在北京逝世，留下了"革命尚未成功，同志仍须努力"的号召。他的后半生致力于维护共和制度，为此奉献了许多，在这一点上与梁启超的轨迹重合在了一起。

那为什么这两个伟大的历史人物会走上不同的道路呢？要解答这个问题，可以从梁启超与孙中山的经历与背景出发。梁启超属于士绅阶层，与封建主义和帝国主义有着较密切的关系，尽管他们有反帝反封建的要求，但局限性和妥协性比较明显。梁启超支持君主立宪制，由封建制度过渡到君主立宪制的方式是改革，更为温和，更加适合当时清朝统治下的中国。而孙中山所支持的民主共和制，转变起来较为困难，极有可能演变为一场革命，付出的代价会很大，流血牺牲是避免不了的。

而孙中山早年曾上书李鸿章，提出"人能尽其才，地能尽其利，物能尽其用，货能畅其流"的改革主张，但未被接受。自此，孙中山逐渐认清了清政府的本质，对清政府失去了信心。另外，孙中山有过在美国檀香山、中国香港学习的经历，还详细考察过欧美各国的经济、政治状况，研究了多种流派的政治学说，并与欧美各国进步人士接触，必然更加支持民主共和制。

总的来说，梁启超和孙中山的救国道路不同，主要是因为他们所处的阶级不同，所接受的教育不同，导致他们对清政府的认识不同。梁启超仍对其抱有一定期望，而孙中山早已对其失去希望。

1840年鸦片战争以来，中国被迫开始了近代化进程，一步步沦为半殖民地半封建社会。就在这民族危亡的时刻，一批批爱国志士为拯救中国而发起了一次又一次的运动。太平天国运动、洋务运动、戊戌变法、义和团运动、辛亥革命、二次革命、新文化运动、五四运动等，无论是改革还是革命，都推动了中国近代化的进程。

改革，是清末老旧势力为了维护清朝统治而想出的一个当时看来可行的办法，于是洋务运动、百日维新便轰轰烈烈地开展起来。这些运动确实是为了中国能够更加强大，但它们不符合人民的利益，结果都不成功。以孙中山为代表的革命派此时便站了出来，立誓要带领中国走上民主共和的道路。他们也的确取得了一些成就，建立了中华民国，开创了中国近代民主化的先河。之前一直致力于改革的梁启超也加入了革命派，与其老师所在的保皇党进行了激烈的斗争，最终是以革命党的胜利而结束。尽管如此，改革与革命其实并没有什么本质上的区别，都是为了拯救中国于"水火之中"，只是方式不同罢了。

改革也好，革命也罢，一个主张开启民智，一个主张暴力夺政，一文一武两条道路虽然都失败了，但梁启超与孙中山所共同主张的民主思想将引领更多的中国青年，推动中国进入一个全新的时代当中。

知识饥荒与精神饥荒的自我疗救
——梁启超的人生观以及思想研究

深圳中学 2022 届　郑竹珈　黎思思　刘沐阳　杨南　刘飞鹏　黄泓嘉

百年前，社会动荡，人心不宁，学生们报国之心无所寄托，精神便出现了饥荒。当时民智初开，学术尚在探索阶段，出现这样的现象并不意外。于是梁先生在东南大学演讲时说："现在中国的学校，简直可说是贩卖知识的杂货店……一般来求学的，也完全以顾客自命。"他疾呼救济精神饥荒的重要性，提出了裁抑物质生活与树立高尚的人生观两味良药，并认为在当时若吃此药，必然能根除顽疾。然而百年后的今天，科技与思想较先前早已有了大进步，可从方方面面来看，梁先生所说的问题，又以另外的形式重现了。

前事之鉴，后事之师。对于现在的精神饥荒，梁先生所提出的方法有几分可行？我们是否能有创新的方式？对于精神饥荒与知识饥荒的分析以及梁先生人生观与思想的研究，便是解决问题的钥匙。

一、精神饥荒与知识饥荒的关系

知识饥荒是精神饥荒的外在表现形式，精神饥荒是知识饥荒的主要原因。精神饥荒引起知识饥荒，知识饥荒又反作用于精神饥荒，使得精神饥荒愈演愈烈。

二、近代知识饥荒的现象以及成因

近代知识饥荒现象的原因，用梁先生的话说，便是把学校当作贩卖知识的杂货店，来求学的学生，也完全以顾客自命。把知识当作商品，缺乏治学的热情，没有做学问的方向，被动地接受知识，实际上是一直以来闭关锁国、八股取士的结果。国民的创新力尚未觉醒，这是知识饥荒的根源。

三、当代知识饥荒的现象以及成因

如今，部分学生为了应试而学习，埋头题海之中，全然不知自己所学为何物，只知道诸如"语文""数学"之类的名称，以及几种应对考题的方法，就连高级知识分子，也经常有论文抄袭的事件出现。知识之于他们，不过是建一所房子的木料，东拼一点、西凑一点，一篇论文也就完成了，多年学习的知识不知该用在何方。

当代知识饥荒的典型表现，是前些年风靡全国的"成功学"。是时，书店的畅销书架上摆满了所谓成功人士的传记，成功学专家的演讲常常人满为患，讲者唾沫横飞，听者也表现得若有所悟，这样的现象反映出当代社会普遍的精神饥荒。这种精神饥荒的主要原因是现代社会高速发展，长期习惯于遵循一成不变的传统的国人不能够快速适应外界的改变。精神焦虑，让人们失去了自己的方向，只能把别人眼里的成功当作自己的目标，把别人谈论的学问记作自己的知识，把自己的人生复制成别人的人生。

四、梁启超关于精神饥荒的自我疗救方法

梁启超认为，解救精神饥荒的方法，一在于裁抑物质生活，二在于树立高尚的人生观。当时，中国的物质条件并不好，若一个国人致力于追求物质生活，必然会产生对西方国家的崇拜心理，一定程度上会削弱民族自信。对于自己的民族没有了自信，精神便会焦虑，接着便会失去精神的寄托。因此，在近代，要想将自己从精神饥荒中解救出来，就要裁抑自己的物质生活。另外，树立高尚的人生观，是为了在保证精神有寄托的同时，保证思想方向的正确性。若思想有寄托而方向不合理，最终走向歧路，也必定深陷精神饥荒中难以回头。

五、梁启超的自我疗救方法对当代的启示

当代社会的物质条件相比百年前优越了很多，与很多国家相比也遥遥领先。经济快速发展，消费水平和质量大大提升，社会信贷制度日益完善，这就让人们越来越"敢消费""愿消费"。"双十一""双十二""女生节"之类促进消费的新概念相继产生，在人们热衷于享受消费带来的快乐时，裁抑物质生活是否仍是一个明智的决定？答案是肯定的：物质生活不可避免地会影响精神生活，现代消费热点出现的频率太快，往往导致人们的精神焦虑。精神上的审美疲劳，会削弱主观判断力，对于精神的界定也就不那么清晰了。当代社会讲求精神独立，对精神认识不清，谈何精神独立？但是，如今的消费与近代大有不同，随着经济、科学的发展，越来越多"中国制造"活跃在市场上，国人的民族自信心、文化认同度在消费时不减反增。所以，消费在一定程度上也缓解了精神饥荒。对于我们来说，裁抑物质生活固然有一定道理，但也不可胶柱鼓瑟般地执行。

而树立高尚的人生观无论放在哪个时代都是正确的，因为一个人若有渊博的知识，却没有健全的人格，他的知识便可能不会被用在正确的地方。树立人生观，便是为我们的人生设立一个指导思想。任何时候，没有自己的人生观就如同一辆没有确定方向的马车，越跑离目标越远，最终只会人困马乏，功倍而事无成；或者是只知道跟着别人的车辙前进，永远慢人一步。这时，精神饥荒便出现了，并且会愈演愈烈。原本或

许还有一点精神方向，现在被打乱了阵脚，只能匆匆忙忙地投身到追随所谓成功者的队伍里去了。

百年前，有人提倡完全的美国化，因为美国是一个成功的强国。梁任公说："制度不过是一个装饭的饭桶，但主张'美食不如美器'的人不在少数。"他认为中国应该保持自己的特色，而不要成为一个东方的美国。这样的观点放在现在来看也是可圈可点的，即使是向成功者学习，也应该"择优而从"，有自己独立的思考，这才是精神独立的体现。当然，我们不光要有自己独立的人生观，还要有高尚的人生观、正确的人生观。每个人的人生观都要独立于他人，不受外界影响，同时还要方向明确、立场坚定、健全无缺。

在当代，疗救自己的精神饥荒，一要在一定程度上裁抑物质生活，适度而取；二要树立方向明确、立场坚定、健全无缺的人生观。

浅论梁启超的个人自由与团体自由之关系

深圳中学 2022 届　罗盈盈　唐勃然　卿欣汝　易旸谷　钟爱　李雨晴

"今天下之可忧者，莫中国若；天下之可爱者，亦莫中国若。"梁启超深爱着他的祖国，热切地期望她可以摆脱穷困，摆脱愚昧，摆脱束缚，摆脱落后。而这一切的根本，是梁启超对自由的追求。

梁启超曰："自由者，奴隶之对待也。何谓奴隶？天使吾为民而卒不成其为民者也。所谓'国民'即'自由民'，他具有权利、责任、反压迫、尚尊卑、平等、独立等品格。"梁启超将"国民"与"奴隶"相对，而不是和"国君""社稷"相对，反映了他非常重视个人精神与思想的自由。当时的社会，忍气吞声似乎刻在了每一个中国人的骨子里。戊戌变法，似乎只是梁启超等书生们的事；国家存亡，似乎也只是统治者的事。见到如此景象的梁启超，拿起纸笔，一遍又一遍地呼吁中国人，企图将他们唤醒。他明白，"教学者如扶醉人，扶得东来西又倒"。但每每想到那丧权辱国的条约，他的心就仿佛在滴血。自由，象征着真正的解放，没有帝国主义的干涉与约束，中国人才能挺直腰板！于是，他向国民昭示，要自由，要自由，要自由！

梁启超在近代中国地位之重要，相当于伏尔泰、但丁之于文艺复兴。他力求对社会进行改造，用西方化来完成对国人的救赎、对国家的救亡的目标。我们可以从其对西方自由的概述中看到他的憧憬——"生存是人的物质生命，而自由则是人的精神生命"，他还提到自由即独立，作为人类一种非常美好的精神，自由是没有国界的，也适用于中国。

梁启超作为近代中国最早意识到自由之重要性的人，于1902年写下了《论自由》一文。文中他对欧美自由的发达史做了概述，"一曰政治上之自由，二曰宗教上之自由，三曰民族上之自由，四曰生计上之自由"，并强调了他对自由的认识："团体自由者，个人自由之积也。人不能离团体而自生存，团体不保其自由，则将有他团焉自外而侵之、压之、夺之，则个人自由更何有也！"我们在他关于自由的阐述中看到有两个概念贯穿始终——团体自由和个人自由。他认为，团体自由建立在个人自由的基础上，并且能够保障国民的个人自由。

身为为数不多的清醒者，看着阴霾昏暗、死气沉沉的中国现状，他企图唤醒众人。可此时的民众却还未觉醒，没有共同努力让中国独立的动力。列强入侵？与我何干。改朝换代？与我何干。战争遍地？与我何干。在他们看来，能安心享乐苟活在这片土地上，是他们人生仅有的价值。这样的他们是自由的吗？这种所谓的"自由"不仅是因为他们欠缺有关的能力，更是因为他们受到狭隘观念的束缚。他们在混乱之中苟且偷生，且对于国家苟延残喘的现状毫不关心。他们也能够在一定范围内做一些事情，但由于内心对这国家遭受的苦难几乎麻木不仁，心理上缺乏了一种团结精神，而这种精神的缺失导致了大部分人不能做那些对国家有利的事情。我们国家渐渐不能独立，不能实现它的自由。当绝大多数人都盲目沉浸在这逍遥的个体自由中时，近代中国艰难困苦探索的历史展示了血淋淋的后果。戊戌变法、辛亥革命、五四运动……有多少人流血牺牲、壮烈殉国，又有多少人袖手旁观、漠不关心？这些都论证了梁启超之所言——单独的个体自由无法给团体带来真正的自由。

于是梁启超创办报纸，在踏过的每一片土地上进行慷慨激昂的演讲，在知识分子中间传播先进的思想，他要让这些进步的思想传遍全国，让人人都知道自由的好处。不仅如此，他还向他人传授一些学术性的知识，在戊戌变法期间创办京师大学堂，让知识能得到更广泛的传播。这样一来，国民素质得以提高，距离实现梁启超的"团体自由"又近了一步。

团体自由这个概念是由西方"自由"一词衍生而来的。高玉在《从个体自由到群体自由——梁启超自由主义思想的中国化》一文中提到，在西方，自由从根本上是个人的自由，与自由相关的民主、平等、权利等在深层上都源于个人，自由始终是和个人联系在一起的。而梁启超所追寻的团体自由是在客观自由的基础上以中国传统为主体的团体自由，他想依据近代中国社会的情况提出新的可能，以团体为核心，呼吁人们团结起来共同获得自由，梁启超想通过这种二者兼并的形式，救亡图存。

　　梁启超为了向民众推广自由的观念，对它进行了中国式的包装，这对于当时的中国社会具有怎样的影响，又应如何评价呢？梁启超为中国鞠躬尽瘁，他作为先进知识分子，了解到"自由"的含义，明确了自由的影响力，为其吸引、为其痴迷，念想着如何能将此思想与国之复兴联系起来。他提出团体自由和个人自由，为的是激发人们的向往，朝着共同反抗的方向努力。

　　自由的实现，首先需要个人敢想敢做，然后要想办法将个人的力量凝聚起来，让一个个拥有自由思想的个人聚集成一个追求自由的群体，再制定相关的法律对其进行一定的约束与保护，如此，自由，便触手可及。

《呐喊》: 唤醒国民的声音
——《呐喊》整本书阅读指导
刘畅

阅读指导视频

朗读音频

《呐喊》 作者:鲁迅

出版社:人民文学出版社

出版年:2015

定价:25.00 元

ISBN:9787020110247

一、意蕴与价值

  小说《呐喊》的价值不言而喻。2006 年,由《亚洲周刊》和来自全球的学者作家联合评选了二十世纪中文小说 100 强,其中《呐喊》高居第一位。《呐喊》不仅是中国现代小说和白话小说的开端,更标志着中国现代小说走向成熟,具有极高的文学性和思想性。

  根据 2017 年颁布的《普通高中语文课程标准》所提出的四个语文学科的核心素养,阅读《呐喊》能够帮助高中生提升"审美鉴赏与创造""文化传承与理解"两个方面的核心素养。《呐喊》真实地展现了清末到民国初年的社会面貌,从启蒙主义和人道主义精神的角度,揭示了社会中存在的诸多问题,对旧社会的中国进行了深刻的剖析。高中生通过阅读《呐喊》,一方面可以学习如何阅读现代小说,提升自己的文学审美与鉴赏能力;另一方面可以对中国的旧制度形成清晰的认知,批判且辩证地理解中华传统文化中的精华与糟粕,从而形成正确的世界观、人生观、价值观。

二、作家与作品

鲁迅是二十世纪中国最伟大的思想家和文学家。1881 年 9 月 25 日，鲁迅诞生在浙江绍兴一个没落的封建大家庭里，从小就受到传统文化与民间文化的熏陶。鲁迅曾到南京求学并留学日本，在经历了从十九世纪末开始的中国社会、思想、文化的巨大变迁以后，逐渐形成了自己的独立思想。到 1936 年 10 月 19 日去世，鲁迅留下了大量的作品，类型涵盖小说、散文、杂文、学术著作，包括短篇小说集《呐喊》《彷徨》《故事新编》，散文诗集《野草》，散文集《朝花夕拾》，杂文集《热风》《坟》等，学术著作《中国小说史略》《汉文学史纲要》。

鲁迅的文学创作富有创造力与想象力，为中国现代文学的发展起到了不可估量的作用，也为中国现代文学的发展开辟了新天地。不仅如此，很多中国现代作家都是在鲁迅文学的滋养下，发展出了自己的文学风格。

小说集《呐喊》最早编于 1923 年 8 月，由鲁迅从 1918 至 1922 年连续创作的 15 篇小说组成（1930 年 1 月第 13 次印刷时抽出《不周山》一篇）。评论家严家炎先生认为，《呐喊》和《彷徨》两部小说集既是中国现代小说的开端，又标志着中国现代小说走向成熟。

《呐喊》最重要的两个贡献便是"表现的深刻"与"形式的特别"。

"表现的深刻"指的是《呐喊》开辟了独特的题材与小说模式。《呐喊》的选材聚焦于农民和知识分子两个题材，对现代中国人（首先是农民与知识分子）的灵魂发出了拷问。同时，就小说模式而言，鲁迅创造出了"看/被看"与"离去—归来—再离去"两大小说情节、结构模式，在《狂人日记》《孔乙己》《明天》《头发的故事》《药》《阿Q正传》等多部作品中都有所体现。

"形式的特别"指的是鲁迅在创作小说时追求形式的实验性。鲁迅巧妙地将西方小说的形式内化，与中国传统小说的形式相结合，通过转化与创造，构建了中国现代小说的新形式。如《狂人日记》打破了中国传统小说注重有头有尾、环环相扣的完整故事和依次展开情节的结构方式，并且重视人物的心理刻画与描写。其他篇目也都有各自的特点呈现。

因此，作为现代小说的发轫与成熟之作，《呐喊》是国人了解近代社会和历史、感知现代小说特点所必须阅读的书目，对于青少年而言，更是不可不读之作。

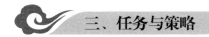 **三、任务与策略**

1. 整体思路

本书阅读按照"个人通读—教师指导—小组研读—班级研讨"的思路进行，学生先在基本了解本书内容的前提下根据"通读指导"粗读全文，对作品做初步理解，并结合"通读指导"中每一部分所留的"问题/任务"对所读内容进行深入思考。之后，再由教师对本书的重点突破内容进行指导，并按照任务安排分小组研究学习。最后，围绕小组讨论的几组内容进行班级研讨。同时，整合阅读经验，指导学生对今后其他同类作品的阅读。

2. 通读指导——阅读进程表

篇目	问题/任务	重点能力指向
自序	（1）通读"自序"，并查阅相关资料（如曹聚仁《鲁迅评传》、王晓明《无法直面的人生》），绘制一幅鲁迅的生涯足迹图，要求：每一处地点注明时间，同时写出这段时间内对鲁迅影响最大的一件事情 （2）你如何看待鲁迅与钱玄同（金心异）所讨论的"铁屋中的呐喊"这一悖论	了解鲁迅的生平，关注鲁迅思想的演变
《狂人日记》	（1）《狂人日记》被称为中国第一篇现代白话小说，你认为原因是什么 （2）"凡事总须研究，才会明白。古来时常吃人，我也还记得，可是不甚清楚。我翻开历史一查，这历史没有年代，歪歪斜斜的每叶上都写着'仁义道德'几个字。我横竖睡不着，仔细看了半夜，才从字缝里看出字来，满本都写着两个字是'吃人'！"请列举出中国历史上以"仁义道德"吃人的现象或事例 （3）狂人在日记中与在现实中的反差能引起你哪些思考	（1）比较现代白话小说与中国传统小说之间的差异 （2）正确看待中国传统文化中存在的问题
《孔乙己》	（1）这个故事是由谁讲述的？试着梳理故事讲述者与孔乙己、掌柜、酒客之间关系的变化，以及这些角色自身的变化 （2）你认为这篇小说中存在几组"看/被看"的人物关系 （3）将其改编为话剧，并进行表演（可观看话剧《孔乙己》）	（1）理解鲁迅小说中存在的"看/被看"模式 （2）初步理解小说与话剧的区别

续表

篇目	问题 / 任务	重点能力指向
《药》	（1）找寻这篇小说的两条线索 （2）鲁迅在"自序"中提及，"但既然是呐喊，则当然须听将令的了，所以我往往不恤用了曲笔，在《药》的瑜儿的坟上平空添上一个花环"，你认为，这种曲笔式的结尾会有损整篇小说的意义与价值吗？为什么	（1）感受鲁迅小说形式之明暗线索的设置 （2）理解小说所承担的社会价值
《明天》	比较单四嫂子与《祝福》中祥林嫂形象的异同	体会不同小说中相同身份人物各自的特点
《一件小事》	（1）有人认为这篇小说"劳工神圣"的主题不符合鲁迅"疗救病态社会中不幸的人们"的文艺理念，你怎么看 （2）延伸阅读：芥川龙之介《橘子》	深入理解小说的主题以及鲁迅的文学创作理念
《头发的故事》	（1）结合小说与近代史相关知识，谈一谈你所理解的"革命" （2）联系《在酒楼上》，思考第一人称视角对小说情节及主题的意义	（1）理解小说创作背景的重要意义 （2）初步了解"叙述视角"这一叙述学概念的意义
《风波》	结合小说中的具体人物，分析中国封建社会中统治者与被统治者的特点	引导学生关注小说与现实的联系
《故乡》	（1）结合汉娜·阿伦特讲述的"平庸之恶"这一理论分析小说中的"杨二嫂" （2）小说是如何体现"离去—归来—再离去"这一模式的	（1）感受中国底层人物的特点 （2）理解"离去—归来—再离去"的意义与价值
《阿Q正传》	（1）结合每一章的标题与内容，思考鲁迅在《阿Q正传》中是如何运用"反讽"这一艺术手法的 （2）观看电影《阿Q正传》，感受阿Q形象的魅力	（1）了解小说中"反讽"的手法 （2）初步感知小说语言和电影语言的异同
《端午节》	"寂寞新文苑，平安旧战场。两间余一卒，荷戟独彷徨。"请结合方玄绰和鲁迅自身的经历，谈一谈新式知识分子在革命中的分化	了解新式知识分子这一类人物在历史中的不同选择
《白光》	结合《呐喊》《彷徨》中的其他篇目，比较以陈士诚、孔乙己为代表的旧式文人与新式知识分子面临的不同困境	探究新旧文人在时代变革之中的处境
《兔与猫》 《鸭的喜剧》	请结合小说中表现的"社会达尔文主义"，并联系现实，思考社会应该如何对待弱势群体	了解社会观念对于小说创作的影响
《社戏》	画出小说中抒情与议论的语句以及情绪性、音乐性的语言表达，感受这篇小说散文化的倾向	了解小说与散文的不同之处，以及在创作过程中互相借鉴的手法

3. 策略指导

阅读策略	主要内容	实施方式	设计目的
起始课	《呐喊》导读	教师导读、起始课资料	引导学生初步了解《呐喊》
阅读策略一	阅读法指导	结合文本、现场阅读、课堂指导	教给学生课后阅读的有效方法
阅读策略二	比较阅读指导	相关文献资料、教师指导	通过比较阅读来加深学生对作品的了解，引导学生学会主动探究
阅读策略三	创意写作与思辨指导	教师指导	通过多种形式的创意写作与讨论来检验学生的阅读效果
阅读策略四	跨媒介研究指导	影视资料	通过跨媒介的比较阅读来加深学生对读本的认识

起始课

教学目标

（1）介绍《呐喊》的相关知识，引发学生的阅读兴趣。

（2）明确阅读进度，初步指导学生安排个人阅读计划。

（3）设定通读任务，让学生初步了解整本书阅读的大方向。

教学过程

内容一：《呐喊》导读（制作 PPT 课件，介绍《呐喊》相关知识）

（1）鲁迅的生平介绍。

（2）《呐喊》的创作背景介绍。

（3）《呐喊》主题的呈现。

（4）《呐喊》中的重要短篇小说及重要人物展示。

（5）以《呐喊》为代表的现代小说的艺术特色梳理。

（6）初步认识《呐喊》的成就与价值。

内容二：阅读计划安排

（1）规定阅读时限，根据时间安排个人每天的阅读进度，要求在阅读时限内完成对整本书的阅读。学生需制定自己的个人阅读进度表。

（2）将"通读指导"发给学生，让他们根据"通读指导"粗读全文，对作品做初步理解，并结合"通读指导"中每一部分所留的"问题 / 任务"对所读内容进行深入思考。

（3）教师对本书的重点突破内容进行指导，并按照任务安排分小组研究学习。最后，围绕小组讨论的几组内容进行班级研讨。

内容三：通读任务设计

详见阅读进程表中的"问题/任务"。

阅读策略一：阅读法指导

教学目标

引导学生学习阅读短篇小说集的有效方法。

教学过程

内容一：短篇小说集阅读法一览

1. 小说知识讲解法

教师对于小说的基本知识进行举例讲解，帮助学生初步了解阅读小说应当具备哪些知识。

2. 动态阅读法

在阅读过程中，可运用"多色笔""便签条""观点卡"等方法进行动态阅读，提高阅读质量。用"多色笔"点画勾圈，边阅读边思考，将读本中的难点和重点都标识出来；用"便签条"随手批注，将个人的碎片式感悟与体会记录下来；用"观点卡"对阅读中形成的观点进行提炼，学会思辨。

3. 复述法

读完某个时限内规定的文本内容后，可用复述法来检查自己的阅读效果。复述可在阅读小组内进行。一人复述时，其他人可以发现复述中出现的遗漏乃至错误，大家可以进行补漏和纠错，从而加深对文本的印象。

4. 自主发现法

根据教师的指导，学会在阅读中自主发现问题，然后将这些发现记录下来，思考这些发现与文本的关系。定期向教师汇报阅读发现，接受教师的指导，提升批判思维能力和写作能力。

内容二：课堂指导阅读法

（1）运用"小说知识讲解法"，专门设置2课时，以《呐喊》中的某一篇小说为例，给学生讲解小说的相关知识，引导学生从"人物的塑造方式""叙述学的简要知识""情节冲突具备的条件""主题探究的不同方式"等角度对小说进行分析，并提醒学生从这些角度分析《呐喊》中的重要篇目。

（2）运用动态阅读法和复述法，在课堂上现场讨论《狂人日记》《阿Q正传》，以阅读小组为单位，让同学们一一复述情节，互相补漏、纠错。通过复述情节，以及互相补漏、纠错的过程，加深对文本的印象，同时更深入地思考和理解文本内容。读完限定篇目后，整理"观点卡"，写出自己的阅读思考。教师略加点拨，让同学们在接下来的阅读中去寻找答案，并以文字形式记录下来，形成"阅读发现汇报"。

观点卡

阅读篇目		阅读日期		阅读时长		阅读页数	
今日阅读摘要：							
今日阅读思考：							
与他人讨论之后的结果：							
我的观点：							

阅读策略二　比较阅读指导

教学目标

（1）引导学生学习比较阅读的方法，激发学生阅读兴趣，通过比较阅读来对文本进行更深入的剖析，加深对文本的理解。

（2）在探究中发展学生的辩证思维和批判性思维，注重培养学生思维的逻辑性。

教学过程

内容一：人物比较探究设计

请同学们将《呐喊》与《彷徨》小说中的人物分为农民与知识分子两大类，并结合当下这两类人群的特点，谈谈你对这两类人群的认知与思考。

内容二：作品主题探究设计

比较《呐喊》与《彷徨》小说中鲁迅传递出的不同观念，思考中学生应具有怎样的价值观。

阅读策略三　创意写作与思辨指导

教学目标

（1）引导学生深读、精读作品，沉浸到作品中去，增强阅读的参与热情。

（2）多元锻炼听、说、读、写等不同维度的语言运用和语文学习能力。

教学过程

内容一：人物小传写作

在《狂人日记》《孔乙己》《药》《风波》《故乡》《白光》这六篇小说中，任选一个人物，为其写一段人物小传。

内容二：写信寄语阿Q

罗曼·罗兰对《阿Q正传》有着这样的评价：这篇故事的现实主义乍一看好似平淡无奇。可是，接着你就发现其中含有辛辣的幽默。读完之后，你会很惊异地察觉，这个可悲可笑的家伙再也离不开你，你已经对他依依不舍。

试着给阿Q写一封信，讲述你对他的依依不舍。

内容三：思辨"铁屋中的呐喊"

课堂讨论：如果你是铁屋中唯一醒过来的那个人，你愿意叫醒那些熟睡着的人吗？

阅读策略四　跨媒介研究指导

教学目标

借助多媒体音频资料，对文本进行跨媒介研究，辅助文本阅读，增强对文本的理解。

教学过程

内容一：影评撰写

电影版《阿Q正传》和小说一样同为经典，一直流传至今。学生可以从导演的独特构思、声音、画面、音乐、拍摄技巧、角色扮演等方面进行评论，谈谈自己的认识。

写影评要注意总体把握，细部突破。首先对一部影片要有正确的总体评价，在此基础上选择一个较小的视角深入挖掘，做到高屋建瓴、品鉴入微，避免面面俱到、人云亦云。要注重思辨、讲究文采。要有自己独到的见解，力求新颖、深刻，不要趋同，说一些人人都明白的"正确观点"。注意评论语言的生动活泼、形象鲜明，既要有理论色彩，又要明白晓畅。

影评要求必须有标题；副标题可以有，也可以没有。字数不少于 800 字。注意不要写成纯粹的观后感，要体现影评的特点。

内容二：话剧表演

选择《药》《孔乙己》《故乡》《阿Q正传》中的任一篇目，推选导演和编剧，自行编写剧本，从全班范围内挑选演员，排演一出戏剧，在课堂上演出。

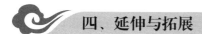

四、延伸与拓展

1.《彷徨》 作者：鲁迅
出版社： 人民文学出版社
出版年： 2015
定价： 23.00 元
ISBN： 9787020110223

《彷徨》是鲁迅的第二部小说集，共收录 1924 至 1925 年所作小说十一篇。《彷徨》的写作时期正值五四落潮，新文化运动阵营内部出现分化，作者一面因"成了游勇，布不成阵了"而"感到寂寞""荒凉"，"一面总结过去的经验，寻找新的战友，部署新的战斗"。在这样的背景下问世的《彷徨》，比起其第一部小说集《呐喊》来，"技术虽比先前好一些，思想也似乎较无拘束，而战斗的意气却冷得不少"。

2.《无法直面的人生：鲁迅传》 作者：王晓明
出版社： 上海文艺出版社
出版年： 2001
定价： 20.00 元
ISBN： 9787532110940

《无法直面的人生：鲁迅传》是一部影响深远的鲁迅思想传记，代表了二十世纪八九十年代知识界努力冲破启蒙话语，力图回到"鲁迅本身"，从个体生存的心理结构和思想困境的角度去重新解读鲁迅的重要尝试。作者以鲁迅的人生历程和思想发展为经纬，以其三次努力抵抗自己的"鬼气"和"绝望"为主轴，把鲁迅思想气质中的怀疑、矛盾、阴郁乃至黑暗刻画得深入骨髓，无论是作者还是读者，都会在情感和心理的共鸣中，感受到作为一个人的鲁迅那巨大的精神痛苦和思想悲剧。

3.《铁屋中的呐喊》 作者：李欧梵

出版社：浙江大学出版社
出版年：2016
定价：45.00 元
ISBN：9787308161879

《铁屋中的呐喊》共三个部分。第一部分从心理学的角度回顾家庭和教育对鲁迅心理发展的影响，说明中国文学传统对其文学创作的影响；第二部分是全书的中心，系统阐释鲁迅的文学创作，包括短篇小说、散文诗及杂文；第三部分论述鲁迅最后的十年，集中研究他对文学和政治关系的看法。通过这三个部分，作者试图重新描绘出鲁迅真实的心路历程，揭示出鲁迅内在的深刻悖论与矛盾。

4.《鲁迅作品十五讲》 作者：钱理群

出版社：北京大学出版社
出版年：2003
定价：22.00 元
ISBN：9787301064772

《鲁迅作品十五讲》相当于鲁迅作品的导读，即引导年轻朋友去读鲁迅的作品。每一讲都会对鲁迅的某篇或某几篇作品做详细的文本分析，同时引发开去，谈鲁迅思想与文学某一方面的问题，并连带一批作品；而每一讲后面，都开列"阅读篇目"，便于读者自学。

5.《钱理群中学讲鲁迅》 作者：钱理群

出版社：生活·读书·新知三联书店

出版年：2011

定价：38.00 元

ISBN：9787108035721

《钱理群中学讲鲁迅》由钱理群先生退休后到四个中学讲课的录音整理而成。这本书包含了十二讲，每一讲不仅有钱理群对鲁迅及其作品的分析，还附选了学生的优秀作业。这本书让学生走进一个真实的鲁迅。鲁迅不是一个冷冷的、尖刻的人，而是一个具有爱与悲悯的人。

五、收获与成长

学生习作展示与课堂讨论呈现

浅析单四嫂子与祥林嫂的异同

深圳中学 2020 届 李家睿

单四嫂子和祥林嫂同是鲁迅笔下两个活在封建社会中的女子，有着许多那个时代的女子所共有的特点。她们都曾为了自己的生活而努力，可惜命运却无情地剥夺了她们获得幸福的权利，一点一点地夺走了她们本就所剩无几的生活希望。

她们的的确确为生活努力过。单四嫂子深更半夜不睡，与鲁镇的民风格格不入，为的就是能多纺一些棉纱，"养活自己和她三岁的儿子"。她虽是个"粗笨的女人"，却也知道该如何去努力过好自己的生活。祥林嫂在四婶家里做工从来是"不惜力气"的，为的就是能够得到别人的认可，让自己有一个能够安身的地方。她的努力确有成效，四婶说她是一个"安分耐劳"的人，在她被婆婆劫走后还"希望她再来"。

作为生活在封建社会中的女子，她们有许多相同的特点。她们都迷信。单四嫂子为了医治宝儿，先选择求神签，许愿心，吃单方，最后才选择找大夫诊治；祥林嫂信了柳妈的话去捐了门槛可是生活依旧如此，本已经失去希望的她又被"我"的一番话夺去了最后一根稻草。她们都小心翼翼地保护着自己的贞洁。单四嫂子本可以接受蓝皮阿五的好意，但她却一直与他保持着相当的距离，走在一起都要"离开二尺五寸多地"；祥林嫂在婆婆逼嫁的时候也使出了浑身解数去抵抗，喉咙喊哑了，还"一头撞在香案角上"，成了别人口中的笑柄。她们都是不善言辞、没有自信的女子。单四嫂子与何小仙对话时是"局局促促"的；祥林嫂刚来四婶家时也"不爱说话"，后来四婶让她放下手中的活，她也是"讪讪地缩了手"，捐了门槛后她本以为别人会对她好些，正当她"做得更出力"时，四婶却还是叫她"放下罢"，她便"像是受了炮烙似的缩手""失神地站着"。她们生活在社会的底层，本就低人一等，即使是别人无意的言语，都可能蚕食她们的自信，让她们把头垂得更低。

命运对她们都是不公的。单四嫂子守寡后对生活的全部希望就寄托在了宝儿身上。可是宝儿却患了病，单四嫂子"掏出每天节省下来的十三个小银元和一百八十铜钱"为宝儿治病，在宝儿死后又拿出自己的"一副银耳环和一只裹金的银簪"为宝儿做了一副棺木。几年来攒下的积蓄就这样付之东流。宝儿是单四嫂子的全部希望，当宝儿死后，她也失去了生活的重心，以致产生了空虚感，觉得一切都是那样的不真实，连房子也变得"太静，太大，太空"。宝儿在时，她盼着天明，这样宝儿就能多活一日，宝儿死后，她也盼着天明，说不定睡醒后就能看到宝儿"叫一声妈，生龙活虎地跳去玩了"，直到宝儿入了棺，她不再盼着天明，只希望快些睡去，能在梦里见见宝儿。她彻底失去了对生活的希望。她一生没有为自己而活，丈夫在时可能为丈夫而活，守寡后为儿子而活，儿子死后她就不知道为谁而活了，这也是封建女子的可悲之处。祥林嫂亦是如此，只不过她第一次来到四婶家时是为了得到属于自己的生活，是真真正正地为自己而活，但是当她第二次来到这里时，就变成了为得到别人的同情和认可而活，是为了证明自己的存在而活，所以她才一遍又一遍地讲着自己悲惨的故事，在四婶让她放手时她才会有那样大的反应。她生活的希望一点一点地被坎坷的命运所磨灭，她的面容从"脸色青黄，但两颊还是红的""口角边渐渐有了笑影"到"脸色青黄，只是两颊上已经消失了血色""死尸般的脸上又整日没有笑影"，再到后来的"脸上瘦削不堪，黄中带黑""仿佛木刻似的"，能够看出她对生活的希望正渐渐地消逝直到完全消失。

两者也有不同，但是最大的不同还是体现在周围的环境上。同是鲁镇，单四嫂子生活的那个鲁镇民风淳朴，王九妈、蓝皮阿五和咸亨酒店的掌柜都曾帮助过无助的单四嫂子。但是祥林嫂去到的那个鲁镇，那里的人却无情地嘲笑她，把她悲惨的故事当作笑柄，把她一步步地引向毁灭。柳妈骗她捐了门槛，四婶摧残了她的自尊心，而"我"夺走了她的最后一根稻草，让她对生活彻底失去了希望。单四嫂子死的时候人们正在祝福，"天地圣众都预备着给鲁镇的人们以无限的幸福"，可惜并不包括祥林嫂，因为她不属于这里。

掉队的知识革命者
——读《孤独者》和《在酒楼上》有感

深圳中学 2018 届　孙天洋

"在行进时，也时时有人退伍，有人落荒，有人颓唐，有人叛变，然而只要无碍于进行，则越到后来，这队伍也就越成为纯粹、精锐的队伍了。"

可惜的是，吕纬甫和魏连殳却早已被那"纯粹、精锐的队伍"无情地甩在了天地一白的冰雪里。就连在两篇鲁迅小说中那飘忽不定的"我"，都难以逃脱这样悲凉的心境。但是，这两个"我"的境况自然是比吕、魏两位好上许多的。两篇文章中的"我"都对 S 城这个封建小城感到十分陌生和一些失望，却还怀着尚未熄灭的革命心火，给予故人鼓励。鉴于这一相似点，我将勇敢地把两个"我"合并成一个真正的"我"，也顺便解读这个旁观者的耳语。

"我"、吕纬甫和魏连殳无疑是从"革命者"到"叛变者"这一过程的分步特写；"我"是那个介于革命者和退伍者之间的人；吕是从"革命者"沦落到"落荒者"的代表；而魏则是一生不断挣扎却由革命者坠入"颓唐者"乃至"叛变者"的悲剧主角。

一、我

"我"是一个学校教员，也可能有些什么兼职，但是早也没有那"拔城隍庙神像胡子""为拯救中国而辩论"的革命的激情了。他应当常常有"懒散和怀旧"的心绪，而且在激进和守旧势力之间的夹缝中生存着。他对 S 城的街道店铺感到陌生，更是被这座尚未接受新思想的城市里的人们和舆论排斥；他在山阳受到"公正绅士"在《学理周刊》上对他"挑剔学潮"的抨击。这个只能依靠谨防烟卷的烟飞散而度过教员生活的"我"是十分值得读者同情的，却也是值得悲哀的。但是说他是一个退伍者却是一种污蔑，因为他仍旧操着文化教育的本业，教的是"ABCD"，而非"子曰诗云"；更重要的是，"我"仍然有着一种对社会热烈的期望和积极的革命观念。他能铿锵地指出魏的故步自封，并耐心地倾听吕的"无聊的事"，这些成熟而坚定的行为应当是让人感到欣慰的。

其实我希望将两个"我"合并的原因，除去他俩的相似点之外，还有一点就是他们是鲁迅思想和生活的写照。魏和吕相比于鲁迅本身都是被杂糅了其他思想的人物，只有反复出现的"我"才最大限度地让读者看到了横眉而俯首的鲁迅本人。既然都夹杂着鲁迅生平的酸甜苦辣，那么这两个"我"，作为鲁迅先生"台上"的木偶，就应该更有资格合二为一了。这两个"我"和鲁迅都已经不再是政治"革命者"了，他们都成为思想上、文化上的知识分子革命阵营的一员。因此可以认为鲁迅是思想"革命者"，而非那些希望利用思想指导政治革命的其他人了。他以坚强的毅力，用笔杆子和书稿纸奋斗着，从未成为一名退伍者，却也没选择政治上的荣誉。这便是我敬佩鲁迅的地方。

二、吕纬甫

吕的境况自然是比"我"要差许多的，他不仅退去了革命的花火，还成了一位小事细心而大事邋遢的落荒者。从他给小兄弟迁葬和给阿顺买头饰两件小事情可以看出来，吕心中的人情和道义都从未消失过。他的人性应当是在社会麻痹的状态下大放异彩的。可是同时，在履行他的人情和道义时，他也经受了腐旧的社会给他带来的压力和折磨，好似被一块大石正压在胸口，要为了生存呕心沥血，最能体现他生计挣扎的就是为了糊口教《女儿经》这充满朽气的礼教经文却也无可奈何。这样一看，在叙述小事的时候读者同情他的遭遇、痛斥伯伯长庚这样的封建吸血鬼，到了后面却也不敢苟同他"随随便便""模模糊糊""敷敷衍衍"的行事态度了。

"我在少年时，看见蜂子或苍蝇……飞了一个小圈子，……可不料现在我自己也飞回来了。"

三、魏连殳

魏生命的曲折和疯狂是最值得注意的，他是一个真正的"孤独者"。他不仅革命后是孤独的，革命时也没有支持者。他发表过文章阐释自己的新思想，却在封建大环境下被完全孤立。他坚持和封建礼教作对，不到哭丧的最后一刻，不掉一滴眼泪，将看客们的兴致一扫而光。支持他活下去的，是祖母的爱、对小孩子和人的成长的信心以及他友人的一些支持，比如常来他家做客的各路落魄者。

但他对自己的信心却是始终不强的。他的士气不断减弱，终于他也只能从知识分子革命的阵营中掉队，一步步沦落到颓唐、反叛的境地。在封建势力的夹缝中，他在最窘迫的时候得到了师长参谋的职位，却被这悲喜交加、矛盾万分的自我耗尽了理智。他开始对大良的祖母吆三喝四，甚至戏弄和羞辱大良。院子里每日都是掩盖失意的吃喝玩乐。这便是他"颓唐"和"叛变"的悲惨佐证了。魏肯定也意识到，这时候的他如同从酒店最后一次消失的孔乙己一样——"大约的确是死了"。失去了生活的支持、意义，甚至连那个寒士的形象也不复存在了，他料定自己将与纸糊的指挥刀一起消亡。

"先前，还有人愿意我活几天，……现在，大可以无须了……"

言而总之，这三个昔日志在"指点江山"的革命者都受到了社会的阻截。当人们批评革命者的怯懦的时候，我认为我们应当给予人性更多的宽容和理解。鲁迅一直在思考的，应当就是人性本来的面目。

不论是在魏连殳、吕纬甫身上还是在"我"身上，我们都能看出鲁迅对这个问题的深思。

可能在几乎所有的中学课堂上，魏、吕还有"我"都是陷在阶级斗争、社会改革的历史洪流中的。魏和吕被批为懦弱的沉沦的掉队者、悲哀的曾经的"风华正茂"。"我"则是一个勉强维持生计的革命斗士。

固然如此。

"革命总是有牺牲的。"

"不然，革谁的命呢？"

不不，也许不是这样的。

鲁迅也许更多的是在展现那个真实的、不仅有忧虑而且有恐惧的自我。他笔下的魏和吕——也许他心中也有过那么一点后怕——可能他们就是数年之后的他。因为在战争、失亲之痛、旧社会压榨、看客的冷眼中，魏和吕能够掉队，为什么鲁迅先生就不可能呢？他对这两个人物的描写并非仅仅为了反映五四的知识分子已然被时代浪潮压抑，而是承认斗士的衰落、革命者的消亡、人心的叛变绝非是个例，而是在特定时间、特定地点，人创造的一切反作用于人时的必然现象。这些昔日的革命者正是在一群人组成的世界中被阻截而显出了人本有的阴暗一面罢了。相信颓唐和反叛是人类心中的种子，正像相信善良正义会最终发芽一样，是应当被接受的。

或许五四的人们、新文化的人们、留学的人们，将革命、将国运、将知识分子看得太乐观。但这里的鲁迅并不是一位悲观主义者，而是洞察旧中国社会中人的性情和发展的观察论文家。

革命，革命。革的究竟是谁的命呢？被社会围攻的革命者们，一部分成了用激进的言论抹杀一切反对声音的喇叭，但是更多的是踌躇的叹息和再出发。也有的，就像是吕和魏，没有更多的希望，或许正等待着被那难以更换一桌一椅的旧社会反革他们的命了。白天以笔为刀的鲁迅先生，也许夜晚也在长桌后面自顾流着泪。

"在行进时，也时时有人退伍，有人落荒，有人颓唐，有人叛变，然而只要无碍于进行，则越到后来，这队伍也就越成为纯粹、精锐的队伍了。"——鲁迅

《呐喊》之"自序"课堂讨论

深圳中学 2020 届　高一（9）班

师：同学们好，今天我们来阅读《呐喊》中的第一篇文章——自序。给大家 20 分钟时间，阅读的同时请大家思考，文章中鲁迅与钱玄同（金心异）探讨了"铁屋中的呐喊"这一问题。大家可以进行情景代入，思考假如你是那个清醒的人，你愿意叫醒沉睡中的人吗，并请说明自己的理由。

（20 分钟到）

师：哪位同学首先为我们分享自己的观点？

生 1（刘佳慧）：在"自序"里，鲁迅先生自认为与其把较为清醒的几个人惊醒，而"使这不幸的少数人来受无可挽救的临终的苦楚"，倒不如让他们"从昏睡入死灭，并不感到就死的悲哀"。从先生前半生的经历来看，这番话其实符合当时的旧社会。但如果是我，我却要选择像钱玄同先生一般呐喊，叫醒为数不多的几个人来探寻那毁坏这"铁屋"的希望。

一方面，一个时代总是需要一些能"睁眼看世界"而敢于去改变世界的人。无论是康有为、梁启超，还是胡适、陈独秀，有这样一群敢于在"铁屋"中呐喊并敢于做冲破"铁屋"的尝试的人存在，一个黑暗的、愚昧的社会才有获得新生的可能。当你尝试去呐喊过了，如果能成功唤醒一群志同道合的人，并最终形成一股力量冲破了这"铁屋"，那么皆大欢喜；而如果没能成功，甚至因为这"呐喊"激怒了"铁屋"的镇守者而得一个粉身碎骨的下场，也不必后悔，因为在这呐喊的过程中，你将寻得真正的知己，了解人生百态，像先生说的，"得了赞和，是促其前进的，得了反对，是促其奋斗的"。只有当你把自己的想法呐喊出来，才可能得到回应。而如若你噤声不语，就会深陷"不特没有人来赞同，并且也还没有人来反对"的一种孤寂中。置身在这"既非赞同，也不反对"的毫无边际的荒原中，最终的选择往往只是"麻醉自己的灵魂，使自己沉入国民中"，与他们一起"从昏睡入死灭"。

另一方面，当你在这"铁屋"中发出自己的声音时，恰可能是给别人的一种赞同和力量，恰可能聊以慰藉同样在这寂寞中奔驰的猛士，使他不惮于前驱。如先生所言，这喊声是勇猛或是悲哀，是可憎或是可笑，都是无暇顾及的。也许正是这个原因，先生才会同意做文章，于是有了《狂人日记》、有了《阿Q正传》，于是一群人的呐喊惊醒了另外一群人，于是在历史上出现了新文化运动，于是"铁屋"的镇守者被推翻，"铁屋"被冲破，而最先清醒的那群人的呐喊直到现在仍给人以激励，使人拥有不断向前的勇气。

谈及这个时代的呐喊，我想谈谈钱理群先生的《我的告别词：在北大最后一次讲课》。先生在文中提到的"伪精英式教育"实为在当代高校教育的"铁屋"中响起的一声呐喊。正如先生所说，当代中国教育"不是培养真正的社会精英所必有的公共利益意识"，而是灌输"以他人为敌人"的弱肉强食的所谓竞争意识，鄙视劳动、劳动人民、普通民众，逃离生养自己的土地、土地上的文化和人民的所谓精英意识。正如先生所说，即使身处深圳中学这般开放优秀的学校，我身边的许多人也是为了学习而学习，梦想是考入重点大学的好专业，再找到一份好工作。被问及为什么有这样的一个梦想，得到的回答往往是"我不知道，我身边的人都在学习，我不想被落下，所以也只能学习"。被问及为什么要选理科，答案也是千篇一律的"这样可以考上一个好专业，以后就业更有选择权"。电影《无问西东》里有这样一个片段，当英语为超 E、物理为"不列"的吴岭澜被问及为什么不读文科而读实科时，他的回答是因为那个时代最优秀的学生都读实科。所幸他在为未来迷茫思索了一段时间后，从这种"连日思索的羞愧中走了出来"，因为他发现这个世界上最优秀的那群人也认为思索这个问题是有意义的。同样的一个问题，当代教育却没有时间让学子停下来思索自己读书到底是为了什么，目标是什么，梦想是什么。这样一种催着别人向前的毫无目的的"伪精英式教育"最后教导出来的会是一群什么样的人呢？也许正如钱理群先生所说的，能够支撑当下社会的人才，已经不可能是信仰型、盲从型人才，而必然是"这样无信仰的，因而为谋利可以听命一切，但又是具有现代科学知识，管理才能，善于和国际资本打交道，高智商，高水平的极端利己主义者"。

一个现代教育打造出的"铁屋"里，先醒来的人已经发出了呐喊声。那么作为有一定自我判断能力的所谓精英教育培养出来的我们，又是否有那个意识与勇气去发出自己的呐喊、回应别人的呐喊呢？我相信，既然已经有人醒来了，那么总是有毁坏这"铁屋"的希望的。

师：刘佳慧同学的回答观点鲜明，并能联系当下以及身边的教育问题进行延伸思考。在她看来，没有梦想、目标的"精致的利己主义者"与那些沉睡的人无异。这其实值得在座的各位思考，我是这样的人吗？当没有了高考这个目标，我还有更高的理想与目标为之奋斗吗？她的发言引人深思，但在这里我必须说，对于每个个体来讲，生命是很短暂的，这就必然使得大部分人不愿意自己痛苦地度过一生，他们更愿意平平安安地走过这段征程。这便是大时代与个体之间的矛盾。那么，究竟该如何解决这一矛盾呢？这是一个很难的问题，留给大家课后思考。

有没有同学接着分享自己的观点？

生 2（曾润佳）：同刘佳慧所说，我也觉得应当唤醒那铁屋中的人们，为何要唤醒？唤醒意味着一种希望，"因为希望是在于未来，绝不能以我之必无的证明"。每个时代都有风流人物，若没有他们，社会将不会进步，与其麻木不仁，不如做出尝试，即使可能道路坎坷，甚至要付出生命。

但我觉得应该理性地唤醒，而不是盲目地唤醒。如《自序》前段所描述，在那个所谓的"读书应试是正路，所谓学洋务便是一种走投无路的人"的黑暗时代，人们早已麻木不醒，其实在鲁迅等新青年之前早有人从铁屋中苏醒，尽己所能地呐喊，但所引来的不是苏醒的人们，而是一群仍在迷茫的野兽，它们将那些呐喊者撕碎，使他们消逝在历史的长流中，不再被人铭记。

师：曾润佳同学提到了一个说法，"理性地唤醒"。在我看来，既然当时的社会已经如此黑暗了，呐喊不是应该用尽毕生的力气去呼喊吗？在这种情况下热情、激情乃至稍显过激的方式，也只不过是在特定环境下无奈的选择罢了。况且，"理性"这一概念的使用需要再三斟酌。究竟我们所谓的理性是"合理性"，还是某种工具理性，或者是真正意义上的独立的思考呢？倘若将其限定在"合理性"之中，那么在当时的社会，唤醒便不具备"合理性"，你改变了其他个体沉睡的现状，并且加重了他们的痛苦。但是真正独立的思考，是面对黑暗能够做出发自内心的呼喊。

有没有同学与这两位同学的选择不同？

生 3（陈子翼）：如果是我，我会选择先躺下和他们一起睡，如果睡不着再爬起来把其他人叫起来。先躺下的原因是在我知道突破"铁屋"的希望很渺茫的情况下，如果房子里只有我一个人是清醒的并犹豫要不要叫醒其他人，那么这个过程是非常痛苦的。叫，更多人会陷入对死亡的恐惧和绝望中，人们可能会指责我为何要叫醒他们来承受这痛苦。不叫，他们有知道自己命运和尝试改变它的权利。虽说此时躺下睡觉是一种不作为的、消极的、逃避现实的选择，但我可以从"世人皆醉我独醒"的状态中解脱，也许会有另一个"倒霉蛋"清醒过来替我做决定。我多半是睡不着的。那就爬起来叫醒大家吧，这样做还有可能改变什么。

这个决定似乎与鲁迅是相类似的。他在本书的自序中写道："只是我自己的寂寞是不可驱除的，因为这于我太痛苦。我于是用了种种法，来麻醉自己的灵魂，使我沉于国民中，使我回到古代去……"他尝试着睡着，最终钱玄同还是将他唤醒了。他开始以"鲁迅"这个笔名写文章，在"铁屋"里呐喊。如果没有钱玄同将他唤醒，鲁迅或许还会继续在会馆里抄古碑，"没什么意思"地活着，直到死去，更别提留下那许许多多义愤填膺的文字了。如此看来，叫醒"铁屋"里的人还是个不错的选择。

师：陈子翼的观点和前面两位同学的观点不一样。其实我们在思考问题时需要从不同的角度思考，要将自己代入其中设身处地地考虑不同的人所处的环境。通常意义上，我们会赞许那些奋不顾身的呐喊者，但是我们同样需要同情那些被损害的人。就像《故乡》中的闰土，长期受到的教育以及所处的环境注定了闰土的愚昧，但是这是不是我们去鄙夷他的理由呢？很显然不应这样，为什么？闰土的出现是大时代下个体的悲剧，作为个体，特别是底层的个体是难以改变自身命运的。更何况，闰土所代表的是底层老实农民的形象，仅是愚昧而非"恶"的形象。值得注意的是，我们既要同情底层的人，又要看清底层之中所存在的某些"恶"的东西，就像《故乡》中杨二嫂子这一形象，她的身上便存在这种"恶"。不过，我们也不能将这种现象完全怪罪于他们，只能说人性之中善恶均存在，黑暗的社会会将这种"恶"诱发并扩大。延伸到现实生活中，我想强调的是大家需要用一颗善良之心，去包容与同情现实中存在的愚昧，去改变现实中依旧存在的"恶"。在这里，已经远远超出了底层的范畴，而是每个阶层、每类群体都可能存在某些问题。

（学生举手）

生 4（刘虹均）：鲁迅在《呐喊》的自序中写道："假如一间铁屋子，是绝无窗户而万难破毁的，里面有许多熟睡的人们，不久都要闷死了，然而是从昏睡入死灭，并不感到就死的悲哀。现在你大嚷起来，惊起了较为清醒的几个人，使这不幸的少数者来受无可挽救的临终的苦楚，你倒以为对得起他们么？""然而几个人既然起来，你不能说决没有毁坏这铁屋的希望。"

其实我不是很赞同这样的比喻。如果我真的只是在一间密不透风的屋子里，我宁愿静静地看着沉睡着的人慢慢死去，回顾自己的一生，享受最后的美好时光，平静地走向死亡。而不是把他们闹起来，使他们也感受这种绝望。而我如果处在那个时代，尽管我知道"呐喊"的行为无法改变些什么，我依旧会去"呐喊"。

师：刘虹均的发言其实代表了一部分同学的想法。在我看来，年轻人应怀抱着热情去做一些事情。我很怕你们成为那样的人，从小便自认为已经看透了所谓的人间冷暖。那么就借用鲁迅先生的一段话结束今天的课堂讨论："愿中国青年都摆脱冷气，只是向上走，不必听自暴自弃者流的话。能做事的做事，能发声的发声。有一分热，发一分光。就令萤火一般，也可以在黑暗里发一点光，不必等候炬火。"

戏剧走进生活

——《曹禺经典剧作:〈雷雨〉〈日出〉〈原野〉〈北京人〉》整本书阅读指导

梁妆妆

阅读指导视频

朗读音频

《曹禺经典剧作:〈雷雨〉〈日出〉〈原野〉〈北京人〉》
作者:**曹禺**

出版社:**巴蜀书社**
出版年:**2014**
定价:**29.80 元**
ISBN:9787553104331

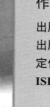

一、意蕴与价值

　　曹禺的戏剧成就在中国现代戏剧家中可谓首屈一指。一方面,曹禺的戏剧创作使中国现代话剧步入了一个新的阶段,如《雷雨》这部话剧的演出真正奠定了中国话剧职业化的基础;另一方面,当时的戏剧家们为了启蒙民众将戏剧政治化,而曹禺的创作在遵循这一主流思潮的同时还融入了他独特的生命体验。总之,曹禺的作品给读者们提供了说不尽、道不完的话题,值得我们尽情品读。

　　曹禺的剧作大致可以分为两类:一类完全源于他个人的创作冲动,如《雷雨》《日出》《原野》《北京人》《家》等作品;另一类则更多的是受某些外在因素的驱使,很大程度上是出于时局、政治的需要而创作的,如《黑字二十八》《蜕变》《明朗的天》《胆剑篇》《王昭君》等。前一类作品更贴近作家的内心世界,真正体现了剧作家的个性特征,艺术上更成功,因而也被公认为是曹禺的代表作,几十年来在话剧舞台上盛演不衰。本书所选入的四部作品都属于这一类,是曹禺最具代表性的作品。这四部作品诞生之后,曾引发诸多争议,剧场演出时也对原作进行了删改,而本书所选的四部作品均为作家原作,未进行任何删减，还附有每部戏剧的序或跋，能够给读者提供原汁原味的审美体验。

戏剧作为一种兼具文学性与舞台表现的文体，具有很强的吸引力。并且戏剧文学对于培养高中语文核心素养具有重要作用，人教版高中语文必修四课本专门设置了戏剧单元，其中第二篇课文便是《雷雨》第二幕的节选；《普通高中语文课程标准》中"中国当代作家作品研习"任务群明确要求"至少选读 10 位现当代代表性作家的诗歌、散文、小说、戏剧方面的作品，大体了解现当代文学的发展概貌"。而曹禺的这四部优秀剧作无疑是最佳选择。它们在呈现戏剧文体特征的同时，也为学生提供了广阔的挖掘、阐释和演绎的空间。学生通过阅读、诵读、创作和演出等形式，可以进一步了解戏剧文学的文体特征，学会欣赏戏剧，更全面、深入地触摸人性、理解生活，使自己的感知更立体。在此过程中，学生语言表达、逻辑思维、审美鉴赏的能力都能得到锻炼。

二、作家与作品

曹禺，原名万家宝，字小石，原籍湖北省潜江县，1910 年出生于天津一个封建官僚家庭。在曹禺 3 岁的时候，母亲就抱着他到戏园看戏，这在他稚嫩的心灵中播下了热爱戏剧的种子。1922 年，曹禺进入南开中学读书，他是学校新剧团的演员，参加了大量的排练和演出，中学时的经历为他后来终生从事戏剧创作打下了坚实的基础。南开中学毕业后，他便开始酝酿《雷雨》的创作。1928 年秋，曹禺进入南开大学学习，1929 年转到清华大学西洋文学系。在清华大学读书的第四年（1933 年），曹禺完成了首部作品《雷雨》的创作。1935 年，完成了第二部剧作《日出》；1936 年写就了《原野》；1940 年创作了《北京人》。

《雷雨》以 1916 年前后的中国社会为背景，讲述了周、鲁两家人前后 30 年的情感纠葛。资本家周朴园在 30 年前爱上了家里的女佣梅侍萍，与她生了两个儿子。但周家为了给他娶一个门当户对的小姐，逼走了侍萍和她的小儿子，留下了大儿子周萍。侍萍带着小儿子流落他乡，嫁给鲁贵，改名鲁侍萍，与鲁贵生育一个女儿四凤。周朴园娶蘩漪为妻，并与之诞下儿子周冲。周萍和后母蘩漪发生乱伦关系，他极力想从中挣脱出来，并喜欢上了到周家当女佣的四凤，而且使她怀孕了。蘩漪要求鲁侍萍把四凤从周家带走，然而一切为时已晚。当不明真相的周朴园告知众人鲁侍萍就是周萍生母的时候，得知真相的四凤羞愧难当，随即冲出家门，周冲紧跟着去追赶，但两人不幸双双触电身亡。周萍无法接受这个事实，走到书房，拿起手枪结束了自己的生命。

《日出》通过讲述交际花陈白露的经历，描绘了一个"损不足以奉有余"的黑暗社会。陈白露才貌双全，出身于书香门第。她曾怀有美好的理想，拥有美好的爱情，但她的希望逐渐被苍白无聊的生活泯灭，最终沦为交际花。她被银行家潘月亭供养，寄居在旅馆，整日与银行家、海归、富人、演员甚至黑社会等周旋，醉生梦死，无法自拔。后来潘月亭破产，她也欠下了一大笔债。走投无路之下，在一个日出的清晨，她服用安眠药结束了自己的生命。

《原野》描写了一个惊心动魄的复仇故事。仇虎的父亲被当过军阀连长的焦阎王活埋，妹妹被卖到妓院受折磨而死，自家土地被焦阎王侵占，自己也被诬告入狱八年，在这期间，仇虎一条腿还被打瘸了。八年过后，仇虎回到家乡想复仇，却得知焦阎王已经死了，昔日的恋人花金子竟嫁给了焦阎王的儿子焦大星。复仇心切的仇虎杀死了焦大星，又借焦母之手打死了焦大星的儿子。但仇虎并未获得复仇的快感，他和花金子怀着巨大的恐惧奔逃在茫茫原野上。仇虎深感自己罪孽深重，在逃跑的过程中不断出现幻觉，最后他让花金子一个人离开，用匕首了断了自己的生命。

《北京人》记叙了北京一个古老守旧的士大夫家庭三代人的故事。年老体衰的祖父曾皓，几十年来守着自己的一口棺材，给它上了一百多道漆，但由于家族的没落，最终只能眼睁睁地看着棺材被人抬走。他的儿子曾文清聪慧但懦弱，虽然一直喜欢表妹愫芳，却没有勇气面对这份情感，只能对飞扬跋扈的妻子曾思懿忍气吞声。在逃离这个樊笼一样的家庭后，他因不堪忍受外面生活的辛酸，无奈地又回到了家里。萎靡不振的曾文清最后吞食鸦片烟自杀。曾文清的妹妹曾文彩对性格暴烈的丈夫江泰逆来顺受，为人怯懦。孙子曾霆则是曾文清的翻版——渴望自由但又十分孱弱，眼看着家庭逐渐衰落却无能为力。善良体贴的愫芳任劳任怨地侍奉这一家子，细心地呵护着与曾文清有关的一切。但当她看到曾文清回来之后，便对曾文清、对曾家彻底绝望，决定跟随曾家孙媳妇曾瑞贞、袁氏父女和"北京人"一起离开，开始新的生活。

曹禺戏剧中的人物是复杂的，情节也充满了矛盾，可以说，曹禺的剧作就像一个谜，引人入胜。这样的风格正源于他创作的原初冲动。他曾说过他的戏剧创作来自发泄自己情感的内在需求，来自对于不可知的现象的莫名的困惑、恐惧、憧憬与诱惑，来自一种生命的召唤。他总是将自己的个体生命体验注入戏剧中，创造出一个个光怪陆离的世界，等待着好奇的读者去探索其中的奥秘。"人生如戏"，当我们走进曹禺的戏剧世界，用心聆听人物的声音，与剧中的人物、与作者进行心灵的对话，一定会有所收获。

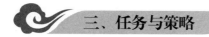 三、任务与策略

1. 整体思路

本书阅读任务分为四大板块：阅读、剧本朗读、剧本创作与戏剧展演。阅读是其

中的基础和重点。各板块教学构想如下：

在阅读开始前，教师指导学生阅读戏剧作品的方法，师生共同制定阅读计划表。

阅读部分以"问题导向型"专题教学为主，"任务驱动型"阅读教学为辅。首先，学生在自行阅读的过程中随手记录下遇到的问题，先小组讨论，再由每个小组挑选出若干有价值的问题在课堂上共同探讨。其次，教师根据探讨的情况有针对性地布置任务或提出相应问题，供小组课后研究学习，并在课堂上相互交流。依照该模式阅读每部戏剧。阅读完四部戏剧之后，学生对自己的阅读体验进行分析综合，选取一个专题撰写读书报告或小论文。

剧本朗读、剧本创作和戏剧展演需在阅读的基础上进行。在阅读过程中，教师先向学生介绍戏剧表演及文体的主要特征，然后学生根据自己的阅读体会朗读剧本、创作戏剧作品或对戏剧作品进行改编，最后组织学生表演话剧，举办戏剧展演活动。

2. 通读指导——阅读进程表

篇目	关键词	问题／任务
《雷雨》	周鲁两家人30年的情感纠葛	（1）画出人物关系图，梳理不同人物之间的矛盾 （2）曹禺认为繁漪是最具"雷雨性格"的人物。你认为什么是"雷雨性格"？除了繁漪，你认为剧中还有哪些人具有这样的性格 （3）《雷雨》序言："在《雷雨》里，宇宙正像一口残酷的井，落在里面，怎样呼号也难逃脱这黑暗的坑。"这部剧中的人们为什么难以逃脱"这黑暗的坑"？造成悲剧的原因是什么 （4）曹禺曾说："至于雷雨象征什么，那我也不能很清楚地指出来，但是我已经用力使观众感觉出来了。"你认为"雷雨"象征着什么 （5）选择剧中一个人物，为他写一篇500字左右的自白书 （6）观看《雷雨》话剧演出视频，加深对该戏剧的理解
《日出》	一个"损不足以奉有余"的黑暗社会	（1）制作人物卡片。根据剧中人物的社会阶层给他们分类，简要注明他们的职业、遭遇和最终的命运 （2）根据陈白露自杀前面对镜子审视自己的情节，为她写一段内心独白 （3）你如何评价陈白露这个人物 （4）剧中反复描写旅馆外的工地上工人打夯的号角声，请在书中标出，并思考作者这么写的用意 （5）"太阳出来了，黑暗留在后头。但是太阳不是我们的，我们要睡了。"这句话在剧中也多次出现，请在书中找出，结合具体情境，谈谈你对这句话的理解，并思考"日出"的象征意义 （6）《日出》问世时有评论认为第三幕与全剧关系不大，应删掉，你怎么看 （7）观看《日出》话剧演出视频，加深对该戏剧的理解

续表

篇目	关键词	问题／任务
《原野》	一个惊心动魄的复仇故事	（1）仇虎完成复仇计划之后，在原野奔逃的过程中为什么会出现种种幻觉 （2）从复仇前到复仇后，仇虎内心饱受折磨的原因发生了什么变化 （3）你如何评价仇虎的行为 （4）请分别评价花金子、焦大星和焦母三个人物 （5）说说铁镣、火车和原野各象征着什么 （6）评论界一度认为这是一部表现农民反抗地主阶级的戏剧，你怎么看 （7）观看《原野》话剧演出视频，加深对该戏剧的理解
《北京人》	一个古老守旧的士大夫家庭三代人的命运	（1）画出人物关系图，并标出不同人物之间的矛盾 （2）给剧中的人物分类，说明他们分别属于哪一类"北京人" （3）为什么曾皓守了几十年的棺材？棺材对他有怎样的意义 （4）曾文清离家后为何又回来了？他最后为什么吞鸦片烟自杀 （5）曾文清和《家》中的觉新，这两个人物有何异同 （6）你如何评价曾愫芳这一人物 （7）作者为什么要塑造"北京人"这一形象？它有什么象征意义 （8）你认为《北京人》是悲剧还是喜剧？为什么 （9）观看《北京人》话剧演出视频，加深对该戏剧的理解
整本书综合	归纳与演绎	给四部剧的主人公分别制作一张"名片"，从他们面临的困境、采取的行动、行动的结果、内心的诉求和最终命运等几个方面进行分析，探究这四部戏剧的共同点，感受曹禺的思想和创作风格

3. 策略指导

阅读策略	主要内容	阅读资料	设计目的
起始课	曹禺及其作品介绍、戏剧文学阅读方法指导	《曹禺传》（田本相，东方出版社，2007年）；《中国近现代戏剧史》（田本相，江苏教育出版社，2008年）	"知人论世"，了解曹禺生平及思想，为阅读作品做准备。了解中国近现代戏剧史以及曹禺的历史地位
阅读策略一	专题研究指导	《大小舞台之间：曹禺戏剧新论》（钱理群，北京大学出版社，2007年）；《曹禺剧作散论》（邹红，吉林文史出版社，2013年）；《曹禺剧作论》（田本相，广西师范大学出版社，2010年）	培养学生的问题意识。引导学生发现问题，提出有质量的问题，指导他们分析问题、研究文本
阅读策略二	跨媒介研究指导及实践	《雷雨》（夏淳导演，北京人艺经典版，1999年）；《日出》（任鸣导演，北京人艺2010年曹禺诞辰100周年纪念演出）；《原野》（陈薪伊导演，北京人艺2010年曹禺诞辰100周年纪念演出）；《北京人》（李六乙导演，北京人艺2010年曹禺诞辰100周年纪念演出）	通过欣赏戏剧表演，更全面地感受戏剧人物、语言和场景。比较戏剧表演和戏剧作品的差异，评价这两种不同的表现形式，加深对戏剧艺术形式的理解 通过朗读话剧经典片段，帮助学生走进人物、深入理解话剧内容，为排演话剧做准备

续表

阅读策略	主要内容	阅读资料	设计目的
阅读策略三	剧本创作及演出指导	《戏剧艺术十五讲》（董健、马俊山，北京大学出版社，2006年）；《话剧语体论》（王景丹，吉林人民出版社，2006年）；《诗学》（亚里士多德，陈中梅译注，商务印书馆，1996年）；《开发故事创意》（第二版）（［美］迈克尔·拉毕格，胡晓钰、毕侃明译，北京联合出版公司·后浪出版公司，2016年）；《演员自我修养》（［俄］斯坦尼斯拉夫斯基，刘杰译，华中科技大学出版社，2015年）	通过学习戏剧文体的特征，了解"戏剧性"产生的原因；通过了解塑造故事的创意，领悟编写故事的要义，进而尝试戏剧创作 通过参与戏剧演出，把理论与实践相结合，将生活和语文相联系，传递"大语文"观念，激发学习语文的热情

起始课

教学目标

（1）介绍中国现代戏剧史、曹禺生平以及《雷雨》《日出》《原野》《北京人》的创作背景及当时学界的评论，让学生初步了解曹禺、曹禺戏剧作品及其历史地位。

（2）制定阅读计划表，明确分组任务。

教学过程

1. 介绍《雷雨》《日出》《原野》《北京人》四部戏剧作品

通过 PPT 介绍中国现代戏剧史、作者曹禺的生平和他的创作思想，以及这四部戏剧创作的时代背景。

将若干则有代表性的当时评论界对这四部戏剧的评价、曹禺本人的评价，以及剧作演出时所做的删改情况汇编成阅读资料，发给学生阅读，以更全面地了解曹禺戏剧作品的历史意义。

2. 介绍戏剧作品阅读方法

戏剧不仅是一种文学形式，同时也是舞台表演的剧本。阅读戏剧文学作品要针对这一特殊性，采取有效的阅读方法：

（1）不受既有评论影响，带着一颗好奇之心阅读每一部作品。

（2）做批注。对最触动你的人物或台词做简要点评，随时记录阅读过程中的发现、疑惑和思考。

（3）运用场面思维。边阅读边想象演出的画面，甚至可以把台词大声读出来。

（4）注意品读高度性格化的语言，体会人物性格。

（5）每一出戏都是一个整体，因此最好一口气读完一部作品。

（6）阅读作者写的序或跋。

（7）读完之后简要写一写自己的整体感受，并将阅读过程中的问题与思考进行汇总，填写阅读发现笔记。

阅读发现笔记

《(剧作名)》阅读发现笔记			
姓　名		第　　小组	第　幕 / 第　景
填写时间：			
概括发现的内容		描述自己的思考或疑惑	
1.			
2.			
简要描述自己阅读完整部戏剧后的感受：			
你印象最深的场景 / 人物 / 台词：			

3. 明确阅读任务

（1）师生共同商议阅读进程，合理分配阅读每部作品的时间。

（2）教师可从"通读指导"的"问题 / 任务"中挑选若干分配给各个小组，并要求每个小组记录本组在阅读过程中发现的问题（或产生的疑惑），在组内交流讨论。

▌▌ 阅读策略一　专题研究指导

教学目标

（1）引导学生发现问题、解决问题。

（2）通过交流阅读心得，引导学生进一步挖掘作品内涵。

（3）引导学生在讨论中形成自己的观点。

教学过程

内容一：挖掘问题，讨论研究

（1）让各小组评选出有价值的问题（可从提问的角度是否独特、内容是否有深度、对阅读作品是否有启发意义等方面进行评选）。

（2）请各组派一名代表总结本小组提出的问题，全班进行讨论。

（3）教师对学生的探讨进行评价、总结。

内容二：整体感知作品的思想内涵与艺术特征

（1）分享了上一阶段的阅读成果后，引导学生从整体上感受曹禺戏剧的思想和艺术特征，并从中提取出一个专题进行研究。如分析这四部戏剧中的主要人物，可先让学生填写这些人物的"名片"。

人物名片示例

人物	身份地位	遭遇的困境	内心诉求	采取行动	行动结果	最终命运
蘩漪	资本家周朴园第二任妻子	在周朴园封建家长专制的控制下生活了20多年	摆脱饱受压迫的处境	与周萍发生乱伦关系,求而不得后进行报复	间接导致相关人物的死亡或崩溃	精神失常,变成一个疯子
陈白露	交际花	在农村时不堪忍受单调的生活,来到城市后沉浸在纸醉金迷中	摆脱单调无味的生活,追求物质享乐	寓居旅馆,与各色人物周旋,醉生梦死	使自己深陷其中无法自拔	服安眠药自杀
仇虎	农民	父亲和妹妹被焦阎王陷害,自己也惨遭刑狱之灾	为家人报仇	把焦大星杀死,借焦母之手将其孙子小黑子打死	产生强烈的负罪感,内心饱受折磨,出现幻觉	在铁轨旁自杀
曾文清	封建士大夫家庭长子	无法表达内心所爱,每天过着行尸走肉般的生活	摆脱现实束缚,获得真挚的感情和自由的生活	离家出走,去寻找新生活	无法忍受外面的风浪,又回到家中	吞鸦片烟自杀

（2）寻找这些人物的共性,分析造成他们悲剧命运的原因,思考这些人物身上寄寓了作者怎样的情感。

（3）从这四部戏剧中选取具有相似性的人物进行比较,如蘩漪和陈白露（或者蘩漪、陈白露和曾愫芳）、仇虎和曾文清等,分析他们的异同。

内容三：创意写作（可从"通读指导"的"问题/任务"中选择）

（1）《雷雨》第三幕在描写周萍与四凤相会的场景时,对蘩漪的神态进行了特写。请结合情境、人物性格,描述蘩漪当时的心理活动。

（2）《日出》第四幕陈白露在自杀前对着镜子断断续续说了几句简短的台词,请为此时的陈白露写一段内心独白。

（3）如果仇虎在杀死焦大星后没有借焦母之手将小黑子打死,他的命运会有什么不同？试着改写戏剧的结局。

（4）曾文清回来后不久就吞鸦片烟自杀了。如果他在弥留之际给曾愫芳写了一封信,他会写什么？

阅读策略二：跨媒介研究指导及实践

教学目标

（1）通过观看话剧视频，引导学生感受文学戏剧与舞台戏剧的异同，体会戏剧的艺术特征。

（2）通过剧本朗读，帮助学生走进剧中人物，理解人物情感。

教学过程

（1）观看以下话剧演出视频：夏淳导演，北京人艺 1999 年经典版话剧《雷雨》；任鸣导演，北京人艺 2010 年曹禺诞辰 100 周年纪念演出版《日出》；陈薪伊导演，北京人艺 2010 年曹禺诞辰 100 周年纪念演出版《原野》；李六乙导演，北京人艺 2010 年曹禺诞辰 100 周年纪念演出版《北京人》。观看完毕后写下自己的感受，以及印象最深的场景。对照之前所写的阅读发现笔记，看看有何异同，并思考其中的原因。

（2）关注话剧演出中对作品的删减和改动之处，思考删减改动的原因。如以《雷雨》和《日出》为例，让学生思考：1)《雷雨》的话剧演出删除了序幕和尾声部分，你是否认可这样的处理？为什么？ 2) 你认为《日出》第三幕是否应该删掉？为什么？

（3）思考以下问题：话剧演出中哪个部分或细节对原作演绎得好？哪个部分处理得不太好？如果你来排演，你将如何处理？

（4）挑选四部话剧的经典片段，开展剧本围读活动。

阅读策略三：剧本创作及演出指导

教学目标

（1）帮助学生了解"三一律"的概念以及戏剧文学的结构、情节和语言，理解"戏剧性"的含义及产生的原因。

（2）指导学生改编或创作戏剧文学作品，切身感受戏剧文学的特点。

教学过程

内容一：介绍戏剧文学文体特征

1. 结构（剧本的外部构成）

"三一律"：西方文艺复兴时期提出的戏剧结构理论，指戏剧所叙述的故事发生在一天之内，地点在一个场景，情节服从一个主题。

（1）戏剧作品组成部分。

以本书四部戏剧为例介绍剧本的基本结构：怎样开头、怎样展开、怎样结束。一个完整统一的戏剧行动应该分成几个互有联系、前后呼应的段落，每个段落就是一幕或一景。

三段法：包括起始、中段和结尾。"第一幕交代矛盾关系，介绍人物出场，提出冲突的核心问题，这是'起始'。第二幕沿着第一幕提出的问题线索，把矛盾推向激化，人物进一步施展自己的本领（行动），充分表现自己的性格，表明自己在冲突中的位置，至第三幕，戏剧冲突达到高潮，这是'中段'。在第三幕后部，一切'问题'大白于天下，各种人物均得到应有的结局，这就是'结尾'。"① 比如《原野》《北京人》。

四段法：包括开端、发展、高潮、结局四大段落。把"中段"分成了"发展"与"高潮"。提醒学生注意不能用四段法机械地对应剧本，《雷雨》和《日出》虽然都是四幕剧，但高潮都发生在最后一幕。

无论是多幕剧还是独幕剧，戏剧文学创作基本都遵循以下模式：

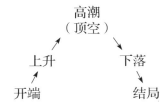

（2）场面。

场面是戏剧结构的最基本单位。"一般说来，在一出戏剧中，正在独白、对话或行动的一个或一组人物，就构成一个戏剧场面。"②

（3）高潮。

高潮是戏剧性最突出、矛盾冲突最激烈的那一刻。戏剧高潮部分要有高度的紧张意味，是全剧矛盾冲突合情合理的发展，能够揭示主题，是决定戏剧性运动能否获得统一的关键点。《雷雨》的第四幕和《原野》的第三幕都是戏剧的高潮部分。

（4）节奏。

戏剧作品的活力正体现在它的节奏中。在剧情发展的全过程中，矛盾冲突的变动、高潮的形成、人物性格的发展、场面的衔接等，都存在长短、快慢、紧松等涉及节奏把控的问题。若进展平、直、僵、滞，戏剧就会缺乏吸引力。创作时要把握好每个环节的发展，力求故事的发展顺畅又有波澜。

2. 情节

（1）显在情节与潜在情节。

情节就是叙事作品中的"故事"，可分为显在情节与潜在情节。显在情节是指放在舞台上让观众直接看到的内容，人物、语言和动作性较充分，便于表演。潜在情节是指"幕后""台下"那些故事，这些人和事是虚写的，交代故事或冲突发生的原因。

---

① 董健，马俊山. 戏剧艺术十五讲. 北京：北京大学出版社，2020：118-119.
② 同① 122.

任务：以本书中的一部戏剧为例说明哪些属于显在情节，哪些属于潜在情节。

如：《雷雨》中周、鲁两家 30 年前的纠葛属于潜在情节，其所导致的结果——30 年后的一天之内所发生的一切属于显在情节。《原野》中 8 年前仇虎一家和焦阎王之间的恩怨属于潜在情节，仇虎回到故乡十多天发生的事属于显在情节。

（2）突转和发现。

突转，指行动的发展从一个方向转至相反的方向。

如：《雷雨》中鲁侍萍对四凤千叮咛万嘱咐，叫她不要去给大户人家当佣人，结果四凤偏偏去到周家，在不知情的情况下与周萍发生了一段孽缘；《原野》中仇虎一心想杀死焦阎王报仇，却万万没想到焦阎王两年前就死了。

发现，指从不知道向知道的转变，即使置身于顺达之境或败逆之境中的人物认识到对方原来是自己的亲人或仇敌。

如：《雷雨》中周朴园发现鲁侍萍是自己当年的恋人梅侍萍，周萍发现鲁侍萍竟是自己的生母，四凤发现周萍是自己同母异父的哥哥……

亚里士多德认为，最佳的发现与突转同时发生。比如：《雷雨》中鲁侍萍知道四凤去了周公馆当佣人，此时四凤已经爱上了周萍并怀了周萍的孩子；鲁侍萍知道真相后，为了使这两个儿女免受煎熬，让他俩远走高飞，没想到不明真相的周朴园却让周萍当面承认他的亲生母亲，此时周萍和四凤才知道彼此是兄妹，两人无法接受这残酷的现实，最后都走向了死亡。这一系列情节中，发现和突转相互交织，相辅相成。

任务：为什么说最佳的发现和突转同时发生？

（3）语言。

1）简要介绍戏剧语言的种类。

a.剧作家的"提示语言"，包括对人物外形、内心和精神状态的描绘，对时代背景、生活环境的交代等。本书四部戏剧作品中括号内的文字就属于提示语言。

b.由演员讲出的、付诸表演的语言，包括对话、独白和旁白。

c.潜在语言或双层语言，也叫"潜台词"。如《雷雨》第二幕，侍萍已经知道周萍是她的儿子，当她看到周萍打了鲁大海时，鲁侍萍和周萍的对话：

鲁侍萍　你是萍，——凭，——凭什么打我的儿子？

周　萍　你是谁？

鲁侍萍　我是你的——你打的这个人的妈。

鲁侍萍这两句台词中的言不由衷，属于双层语言。要仔细体会其中蕴含的人物的复杂情感。

2）具体说明戏剧语言的特点和作用。

选取作品中的典型例子，让学生模仿人物对话并进行分析，了解戏剧语言如何表现冲突。

a.性格化。话如其人，通过戏剧语言塑造人物性格。

b.动作性。一指通过语言将个人意志、内心状态表现为外部动作，可促进情节发展；二指语言与表演的动作相协调。

如以下这段话：

蘩漪 （阴郁地）你知道你走了以后，我会怎么样？

周萍 不知道。

蘩漪 （恐惧地）你看看你的父亲，你难道想象不出？

周萍 我不明白你的话。

蘩漪 （指自己的头）就在这儿，你不知道么？

周萍 （似懂非懂地）怎么讲？

蘩漪 （好像在叙述别人的事情）第一，那位专家，克大夫免不了会天天来的，要我吃药，逼着我吃药。吃药，吃药，吃药！渐渐伺候着我的人一定多，守着我，像看个怪物似的守着我。他们——

周萍 （烦）我劝你，不要这样胡想，好不好？

蘩漪 （不顾地）他们渐渐学会了你父亲的话，"小心，小心点，她有点疯病！"到处都偷偷地在我背后低着声音说话，叽咕着。慢慢地无论谁都要小心点，不敢见我，最后铁链子锁着我，那我真就成了疯子了。

周萍 （无办法）唉！（看表）不早了，给我信吧，我还要收拾东西呢。

蘩漪 （恳求地）萍，这不是不可能的。（乞怜地）萍，你想一想，你就一点——就一点无动于衷么？

周萍 你——（故意恶狠地）你自己要走这一条路，我有什么办法？

蘩漪 （愤怒地）什么，你忘记你自己的母亲也被你父亲气死的么？

周萍 （一了百了，更狠毒地激惹她）我母亲不像你，她懂得爱！她爱自己的儿子，她没有对不起我父亲。

蘩漪 （爆发，眼睛射出疯狂的火）你有权利说这种话么？你忘了就在这屋子，三年前的你么？你忘了你自己才是个罪人；你忘了，我们——（突停，压制自己，冷笑）哦，这是过去的事，我不提了。

（周萍低头，身发颤，坐沙发上，悔恨抓着他的心，面上筋肉成不自然的拘挛。）

蘩漪 （她转向他，哭声，失望地说着）哦，萍，好了。这一次我求你，最后一次求你。我从来不肯对人这样低声下气说话，现在我求你可怜可怜我，这家我再也忍受不住了。（哀婉地诉出）今天这一天我受的罪过你都看见了，这样子以后不是一天，是整月，整年地，以至到我死，才算完。他厌恶我，你的父亲；他知道我明白他的底细，他怕我。他愿意人人看我是怪物，是疯子，萍！——

任务：a. 让学生模仿这段对话；b. 思考在以上这组对话中，谁是主动者？他的目的是什么？从这组对话中你能体会到人物怎样的性格？

（4）戏剧性。

《别林斯基论戏剧》中说："戏剧性并不在于单一的对话方面，而在于相互对话者的活生生的对话之中。例如，如果两个人为一件什么事争吵起来，这里不仅没戏，也没有一点戏剧性的因素；但是当争吵双方都想占上风，力图触痛对方性格的某些方面，或者弹动对方脆弱的心弦，从而表现出了他们的性格，并终于在他们之间形成了一种新的相互关系——这才算是有戏了。"

结合本书具体作品，让学生了解戏剧性存在于动作和人的意志冲突之中，没有冲突就没有戏剧。其具体艺术特征表现为集中性、紧张性和曲折性。

内容二：阅读材料，表达观点

亚里士多德认为悲剧包含六个成分：情节、性格、言语、思想、戏景和唱段。其中，言语和唱段是模仿媒介，戏景是模仿方式，情节、性格和思想是模仿的对象，以情节最为重要。你是否认同他的观点？阅读亚里士多德《诗学》（陈中梅译注，商务印书馆，1996 年）第六章内容，结合戏剧文体的特征和自己的阅读经验，谈谈自己的理解。

内容三：自主创作或改编剧本

引导学生运用所学的戏剧文学知识，结合自己的阅读经验，尝试改编或创作戏剧作品。创作完成后在班级中交流讨论，评选出一部进行排演。

内容四：话剧演出

以班级为单位，组织学生排演他们创作的戏剧作品。可推广至全年级，举办"戏剧嘉年华"或"戏剧节"之类的活动，每个剧组演一出独幕剧，时间控制在 10 ～ 15 分钟。

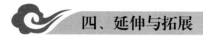

四、延伸与拓展

1. 原著背景资料阅读推荐

《曹禺访谈录》 作者：田本相、刘一军

出版社：百花文艺出版社
出版年：2010
定价：28.00 元
ISBN：9787530657423

作者田本相是著名的曹禺专家，他从 1980 年开始到 1996 年曹禺去世前，长期跟进专访，与曹禺建立了深厚的感情。本书有相当多、相当重要的第一手资料，包括曹禺对自己戏剧作品引发的争议所做的回应，以及对曹禺生前二十八位亲友的访谈，为读者勾画出一位活生生的、很有立体感的曹禺。

《曹禺传》 作者：田本相

出版社：北京十月文艺出版社

出版年：1988

定价：21.00 元

ISBN：9787530200658

本书分三十四章，以成长、学习经历为主线，记述了著名剧作家曹禺的一生，能让我们了解影响曹禺戏剧创作的因素。本书可与《曹禺访谈录》相补充，有助于我们全方位地了解这位伟大的戏剧家。

2. 原著学术研究阅读推荐

《大小舞台之间：曹禺戏剧新论》 作者：钱理群

出版社：北京大学出版社

出版年：2007

定价：35.00 元

ISBN：9787301114841

这本书是钱理群教授写给他夫人的。作者运用富有诗意的语言，分析从《雷雨》、《日出》到《北京人》的情感变化，概括了曹禺二十世纪三四十年代的生命历程。这本书不仅仅是在分析文本，也是在进行灵魂的对话，既是一部研究著作，也是一部文学作品。

《曹禺剧作散论》 作者：邹红

出版社：吉林文史出版社

出版年：2010

定价：29.80 元

ISBN：9787547202814

这本书最大的特色是以曹禺的创作心理为切入点，将曹禺的戏剧创作与他的情感生活联系起来，分析其戏剧作品中的总体意象，挖掘他戏剧中的诗性特征。因此本书不仅能够帮助读者理解曹禺剧作中的主要意象的象征意义，让读者对曹禺的创作心理有直观的了解，还有助于读者从中学习专题研究的方法。

3. 戏剧艺术阅读推荐

《戏剧艺术十五讲》 作者：董健、马俊山

出版社：北京大学出版社

出版年：2020

定价：79.00 元

ISBN：9787301331972

这本书是北京大学名家通识讲座系列图书，从专业的角度详细介绍了文学戏剧和舞台戏剧的基本知识，语言平实，通俗易懂，是戏剧入门的优秀读物。

4. 戏剧表演阅读推荐

《演员自我修养》 作者：［俄］斯坦尼斯拉夫斯基

出版社：华中科技大学出版社

译者：刘杰

出版年：2015

定价：35.00 元

ISBN：9787568006804

这本书以课堂师生对话形式的日记体写成，详细阐释了演员在形体、发声、性格等方面所应具备的素养，可以教会你如何更好地展现自我、表达自我。

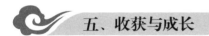

五、收获与成长

学生习作展示

荆轲刺秦王

深圳中学 2020 届　陈冠一

人物

盲女——路人。

赵女——赵国女子，在嬴政未称王前是他的恋人，被他抛弃后来到燕太子丹门下。

荆轲——替燕王报仇去刺杀秦王的刺客。

燕太子丹——燕国太子，想要杀死秦王嬴政，以保全燕国。

樊於期——秦国将领，得罪秦王，逃到燕太子丹处。

秦舞阳——燕国刺客，跟荆轲一起去刺杀秦王。

秦王——秦国君主嬴政。

刑吏、秦宫侍从

景

序幕　燕国的某条街市

第一幕　刑场

第二幕　第一景：燕国王宫；第二景：监狱；第三景：樊於期家中

第三幕　秦王宫殿

序幕

旁白　荆轲受人雇用，前来刺杀一个铁匠。荆轲武功高强，铁匠家人虽然奋力反抗，依旧被荆轲杀死。

荆轲　（提着刀，看着尸体发呆）

盲女　（走出，在荆轲背后）你是谁？

荆轲　（猛然回头，一提剑，却发现是一个盲女。荆轲摇头。荆轲不理盲女，继续

向前走)

盲女 把我杀了吧。

荆轲 你是瞎的。

盲女 把鱼的水抽干，却不杀鱼，这便是先生您的慈悲么？

荆轲 你是瞎的，我不杀你。(继续向前走去)

盲女 (左手持长剑捅入腹中，右手藏剑)

荆轲 (荆轲脚步顿住，转身上前，想要扶住盲女，盲女在荆轲怀里，突然右手持剑刺向荆轲，刺偏)

盲女 (倒地而亡)

荆轲 (长叹)这次，我没有用剑，却杀了人。我的剑，沾上了不该沾的血。(留下剑，放在盲女的尸体旁，默默离去)

旁白 荆轲自此隐姓埋名在街市上卖草鞋，却因为救了一位小孩子，意外地杀了人，被判了死刑。

第一幕

刑吏 (义正词严)你滥杀无辜时，可曾想到会有这一天？

荆轲 (沉默不语)

刑吏 (凑近荆轲，压低声音)你给我几两银子喝酒，我便饶你一个痛快！

荆轲 (啐刑吏)

刑吏 (大怒，旋即阴狠地大笑)小子，有胆量！

刑吏 (示意左右)把他按住！拿钝刀来，我让他的路，走慢点！害怕吗？害怕就给我叫出来！

荆轲 ……

刑吏 (气急败坏，嘶吼)你叫啊！叫啊！

赵女 (边走边说)这里出什么乱子了？

刑吏 (奉承地)不过是个死到临头都不认自己罪的死囚罢了，怎惊动您尊驾？

赵女 (饶有兴趣地盯着荆轲，神情逐渐凝重)你，是荆轲？！

刑吏 荆轲是谁？

赵女 没想到会在这里见到你。(叱喝刑吏，让他放了荆轲)

刑吏 (十分不解)他是什么人？

赵女 他是荆轲！我要带他去见太子丹。

旁白 荆轲随赵女到了太子丹的宫殿中。

第二幕

第一景：燕国王宫

（赵女、荆轲出现在王宫门口，太子丹上前搀扶荆轲，赵女、荆轲二人坐下。）

太子丹 你知道我为什么要找你吗？

荆轲 （直视太子丹）不知道。

太子丹 （微微起身，盯着荆轲几秒）要你杀一个人！

荆轲 （淡淡地）谁？

太子丹 （凑到荆轲旁边，小声，带有一点奸笑）这个人很不一般，是秦王！

荆轲 （面无表情，低声地）我不杀人。

太子丹 （怒目圆睁，咆哮）你是个刺客！你不知道杀过天下多少人！你现在跟我说你不杀人！

荆轲 我不杀人。

太子丹 （假装从容）呵……呵呵，我知道了，你是想要东西吧。你只要杀了秦王，全天下的奇珍异宝，我都能满足你！

荆轲 我不杀人。

太子丹 （再次愤怒）你就算不杀人，也好歹考虑考虑我啊！是谁把你从刀边救回来的？是我！现在国家危在旦夕，你就用一句"我不杀人"来敷衍我？！

荆轲 我不杀人！

太子丹 （怒发冲冠）那你去死好了！来人！把他抓起来！

（侍从把荆轲架起来，带走，剩下太子丹和赵女两人。）

太子丹 这个人是最合适的人选。你必须在三个月之内让他同意刺杀秦王。你来到我这里，不就是为了这个吗？

赵女 （起身离开）知道了。

（太子丹退场，荆轲与两个侍从进场，侍从在荆轲身边守着。）

第二景：监狱

荆轲 （坐在地上，仰天而看）我的双手已经沾满罪恶了，能宽恕我的所作所为的只有豺狼虎豹之辈了。可是，这一次，我真的要辜负我的救命恩人吗？（抱头，痛苦状）

赵女 （走过来）我有些话想跟你说。我知道你不杀人是有原因的，能告诉我吗？

荆轲 （面对赵女）我曾经是一名刺客。我有一次奉命去刺杀一名铁匠全家，为了夺取一把宝剑。后来家中只剩下一个瞎了的女孩了，她年纪尚小，长得十分可爱乖巧。我不愿去杀这样一个完全无辜的孩子。可是她却自杀了，而她自杀，却是为了杀掉我。我察觉到了她藏的短剑，所以活了下来。女孩在死前问我叫什么名字，我却没有告诉她……

赵女 （叹息一声）我也有我的故事，你愿意听吗？我的家乡在赵国，有个人曾在那当人质，与我从小一同长大。他了解我，我也了解他的心。他曾想要造福天下苍生，让所有人都安居乐业，可他却被人逼迫，一次次地干下违心之事。他赢得了许多东西，却离我越来越远了。

荆轲 （沉默）

赵女 （突然激动，大声）最终，在那人逼迫下，他毁了我的家乡！也毁了他自己。

荆轲 （有点感触）他是谁？

赵女 （转身离去）他叫嬴政，逼迫他的人，叫秦王！

荆轲 我答应你！

赵女 （顿了一下身子）这一去，便有去无回了。

第三景：樊於期家中

旁白 樊於期已经做好心理准备了，在这个月夜，樊於期准备了一桌下酒菜，倒了两杯酒，独自享受这身边的月光。而门边传来了客人的声音。

樊於期 （举杯）你来了？坐下和我喝两杯吧。

荆轲 （坐下，谈笑状）我去杀秦王，行不行？

樊於期 你还少了个东西！没这东西，你难以走近秦王半步！

荆轲 我正是来取这东西的。

樊於期 （笑）哈……哈，东西我已准备好了，送给你了！（悲伤）好东西，要送给朋友。特别是你，因为你，有去无回。

荆轲 有去无回？不是吧，哈哈哈哈哈……

樊於期 哈哈哈哈哈（一起笑），跟你说件事（醉腔），你知道为什么大王要杀我吗？因为我是最后一个知道他底细的人！这个秘密我都没告诉你。你要是见到大王，一定要告诉他，关于他身世的秘密我跟谁都没有说！我死了，这个秘密也就死了！

（二人同笑后，荆轲、樊於期互相跪拜。）

樊於期 我去那边再拿点酒来。（在原地停顿一会儿）你知道，我家的门，是朝哪里的吗？

荆轲 秦国。

樊於期 对了。（转身离开，向前走了几步后，自刎）

荆轲 （跟出去时，樊於期已经自刎。走向樊於期，跪在身边，低声）保重。

旁白 风萧萧兮易水寒，壮士一去兮不复还。荆轲一行人到达了秦王宫。

第三幕

（秦王坐在王座之上。）

侍从 燕国的使者进来啦！

（秦舞阳、荆轲二人进入，秦舞阳拿人头，荆轲拿地图，荆轲走在前。）

荆轲 （边走边说）燕国荆轲拜见大王，燕王慕秦王之神勇，遣我来献上樊於期头颅与城池，以求与大王交好。

秦舞阳 （没有跟上荆轲的脚步，颤抖）

秦王 你！后面的，为什么抖得这么厉害！是心里有鬼吗？

秦舞阳 （支支吾吾似说未说，愈加惊恐）

荆轲 （缓缓回头再转过来，僵住想办法，然后突然大笑掩饰）哈哈哈，北蛮夷的鄙人，就没正式地见过国君，更何况是这样的九宾之礼，现在怕是吓得要死呢，烦请大王原谅。（荆轲再笑）

秦王 哼，那你呢，你怎么……不跟着害怕呢？

荆轲 大王啊，我虽表面上身体没有怕得发抖，但我心里也慌啊！

秦舞阳 （在边上颤抖到甚至很难保持站立）

秦王 （满脸不屑得扭过头去不看秦舞阳）

荆轲 （走向秦舞阳，大声说）不要怕，不要怕，见了大王，我们就可以回家啦！（用力拍秦舞阳）

秦舞阳 （更加颤抖，差点把人头掉到地上）

荆轲 （抱走人头）哎哎，算啦算啦，我来拿。

（荆轲走到一半，秦舞阳哭泣。荆轲回头，迅速决定继续走。）

秦王 （挥手）把他（秦舞阳）拖下去！

荆轲 （满脸堆笑，到秦王王座前跪下）大王！这是您从前殿下小贼樊於期的头颅，我现在将它奉上！

秦王 （怒目）你给我起来！把东西拿给我！

荆轲 （慌张）我，我这就拿来。（站起，踉踉跄跄地走到秦王身旁，双手奉上头颅）

秦王 （亲自打开，怒目）这什么玩意儿？！这脸烂成这样我能认出来？（踢翻头颅）

荆轲 （吓得直接跪下，大幅度颤抖，连续磕头，快速念叨）我真没带武器，我真没带武器，真不是要来杀您的。是太子叫我来的，不关我事，不关我事，别杀我别杀我。

秦王 哈哈哈，燕国就派这样的人来刺杀寡人，来人，把他带走！

荆轲 别杀我别杀我，这，这还有个地图呢，这地图是真的，至少您可以先，先把这些送给您的城池拿了，望大王饶我一条贱命。

秦王 你（指着一个侍从）！去检查地图。

侍从 是！燕使请把地图给我检查。

荆轲 （走上前，拿出地图递给侍从）

侍从 （缓缓打开地图）您看这里是 ×××，这里是 ×××，这里……

（即将露出匕首时，荆轲试图夺走地图。秦王稍变脸色。）

荆轲 让我给大王介绍一下这些富饶的城池吧。

侍从 （把地图合上）大王！此图不假，请过目。

荆轲 （连忙拿走侍卫手中地图，到秦王跟前展开）大王，这些就是赠予您的城池。

秦王 （稍稍放松。藏在卷轴中的匕首突然显现出来，大惊失色）这是？

荆轲 （提刀，跳起，拽住秦王衣服）你中计了！

秦王 （衣服外套被荆轲扯掉，有一个撕裂动作，慌忙跑走）来人！救命！护驾！
（从座位上滚下，然后两人追逐，群臣因畏惧荆轲匕首不敢上前保护，犹豫不决）

群臣 大王背上剑！大王背上剑！

秦王 （拔刀斩，荆轲僵住然后后退，但没有倒下）

（秦王颤抖着手再刺几下，荆轲不断被刺中，后退。秦王斩荆轲腿，荆轲倒下，大笑。荆轲投掷匕首，秦王躲开。）

荆轲 （大笑，因为受伤而大口喘气）秦国的小子，要不是想劫持你让你归还诸侯土地，你早就流血五步了！

秦王 （再砍一刀）区区燕国，竟如此大胆，想阻止我一统天下！来日我必要踏平燕国。

（侍从逐渐靠近秦王，秦王挥剑赶走保护不力的侍从）一群胆小鬼，快把他拉下去埋了，不然我连你们也砍了。

（侍卫粗暴抬走荆轲。荆轲仰头笑，断气。）

秦王 （独自一人在踱步，拍拍胸口，叹气。然后目光逐渐坚定，举起剑，向荆轲方向挥舞）统一天下的夙愿，嬴政，从未敢忘啊！

驴得水

深圳中学 2021 届　张芷苒　李嘉俊　熊南熙

人物

张一曼——三民小学会计兼数学老师，外表风情万种，内心单纯可爱。

周铁男——三民小学自然科学老师，个性格耿直、脾气火爆。

裴魁山——三民小学教导主任兼历史老师

铁匠——当地铁匠，会打锁，是三民小学找来的伪装驴得水的人物。

铁匠老婆——铁匠的发妻，刁蛮泼辣。

孙校长——孙恒海，三民小学校长兼国文老师，以好爸爸自居的他是个为了金钱和生存可以不惜牺牲女儿幸福的人。

孙佳——校长女儿，15 岁，未经世事的小姑娘。

特派员——教育部特派专员。目不识丁、自称曾留学英国的教育官员。

罗斯——美国教育家，每月赠款给三民小学。

景

一间小学教室内。

旁白　一年秋天，乡区学校的孙校长和老师张一曼、周铁男和裴魁山一如既往地自得其乐。然而教育部特派员突击检查、美国人罗斯先生要来投资的消息打破了这里的宁静。学校一片慌乱，怕谎称学校里有一位驴得水老师的事情暴露，只好找一名铁匠伪装驴得水。他们先是把张一曼逼疯，又逼着校长女儿孙佳嫁给被要求装死的铁匠。

（铁匠躺在长桌上装死，一曼蹲 / 坐在铁匠旁嘟嘟囔囔。校长、特派员、魁山上场。铁男拉着佳佳上场。）

铁男　爹，我把人带来了！

佳佳　周铁男，你放开我！

校长　（推开铁男，保护住佳佳）铁男你干什么？

铁男　对不起啊校长，我得委屈下佳佳，让她冒充一下驴得水老师的妻子。

（铁男看特派员。特派员对铁男竖起大拇指。）

校长　（对特派员）不行，她还小！

特派员　（突然大声威严地）孙校长！（口气缓和）我在工作的方式和方法上，确实有些不妥，欠考虑。但其实我们的目的都是要把美国人的钱，留在我们的土地上。在这件事情上，我们是不是应该团结一致、同心协力啊？我知道，有些地方让你们受委屈了，可我也是不得不把国家的利益和民族的利益放在第一位来考虑，你们说对不对？（见校长点头）这一百万美元到手之后，老规矩，你们学校和教育部三七开。老孙啊，只要你今天能让你的女儿配合我们拿到钱，我来拍板，这个学校的校长，还是你老孙的！

魁山 / 铁男　啊？（铁男：爹？？？）

铁匠　（坐起来）不行！

一曼　（稍稍惊吓）啊！！！

特派员　你给我躺下！

（一曼颤颤巍巍继续在铁匠旁嘟嘟囔囔。）

校长　大家听我说两句！等这笔钱拿到手之后，我只留一小部分作为教育基金，剩下的钱，由你们平分，我一分都不要！

特派员　大家有没有意见？

（魁山摇头。）

铁男　没意见。

特派员　好！我现在就去把罗斯先生请回来。

（特派员跑下场。）

校长　（向着特派员离开的方向）特派员您放心，这里的事情就交给我了！

佳佳　爸，我不干。

校长　佳佳……

佳佳　爸，这笔钱对你就那么重要么？我求你了，咱们别再骗下去了，咱们像过去那样不是挺好的么？

一曼　（稍小声）钱，钱，钱！（碎碎叨叨，四处乱找）

校长　佳佳，爸不是贪钱，爸只需要用这笔钱的一小部分，就可以扩建校舍、建图书馆、建操场、建宿舍。爸这一辈子的理想，眼看就要实现了！

佳佳　可是这些东西，还有什么意义呢？你光建校舍、建图书馆、建操场有什么用啊？你看看他们这些老师都变成什么样儿了！（指着魁山、铁男）他们还是人么？

铁男　佳佳，你说什么呢？你说谁不是人？

佳佳　周铁男，你自己说你现在干的是人事么？（走近铁男，拉住他的衣襟，寻找着他的眼睛，试图唤醒那个她熟悉的周铁男）我从前认识的那个周铁男去哪了？你看着我，看着我！……你告诉我我从前认识的那个周铁男去哪儿了？

铁男　死了！昨天被枪打死了！你知道子弹从脸上擦过去是什么感觉吗？我以前不比你横吗佳佳？有用吗？我告诉你，当你被人拿枪顶着头的时候，你就知道该怎么做人了！

佳佳　我告诉你……

校长　（严厉地喝止佳佳）你一个小孩子懂什么？！我理解他们。你年纪还小，经历得太少，你没有资格指责他们！

佳佳　反正这种事儿我不干！你们不敢跟特派员翻脸，我去跟他翻脸！

校长　孙佳你给我站住！

佳佳　爸！

校长　佳佳，今天这件事，算爸爸求你了（跪下）。

（特派员拽着罗斯先生上场。）

特派员　罗斯先生，罗斯先生……

罗斯　怎么回事？

（校长抬头看着佳佳，希望佳佳能够配合。）

佳佳　（准备向罗斯坦白）罗斯先生……

（校长突然抱住佳佳的脚。）

校长　佳佳，我求你了。

佳佳　孙校长，我丈夫的死不是你的错。你起来吧。

特派员　孙佳女士深明大义啊！她可以领这笔钱了吗？

罗斯　（对佳佳）那你能不能告诉我你和得水驴先生是怎么认识、怎么恋爱、怎么走到一起的？

佳佳　我不知道。

罗斯　你怎么能不知道呢？

特派员　你怎么能说你不知道呢？

佳佳　我本来就不知道。

校长　罗斯先生，她不是不知道，她是太悲伤了，昨天哭了一晚上，现在都哭蒙了。佳佳，你怎么能不知道呢？你想想得水的房子着火那天你多着急。你想想得水死的那天……

佳佳　你别说了！我记得，我永远记得得水是怎么死的！（指桑骂槐）现在我再也没有人可以说话了，再也没有人可以让我依靠了，我再也没有可以信任的人了，我再也没有一个亲人了！我身边一个人都没有了！得水，你才是我心中真正的人，如果你还在，我只带你一个人走……

铁匠　（突然从灵床上坐起来）我跟你走！

罗斯　（被吓得魂飞魄散）啊！

铁匠　I love you！I love you！

罗斯 这是什么情况？

铁匠 情况就是，我的妻子，用爱情的力量，将我从死亡中唤醒！

罗斯 这不可能。

魁山 这是可能的。

罗斯 这不可能！

魁山 这是可能的！

罗斯 这不可能！！

魁山 这是可能的！！ 这是合理的！！死而复生它就是合理的！！在你们西方的《圣经》中，也有死而复生的记载！以利亚就曾经使寡妇的儿子死而复生！！

罗斯 《圣经》中所描写的那是奇迹！

铁男 这就是一个奇迹啊！这是爱情创造的奇迹啊！这样的奇迹只可能发生在我们神州大地上啊！

罗斯 我还是不相信。

特派员 你说什么？

罗斯 我说我还是不能相信！

特派员 不管你信不信，反正我是信了！！

罗斯 Incredible China ！Incredible China ！！我太激动了，那这笔钱，就作为我给他们两个人的结婚贺礼！

魁山 那我们现在就给他们举行婚礼！

罗斯 那能不能允许我来主持这场婚礼？

铁匠 It's my honor ！

（佳佳晕倒。铁匠抱住她。）

校长 / 铁男 / 铁匠 佳佳！……

罗斯 她怎么了？

特派员 她只是太激动了，马上就会好的。

铁男 （将特派员拉到一边）爹，如果举行婚礼的话，佳佳可就真的嫁给铁匠了。

校长 （跑过来求特派员）不行啊！

铁男 爹，咱们是不是想想别的办法？

特派员 闭嘴！

魁山 （凑过来劝铁男）办大事者不拘小节！

校长 铁男？（见铁男犹豫不决，转而去找罗斯）罗斯先生，你听我说，这是一个骗局！他们是在骗你！

（魁山和铁男想去制止校长。特派员示意二人不要轻举妄动。）

校长 他根本不是什么教育家，他就是一个铁匠！佳佳也不是他的妻子，她是我女儿！罗斯先生，我是这个学校的校长，你要相信我！

罗斯 这是怎么回事儿？

特派员 孙校长他疯了！

罗斯 （将信将疑）啊？

魁山 对，我做证，他是疯子！

（罗斯甩开校长躲到一边。）

魁山 孙校长因为工作压力太大，得了一种叫作 Chief of Police 的病，也就是警察局长综合征的怪病。他经常犯病！一犯病就说胡话！

校长 你说我是疯子？

魁山 对，你是疯子。

校长 你再说一遍！

魁山 你是疯子啊。

校长 （冲过去欲打魁山）你……！

魁山 啊呀！疯子打人啦！

校长 我没有！我没有！（转而求铁男）铁男，铁匠要和佳佳结婚了，你替我说句话，你救救我们，救救佳佳吧！

铁男 孙校长，你又犯病了。

校长 罗斯先生……（发现罗斯先生害怕自己，于是去找一曼帮忙）一曼，你帮我跟罗斯先生说……

（一曼不愿离开自己站着的角落，也不说话。）

校长 （哀求一曼）一曼，你替我说句话！你替我说句话呀！！

（一曼用手捂住自己的嘴。）

校长 佳佳说得对，你们都疯了。（冲过去抱起佳佳）爸知道错了，爸带你走！

（校长欲强行将佳佳抱走。魁山和铁男制服了校长。铁匠又将佳佳抱回怀里。）

校长 你们放开我！放开我！你们不放过佳佳，我杀了你们这帮畜生！

（魁山和铁男押着校长下场。校长仍不断呼喊，但马上就被捂住了嘴巴。）

特派员 罗斯先生，您没有受惊吧？

罗斯 我建议，你们可以对他进行休假式的治疗。

特派员 好的好的。

（佳佳醒过来。）

铁匠　佳佳你醒了？

罗斯　她醒了吗？太好了。那我去换件礼服。

特派员　请。

（罗斯先生下场。）

佳佳　（推开抱着她的铁匠）你走开！

特派员　孙佳，想让你爸活命的话，就乖乖地和驴得水老师结婚！

佳佳　我爸呢？我爸呢？！

特派员　把孙校长给我带上来！

（魁山和铁男押着校长上场。校长被绳子绑住了手，他的脖子上挂了一块牌子，写着"孙恒海疯了"并打上了一个红叉。）

特派员　麻烦音响老师，换个喜庆一点儿的音乐！

（音乐声中罗斯先生穿着一件神父服上场。）

罗斯　来吧！请新郎和新娘分站在我的左右。

（铁匠老婆手拿镰刀上场。）

铁匠老婆　铁匠！

铁匠　（下意识答应）啊？（发现是老婆，抱头躲到一边）啊呀……

铁匠老婆　真是你，我昨天就觉得是你！你……哎哟还有旁边这个不要脸的张一曼！（指着一曼）

一曼　我我我，你你你。

老婆　（揪一曼头发）哎哟，还疯了啊！就这个下场！活该！呸！

一曼　（崩溃）啊啊啊啊啊啊！

特派员　（用枪指铁匠老婆）这位大姐，我代表党国毙了你！

（特派员的手枪卡壳。）

铁匠老婆　（松开一曼，将特派员一掌打晕）你是什么玩意儿！

（特派员倒下不省人事，手枪掉在地上。一曼在角落抱膝瑟瑟发抖。铁男跑到特派员身边。铁匠老婆继续追打铁匠。铁匠从枕头底下拿出自己的铁锤抵抗。一曼爬着捡枪，好奇地站起来边把玩边走开。魁山趁乱偷偷跑向罗斯先生的手提箱。）

铁男　爹，你怎么了？

铁匠老婆　铁匠！

铁匠　你别过来。

铁匠老婆　你别跑！

（铁匠老婆追打着铁匠。铁男发现魁山拿起了罗斯先生的手提箱。）

铁男 裴魁山你把钱给我放下！钱是我的！我的！

（魁山抱着手提箱跑。铁男追着魁山厮打。）

佳佳 爸！我来救你！

（佳佳替校长松绑。）

特派员 （醒来）钱呢?！我的钱呢?！

（特派员茫然失措地各处找。）

罗斯 （站到台前）Incredible China！

（一曼在角落边玩弄着花和枪，边唱着《我要你》，突然举起枪，一声枪响，倒地。）

佳佳 一曼！！！

（空白两秒。所有演员唱《我要你》，慢慢走上台中间，谢幕。）

革命人永远是年轻

——《青春之歌》整本书阅读指导

杜晓童

阅读指导视频

朗读音频

《青春之歌》 作者：杨沫
出版社：江苏凤凰文艺出版社
出版年：2018
定价：49.00 元
丛书名：红色经典丛书
ISBN：9787559404466

一、意蕴与价值

从课程标准层面来说，2017 年版《普通高中语文课程标准》在高中语文课程结构安排中增设了选择性必修课程"中国革命传统作品研习"（0.5 学分），在学习任务群中也加入了"中国革命传统作品研习"，要求学生阅读和研讨时代精神突出的革命传统作品，深入体会革命志士以及广大群众为民族解放事业英勇奋斗、百折不挠的革命精神和革命人格，这是新课标对高中语文教学提出的新要求和新方向。《青春之歌》讲述了勇于反抗的进步女青年林道静在"九一八事变"之后探索人生方向、革命道路并最终成长为坚定的无产阶级革命者的故事。《青春之歌》以林道静的故事为主线，展现了 1931—1935 年共产党在北平地区的地下革命斗争历程，是一部优秀的中国革命传统作品。

从《青春之歌》的思想主题及影响意义层面来说，本书以女性的故事来表现政治叙事，不仅写出了主人公在中国共产党的教育、培养下对革命的追求，还反映了主人公在"五四"新文化的影响下对个性的追求，是当时无数青年知识分子革命探索之路的缩影，可读性很强。本书自二十世纪五十年代成书以来，引起了文化艺术界和读者们的激烈论争，以至出版作品被修改后再版。论争的核心在于此书是在美化小资产阶级还是歌颂知识青年在革命中的成长。《青春之歌》在中国当代文学史上的意义已远超其作品本身的价值。

对高中生来说，阅读《青春之歌》，不仅能够重温中国民主革命的历程，深入领会爱国精神与中国革命精神，也可借本书特殊的文学及政治意义进一步去探讨文学与政治的关系等问题，拓展思维，从而以正确的价值观，更加理性、深刻地去看待中国革命传统作品。

二、作家与作品

《青春之歌》是杨沫以自身经历为素材创作的长篇小说，初版时间为1958年。《青春之歌》出版一年后，《中国青年》《文艺报》刊登了批评该小说的文章，随后《文艺报》《人民日报》《中国青年报》等就《青春之歌》的评价开辟了讨论专栏，多数读者与文学评论家肯定了该小说的价值。随后，杨沫对这部小说做了修改，删除了林道静在接受革命教育后仍流露出来的小资产阶级追怀往事的情感，增加了描写林道静在深泽县与农民运动结合的七章和领导北大学生运动的三章，于1960年再次出版。"文革"期间，《青春之歌》因其"不纯性"被认定为是精神"毒草"，遭到焚毁。1977年，《青春之歌》由人民文学出版社重新出版。杨沫在二十世纪八九十年代出版了另两部长篇小说《芳菲之歌》和《英华之歌》，与《青春之歌》在内容上有着连贯性，被称为"青春三部曲"。

作者杨沫（1914—1995），祖籍湖南湘阴，生于北京，原名杨成业，笔名杨君默、杨默。她曾在北平读中学，在河北香河县、定县和北平任小学教员、家庭教师。1936年，她参加了中国共产党领导的革命运动，在二十世纪三四十年代开始创作小说、散文等。《青春之歌》的创作与杨沫自身的革命经历有着密切关联，杨沫以其二十世纪三十年代的生活作为主要的写作素材来源，因此《青春之歌》是带有作者强烈的"自传"色彩的。

《青春之歌》全书分为两部。

第一部主要讲述了女主人公林道静对其原生家庭和新婚家庭的反抗。1931年，为了摆脱养母为她安排的做官太太的生活，反抗成为男人的"玩物"和"花瓶"的命运，高中刚毕业的林道静逃离了北平的林公馆，来到北戴河附近的杨庄小学投奔其表哥，可她表哥已经在假期离开了杨庄小学，她被小学校长余敬唐留下来做了代课教师。然而校长暗地里却想把她嫁给当地的鲍县长，走投无路之下她准备投海自尽，却被一直注意着她的北大学生余永泽搭救。余永泽对她的爱情唤醒了林道静对生活的热情，后来林道静回到北平与还在读大学的余永泽组建了家庭，从小饱受养母虐待的林道静暂时享受到了家庭的温馨。但是林道静不甘心在家里被供养，决心到社会上做一个独立的人。她先是寻找工作受挫，后来接触到了北大的爱国学生，遇到了共产党人卢嘉川并开始接触革命思想。在抗日烽火的感召下，林道静投身革命的信念逐渐被点燃，而她的丈夫余永泽一再阻拦她参加革命活动并间接导致了卢嘉川被捕入狱及后来的牺牲，她认识到了余永泽的自私、平庸以及二人在政治道路选择上的分歧，于是决然离开了余永泽，投身于抗日救亡的革命运动。

第二部讲述的是林道静在成为一名坚定合格的无产阶级革命者的道路上的探索与成长。林道静在好友王晓燕的帮助下从北平到定县教书，她在这里结识了具有丰富斗争和工作经验的共产党人江华。在江华的指引下，她开始关心农民的生活，她看到了农民受地主剥削和压迫的苦难现实，越发坚定了无产阶级革命信仰，她不断团结、组织和动员农民群众发起反抗活动。她在参加了深泽县的一场农民运动后，为了躲避国民党反动派的搜捕暂回北平躲避风头，可是不幸在北平被捕入狱。在狱中，她遇到了一位乐观的无产阶级革命者——林红，林道静被林红及其丈夫为革命事业献身的精神及行动深深震撼。出狱后，林道静经江华介绍，正式加入中国共产党。其后，她听从组织安排在北平从事革命活动，并且和江华走到了一起，再次组建了家庭，这一次的婚姻是二人共同的革命信仰使然。最后，林道静到北大领导组织学生工作，积极参与"一二·九"运动的准备工作，她终于走上了一直寻索的革命道路。

小说《青春之歌》不仅成功塑造了林道静这一女性革命者的形象，还塑造了许多革命英雄形象，如卢嘉川、江华、林红等。本书一经出版，便受到了读者的热烈欢迎。仅一年半时间，《青春之歌》就售出130万册，并在初版同年，被改编成电影搬上银幕，成为"新中国成立十周年"的"献礼片"之一。《青春之歌》还被翻译成多国文字出版，在日本、英国、法国、东南亚等国家和地区都拥有大量读者。

《青春之歌》的成功，首先是因为它是一部成功的政治小说。通过女主人公林道静从一个个人主义、民主主义、自由主义的知识分子改造成长为一个共产主义战士的过程，小说展现了中国现代知识分子的成长史。由于知识分子大多出身于资产阶级家庭，成长期间远离工农大众，他们身上带有与生俱来的"剥削性"，所以，在无产阶级革命中，小资产阶级知识分子必须经过不断改造和"再教育"，通过不断地向无产阶级学习，逐步克服自己的阶级属性带来的弱点，才有可能成为无产阶级战士。林道静就是一个最终被无产阶级成功拯救的小资产阶级知识分子的代表。小说中，林道静进行自我评价时说自己身上兼有剥削阶级与劳动者的双重血缘，通过革命实践，剥削阶级的成分变得越来越少。林道静在农村的斗争生活使她在精神上彻底完成了对自我的超越并最终成为成熟的共产党人。其次是因为这部小说还讲述了一个精彩的爱情故事。小说的主干，是林道静与三个男人——余永泽、卢嘉川和江华的感情波折。用一部小说讲述两个故事，《青春之歌》既构筑了革命历史的经典叙事，也讨论了广大知识分子政治道路选择的问题，还牵涉到了女性对婚姻与命运的思考等问题。整部小说结构宏伟，主题深刻，对当下青年人人生观、价值观与世界观的确立仍有一定的正面价值。

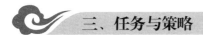 **三、任务与策略**

1. 整体思路

《青春之歌》的整本书阅读指导分为三个阶段：基础阅读、分析阅读和主题阅读。这三个阶段并不割裂，后一阶段的阅读是在前一阶段阅读的基础上完成的。在基础阅读阶段，学生在教师的指导下制定阅读进程表，通读全书，梳理情节和人物关系。分析阅读是在通读的基础上，完成老师给定的问题及任务，并根据自己的阅读体验提出自己的问题，通过小组合作的方式，搜集资料，解决问题。主题阅读仍以小组合作的方式进行，教师从不同角度给出讨论主题供学生参考和选择，并鼓励学生提出自己的讨论主题，最后以小组为单位完成一份阅读报告并在班级内进行主题分享。

2. 通读指导——阅读进程表

章节	对应情节	问题 / 任务
第一部 第1章～第10章	情节开端：林道静逃离家庭，和余永泽相恋、结婚	（1）梳理情节，概括林道静、余永泽在这一阶段的性格特点 （2）林道静对待她原生家庭的态度是什么样的？为什么 （3）余永泽的出身如何？促使林道静与其结婚的主要因素是什么 （4）婚后的林道静遭遇了什么困境？这是否与她的性格相悖
第一部 第11章～第18章	情节发展：林道静结识卢嘉川，并被其革命激情吸引，受到革命思想的启蒙	（1）梳理情节，注意林道静思想上的变化，概括卢嘉川的性格特点 （2）比较余永泽与卢嘉川的不同 （3）关注林道静与余永泽在生活、政治上的分歧

续表

章节	对应情节	问题 / 任务
第一部 第19章～第29章	情节发展：卢嘉川被捕，北大学生运动受到冲击，林道静与余永泽决裂	（1）梳理情节 （2）细读第22章，关注林道静第一次进行革命实践时的心理活动 （3）卢嘉川对林道静有哪些影响？这是否与林道静道路的选择有关 （4）总结林道静与余永泽决裂的原因
第二部 第1章～第6章	情节发展：林道静结识江华，在定县小学宣传革命思想，在江华的指导下开始关心中国革命的实际问题，但被叛徒戴愉误导与当局发生了激烈冲突而险些被捕	（1）梳理情节，概括林道静在定县小学的工作 （2）概括江华的性格特点，关注他对林道静的影响 （3）从思想和实际行动两个方面，总结林道静的变化
第二部 第7章～第14章	情节发展：林道静化名到地主宋郁彬家中任家庭教师，进一步了解农村及农民生活，直接参与了农民运动	（1）梳理情节，概括林道静在宋家期间主要做了哪些事 （2）关注林道静对宋郁彬态度的变化 （3）比较林道静对农村、农民及中国革命的认识与之前有什么不同，这对林道静的信念选择有什么影响
第二部 第15章～第22章	情节发展，第一个故事高潮：林道静被捕入狱，遭受了肉体上的摧残，但她以顽强不屈的姿态对抗审讯者，并在狱中结识了共产党员林红，亲历林红的牺牲	（1）梳理情节，概括林道静在狱中的表现，分析林红的性格特点 （2）林红及其丈夫的革命事迹对林道静产生了什么样的影响 （3）经过牢狱生活，林道静发生了什么变化
第二部 第23章～第28章	情节发展：林道静出狱，与江华重逢，经其介绍加入中国共产党，到机关做发行、联络工作	（1）梳理情节，细读第24章，总结林道静自接触革命思想以来都发生了哪些变化，以江华为代表的党组织为什么会同意吸收林道静加入中国共产党 （2）以共产党员的身份到机关工作的林道静对中国革命及工农群体的认识是否发生了变化？发生了什么变化
第二部 第29章～第38章	情节发展：林道静到北大重建共产党地下组织，领导北大学生运动	（1）梳理情节，总结林道静是如何在北大开展并领导学生工作的 （2）比较这一阶段的林道静与第一部的林道静在性格特点、为人处事、革命思想、工作能力等方面的异同，关注其成长之处，思考促使其成长的原因
第二部 第39章～第45章	情节高潮和结局：林道静与江华结婚，二人共同组织、参与"一二·九"运动	（1）梳理情节 （2）促成江华与林道静结合的主要因素是什么？林道静对待江华的态度是怎样的？两人的婚姻关系和林道静与余永泽的婚姻关系相比，有什么相同和不同之处 （3）总结林道静的革命成长历程

3. 策略指导

阅读策略	主要内容	阅读资料	设计目的
起始课	《青春之歌》导读	相关历史背景资料	引导学生初步了解《青春之歌》
阅读策略一	长篇革命题材小说的阅读法指导	《如何阅读一本书》（［美］莫提默·J.艾德勒、查尔斯·范多伦，商务印书馆，2004年）	让学生掌握科学高效的阅读方法
阅读策略二	跨媒介研究指导	电影《青春之歌》（1959年）	通过跨媒介比较阅读来加深学生对原著的认识
阅读策略三	主题阅读指导	《在延安文艺座谈会上的讲话》（毛泽东，1942年）；《中国当代文学史》（洪子诚，北京大学出版社，2010年）	通过专题研究来加深对作品的了解，引导学生主动探究

起始课

教学目标

（1）介绍《青春之歌》的作者、故事背景、成书历程等基本情况，让学生对本书有初步的了解。

（2）完成阅读进程表的制定，明确阅读任务。

教学过程

1. 介绍《青春之歌》

通过 PPT 介绍本书作者杨沫、故事背景（1931—1936年的国共关系、"九一八"事变、"一二·九"运动）、故事梗概、主要人物、成书历程（新中国成立初年的文艺政策、《青春之歌》的修改与争论）、文学史意义、电影改编。

2. 制定阅读进程表

教师给出统一的阅读期限，将阅读进程表发给学生，学生据此制订自己的阅读计划。

3. 明确阅读任务

先完成阅读小组的分组，然后对阅读进程表中的问题与任务进行整理。阅读《青春之歌》需要完成以下阅读任务：梳理情节、绘制人物关系图表、总结主人公林道静的成长历程、为书中出现的人物划分政治立场、重点分析对林道静产生重大影响的几个人物（余永泽、卢嘉川、江华等）、思考本书为何会在当时引起争论、提出自己的阅读疑问、完成小组主题阅读。

阅读策略一　长篇革命题材小说的阅读法指导

教学目标

教会学生可行、有效的长篇革命题材小说阅读方法。

教学过程

1. 阅读方法介绍

（1）略读法。先看书名页、封面封底上的出版社或名人对书的介绍和推荐、序言、后记，再在熟悉故事梗概的基础上，快速阅读，在读完后进行情节复述，对自己记不清的情节再酌情"复读"。注意要安排专门的阅读时间，不受干扰地完成阅读前设定的目标章数，尽可能选取情节较完整的一段来阅读，不要中止太久。

（2）笔记阅读法。在阅读过程中，用批注的方式及时记录自己的阅读心得、疑惑。在阅读结束后，进行情节和人物关系梳理，对阅读心得和疑惑进行整理，与同伴讨论交流。

（3）主题阅读法。搜集相关研究论文、历史背景等资料，找到你关心的主题，并找到与之相关的章节、句子，从中获取你想要的信息，进行分析，并和小组成员进行讨论。

2. 笔记阅读法课堂示例

给学生发放《阅读笔记记录表》，要求学生完成。

《青春之歌》阅读笔记记录表示例

阅读章节	第一部　第1章~第5章	阅读日期	年　月　日
阅读用时	45分钟		
情节梳理	林道静出生于地主家庭却从小被虐待，高中毕业前她父亲破产离家，其养母逼迫她嫁给北平特务头子胡梦安以换取自己后半生的富足生活。林道静逃到北戴河寻找表哥张文清，到了北戴河杨庄小学后，才知道表哥早已被校长余敬唐逼走了。林道静发现余敬唐欲将自己送给县长后，走投无路要跳海自尽，被余永泽搭救		
主要人物	林道静、徐凤英（林道静的养母）、余敬唐、余永泽		
人物性格/人物政治立场	林道静：知识青年，生活不幸、缺少亲情关爱，敢于反抗 徐凤英：性情残暴、唯利是图 余敬唐：阴险小人、欺软怕硬 余永泽：文艺青年、浪漫理想		
我的阅读疑惑	开篇描写林道静在火车上的行李，着重写了她携带的南胡、箫、笛、琵琶、月琴等乐器，是不是在刻意塑造她小资产阶级知识分子的形象？这样塑造形象是否欠缺了文学真实？		
我感兴趣的地方	如果林道静的父亲没有破产，林道静是否也会被强迫嫁人呢？在当时的时代背景下，林道静的遭遇是一种必然吗？		

阅读策略二 跨媒介研究指导

教学目标

通过欣赏电影《青春之歌》，对比电影与原著的不同，加深对原著的认识。

教学过程

（1）欣赏由崔嵬、陈怀皑执导，谢芳主演的电影《青春之歌》。

（2）从人物塑造、情节发展等方面，小组合作讨论电影与原著的不同，关注电影相较于原著删减、改动的地方。

（3）模仿豆瓣电影短评的方式对影片进行星级评价（满分五星），写一则不超过350字的短评。

示例：

看过 ★★★★★ 2017-03-31　　　　　　　　　　　　　　　　1 有用

林道静的眼睛，北京大学。个人身世的悲惨境遇和英雄主义的浪漫想象，如何变为对社会和时代洪流的体认与自觉，描写得不算细致，但前面的年轻与稚拙倒刻画得很好。大时代的动人心魄，需要回到现场去体认，这个现场却也是双重的（讲述神话与神话讲述）。经由这部超级文本，我们也许能回到这个双重现场。

豆瓣短评 1

看过 ★★★☆☆ 2011-12-25　　　　　　　　　　　　　　　　1 有用

近三小时的片长，场面宏大人物关系复杂，但也因此显得冲突不够集中。谢芳的第一次惊艳亮相，主观展现一群青年奔走呼号逼蒋抗日的革命热情，塑造了多个血肉丰满的银幕形象。在林道静的成长道路上先后出现多个对她有着深刻影响的男人，所幸影片并未全然回避其中若有似无的情感纠葛。@资料馆

豆瓣短评 2

阅读策略三 主题阅读指导

教学目标

引导学生从人物、情节、主题、艺术手法、政治意义等多角度对原著及自己的阅读收获进行整合，完成有逻辑、有独立见解的阅读报告。

教学过程

（1）提供参考主题。

1）谈谈《青春之歌》的成书年代与作者杨沫的个人经历对《青春之歌》主题的影响。

2）梳理《青春之歌》的情节，评价其小说结构。

3）现代小说里有一个非常重要的类型叫作"成长小说"。苏联著名文艺理论家巴赫金认为成长小说主人公"不应作为定型不变的人来表现，而应该是成长中的变化中的人，是受到生活教育的人"，"人与世界一起成长，他自身反映着世界本身的历史成长。

他已经不在一个时代的内部，而处于两个时代的交叉点，处于一个时代向另一个时代的转折点上，这一转折寄寓于他身上，通过他来完成，他不得不成为前所未有的新人"。

有评论家认为，《青春之歌》是一部成长小说。请从这一角度，分析林道静的"成长"。

4）比较《青春之歌》中三位男性主人公（余永泽、卢嘉川、江华）的相同点与不同点，这三个男性角色对小说的发展有什么影响？

5）《青春之歌》的发表在当时的文艺界引起了激烈的讨论，杨沫也对《青春之歌》的内容进行了修改。请查找相关资料，以《青春之歌》为例，谈谈文学创作与政治的关系。

6）评论家们历来认为《青春之歌》的主题具有丰富性与多义性，有人认为这是"革命主题"小说，而有人认为这是"爱情主题"小说。请从"革命与爱情"的角度，谈谈你对这部小说主题的理解。

7）从性别研究的视角，以《青春之歌》为例，谈谈在历史革命中女性的处境问题。

参考资料：

《在延安文艺座谈会上的讲话》（毛泽东）

《〈青春之歌〉文本的复杂性》（中国人民大学 程光炜）

《"人在历史中成长"——〈青春之歌〉与"新文学"的现代性问题》（北京大学 李杨）

《"可见的女性"如何可能：以〈青春之歌〉为中心》（北京大学 贺桂梅）

《沉默、缺席与边缘——看不见的女性》（北京师范大学 田卉群）

（2）小组讨论确定主题，明确分工，进行主题研讨。

（3）每个小组派一名代表，在全班进行成果分享。

（4）每个小组上交一份不少于 1 000 字的主题阅读报告。

四、延伸与拓展

1. 原著背景资料补充阅读推荐

《我的母亲杨沫》 作者：老鬼

出版社：同心出版社

出版年：2011

定价：45.00 元

ISBN：9787547701072

　　这是作家老鬼对其母亲杨沫生平琐事的回忆叙写，为我们展现了更多杨沫的人生细节，具有较高的可信度。阅读作家的传记，有助于读者更深刻地理解其作品。

2. 中国革命传统作品

《红岩》 作者：罗广斌、杨益言
出版社：中国青年出版社
出版年：2000
定价：36.00 元
ISBN：9787500601593

　　《红岩》以一定的广度和深度再现了国民党统治行将覆灭、解放战争即将走向全国胜利的斗争形势和时代风貌，成功地塑造了以许云峰、江姐、成岗和华子良等为代表的共产党员的英雄形象。本书善于刻画人物心理活动和烘托气氛，作品结构错综复杂又富于变化，语言朴实，笔调悲壮，被誉为"革命的教科书"，激励了一代又一代青年的爱国情怀和奋斗热情。

《可爱的中国》 作者：方志敏
出版社：江苏凤凰文艺出版社
出版年：2017
定价：29.00 元
丛书名：红色经典丛书
ISBN：9787539992402

　　《可爱的中国》收录了方志敏狱中作品十一篇：《方志敏自述》《可爱的中国》《死》《清贫》《狱中纪实》《我从事革命斗争的略述》《遗信》等。文中洋溢着为国为民献身的爱国思想和爱国热情，表现出一名共产党员英勇无畏、视死如归的精神和意志。

《红色家书》 作者：恽代英、邓中夏、赵一曼等
出版社：江苏凤凰文艺出版社
出版年：2017
定价：30.00 元
丛书名：红色经典丛书
ISBN：9787539997193

革命先烈，是我们民族的英雄、民族的脊梁。他们的死，重于泰山。他们对国家、对民族的大爱，他们的血性和坚韧，是我们需要继承和守护的精神财富。本书收录了近百位革命烈士的一百余封家书，其中包括平常家信、狱中信函、遗书等。书中所选录的烈士家书，按烈士出生时间的先后顺序编排。每封书信后面都附有简要注释，对书信的写作时间、背景等加以说明。阅读这些书信，仿佛经历了一次革命的洗礼。

《毛泽东诗词》 编著：季世昌、徐四海等
出版社：江苏凤凰文艺出版社
出版年：2017
定价：35.00 元
丛书名：红色经典丛书
ISBN：9787539997261

毛泽东不仅是伟大的政治家、军事家、思想家，而且是杰出的诗人和书法家。本书精选毛泽东具有代表性的诗词作品 29 首，详细列举毛泽东本人的自注自解，对所选诗词均做了散译。本书设立拓展阅读栏目，包括时代背景、诗词佳话、诗词链接、跟毛泽东学习写作诗词、书法欣赏、毛泽东诗词歌曲等。书末编有附录，包括毛泽东论诗和诗词创作、旧体诗词知识简介、毛泽东诗词书法艺术的特色、主要参考文献，为读者深入学习和研究毛泽东诗词提供参考。

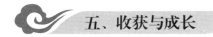

五、收获与成长

学生主题阅读报告

以《青春之歌》为例浅谈文学创作和政治的关系

深圳中学 2020 届　袁正一小组

文学作品有很多种，其中有一类一读就会给人一种非常"正"的感觉，比如我们这次阅读的《青春之歌》。在《青春之歌》写作的年代，文学作品更多地被定义为一种思想武器，人们通过自己的笔宣扬某种政治体制或者意识形态。

毛泽东在 1942 年的《在延安文艺座谈会上的讲话》中提到，"在现在世界上，一切文化或文学艺术都是属于一定的阶级，属于一定的政治路线的"，"文艺是从属于政治的，但又反转来给予伟大的影响于政治"，"我们所说的文艺服从于政治，这政治是指阶级的政治、群众的政治，不是所谓少数政治家的政治"，"无产阶级中还有许多人保留着小资产阶级的思想，农民和城市小资产阶级都有落后的思想……他们在斗争中已经改造或正在改造自己，我们的文艺应该描写他们的这个改造过程"，等等。可以看出，在当时的主流意识形态影响下，文学是非常强有力的精神武器，人们可以用它达成促进革命的目的。

《青春之歌》于 1958 年出版，一出版便广受好评。然而由于社会大环境的变化，直到 1992 年其版本变迁才尘埃落定。《青春之歌》描写了小资产阶级知识分子林道静成长为无产阶级战士的历程，在时代的洪流中，其政治价值是不可忽视的。

《青春之歌》的出版在引起人们的阅读热潮的同时，也迎来了许多"批评"。作者和读者就书中的一些问题展开了交流，其结果我们也都能看到——杨沫曾数次修改《青春之歌》。在一次改动中，杨沫将林道静对余永泽感情的追忆改成了她对革命的信念，并且添加了她对自己"软弱""温情"的批评，由此，林道静的思想得到了"红色"升华。同时，由于一部分人对书中没有"工农结合"思想的批判，此部分内容也在之后被加上。如初版本第 10 章写一天罗大方来找余永泽，余趁机请罗大方介绍他去认识胡适，再版本改为余永泽买酒备菜专候"贵人"罗大方的到来，请他介绍认识胡适，餐桌上余永泽对罗大方殷勤备至。这一新增情节，又将魏老三的来访包在中间，可谓一箭双雕。通过将余永泽对罗大方的"殷勤"与对魏老三的"冷漠"进行对比，不仅衬托出他爱富嫌贫的势利心态，而且表现出他试图通过拉关系依附大人物谋得职位的庸俗、市侩。正是这一增改，才让林道静"看透了她爱人的真面目"。

杨沫力图将"一二·九"运动写得更为充实，而她也对自己的不足心知肚明。杨沫在出版后记中曾经说过："我自己并没有参加'一二·九'运动，所以写来写去，怎么也无法写得更丰满，所以再版作品也不过是由于趋附时代潮流的需要，勉力为之而已。"很明显能够看出，杨沫对《青春之歌》的部分修改已经和她的初衷有些不同了。有评论认为多次改版后，《青春之歌》也早已变了味，在政治的潮流之下，政治性逐渐取代了故事性与人性。

有人认为文学创作应该为政治服务，自然地，也有人在创作的过程中力求逃离政治——"我手写我心"。十九世纪的英国作家王尔德就是其中的典型代表。他力求在文学创作中脱离政治因素，甚至还有脱离人的理性因素的嫌疑。他写过一本名叫《道林·格雷的画像》的书，这本书被评价为"为艺术而艺术"，但是书中真的就没有政治因素了吗？

《道林·格雷的画像》中的主人公们，无一例外都是英国的上层阶级，他们看世界的角度本质上仍体现了同为贵族阶级的王尔德对世界的看法。书中的伦敦东区是野蛮、罪恶、堕落的代名词，居住着的也都是野蛮人。正因如此，漠视、厌恶东区的道林被叙述成"身上充满了年轻人的全部率真和纯洁的激情，给人一尘不染的感觉"。虽然王尔德对当时社会贫富分化的阶级矛盾及其成因有着深刻的见解，但将东区作为罪孽之源的表征与当时的上层社会对东区的印象是一样的，而他对东区的描绘也充满了刻板印象和同质化描写，暗示了处于特定阶级地位的人们的想象和焦虑。王尔德甚至借主线人物之一亨利勋爵之口说出，"除了天气，我不想改进英国的任何东西"。这些无不体现了政治身份给王尔德带来的挥之不去的特权思想。

法国著名作家萨特在《禁闭》中主要描述了三个死后被投入地狱的罪人之间的故事和冲突。从这部剧作中可以看出，如果只有两个人，那么一切都能相安无事，但是一旦出现了第三个人，立刻就能延伸出复杂的关系，就像书中的三个人一样，他们之间充满了谎言、对抗、愤怒、监视、阴谋等。这种关系就是某种"政治"的产物。政治是由各种团体进行集体决策的一个过程，也是各种团体或个人为了各自的领域所结成的特定关系，尤指对于社会群体的统治。这个定义看起来只是上层建筑的事情，但是我们生活在集体中，集体领导者的决策对我们生活的影响不容小觑，这种政治影响了我们的生活、影响了我们的思维方式，从某种程度上讲，部分塑造了我们的人生。

再回到《青春之歌》，其实政治的话语主导者是谁不是问题的关键所在，像《青春之歌》一样歌颂人们为共产主义奋斗的过程，或者像王尔德一样一心脱离政治，这两者本质上都是作者政治思想的一种体现。

从这个角度看，把"政治"和创作者个人、文学粗暴地分开谈论显然是不合适的。政治塑造了部分的个人，同样也形成了文学的环境、素材甚至精神。虽然对绝大多数人来说，政治不是我们日常生活的重心，但是无论我们干什么，其实都和它密切相关——尤其是在文学创作的时候，其中包含的政治因素是完全无法避免的。

《青春之歌》是革命小说还是爱情小说？

深圳中学 2020 届　柯天骏小组

青春之歌是中国当代文学史上第一部描写中国共产党领导下的爱国学生运动及革命知识分子斗争生活的长篇小说。它叙述了动乱年代中的一个小资产阶级知识分子走上革命道路，并成为无产阶级斗士的故事。

我们从林道静几处重要的心理转变来分析这部作品所体现的革命性。

第一处转变发生在北戴河附近的小村庄。林道静为抗拒养母定下的包办婚姻，毅然决然逃离封建家庭，来到了偏僻的小山村寻找表哥表嫂。不曾想时过境迁，所寻之人早已离去，浑浑噩噩的生活让她萌生了向死之心。这时余永泽出现了，不仅救下了她，还在她心中点燃了第一朵关于革命的火花。但这时的林道静还是懵懂的，对革命还没有一个深刻的认知。

第二处转变发生在和余永泽生活在一起时。这段时间，她深刻地认识到了余永泽的自私自利，这让她一度对生活心灰意冷，就在这时，卢嘉川在新年夜的聚会上再次出现，重新点燃了她生活的光芒。聚会上，东北同胞们低声嘶唱着的歌谣，勾起了她深深的同情，她开始想要真正地投身于革命这项事业中。这时的林道静相比之前，不仅更深层次地认识到了革命的内涵，还迈出了她人生中至关重要的一步。

第三处转变出现在卢嘉川被捕后。这时的林道静由于被叛徒戴愉出卖，不得不再次逃出北平。在这里，她接受了江华的建议，真正地深入群众当中，去体会当时劳苦百姓的困厄，这些体验给小资产阶级的林道静带来了极大的震撼。在此之前她本以为革命是不用流血的，是温和的斗争，但神州大地上的满目疮痍让她醒悟了，她渴望脱去自身小资产阶级的标签，烙上革命的印记。这是林道静革命思想的又一次升华，她开始抛去以往的种种狭隘观念，踏踏实实地为革命奋斗。此时的林道静只差最后一步。

第四处转变出现在林道静被捕出狱后。这时的她通过与狱友林红的交流，变得更加稳重、冷静，不再软弱、怯懦。这一点在书中其实有很好的体现。例如戴愉在与林道静的交谈中，千方百计地想要套她的话，可却被林道静警觉，搪塞了过去。以前的林道静根本就不会想到这些，那时的她像一张白纸一样过于单纯。至此，林道静已成长为一名成熟的革命者。

林道静成长道路上所遇到的这三个男性，他们不同的身份、出身和政治立场，对林道静有着不同的影响。余永泽，拯救了林道静的肉体生命，唤醒了林道静生命中爱与美的意识和对人性、人道主义的思考；卢嘉川，拯救了林道静的精神生命，是林道静精神的启蒙者，唤醒了林道静的阶级意识；江华，作为工人阶级的代表，是一位革命英雄，他与林道静并肩战斗着，在卢嘉川精神拯救的基础上唤醒了林道静的斗争意识和女性意识。

余永泽的资产阶级启蒙思想从一开始就深深地吸引着林道静。她对余永泽的感情除了感激之情、知己之情，还有志同道合的钦佩。但是政治立场的不同就注定了这场婚姻的失败。正在林道静对小家庭琐碎生活感到烦闷痛苦的时候，卢嘉川作为马克思主义的化身再一次众星拱月般地出现了。卢嘉川的形象太过完美，他向林道静描绘的共产主义社会让林道静无比憧憬，苦闷的知识分子仿佛从中找到了个人与革命的出路。但共产主义社会毕竟是无产阶级追寻的最高目标，它与实际的革命道路的结合还需要一个艰难的过程。这样的爱情必然是没有结果的，就像马克思主义在这时只是个理想，美好如卢嘉川，也只能组织学生运动，示威喊口号发传单，并不能真正地改变什么。这场婚姻的结束也暗示了资产阶级思想在中国的应用是行不通的。

林道静移恋于卢嘉川让她有一种负罪感，毕竟余永泽对她有恩情。她无论如何都是难以逃避这种谴责的，况且她曾经的确被余永泽的魅力所吸引，所以在决定离开时，"这种感情，像千丝万缕伴着她""希望就这样和余永泽凑合下来"。直到她最后决心离开余永泽时，还给他留下了这么一段柔肠寸断的话："永泽：我走了。不再回来了。你要保重！要把心胸放宽！祝你幸福。静。一九三三年九月二十日。"她徘徊踯躅了好一阵子，终于还是放弃了这份感情去追求真正的爱情。

而江华才是真正意义上引导她从事共产主义事业的人。林道静终于从一个充满幻想的小资产阶级知识分子成长为一个坚定的无产阶级革命战士。江华对林道静的爱情是建立在共同的革命理想上的，与其说是伴侣，不如说是志同道合之友。她不再憧憬余永泽那骑士般的英雄救美，也触及不到卢嘉川的完美无瑕，对于林道静，江华是布尔什维克的化身，而并不仅仅是单纯的一个男人，他是触手可及的，无论是在政治上还是爱情上。到这里，革命与爱情真正结合了，林道静和江华都在爱情的欲望和革命的信仰上找到了契合点。从另一个角度来看，以林道静为代表的知识分子在不断的自我改造之后，终于走上了正确的革命道路，他们的人生与革命完美结合了。

总体来说，《青春之歌》是一部革命主题与爱情主题交织的小说。爱情主题使主人公的形象更为圆润，并作为骨架承载着其成长转变为革命者的过程，令革命主题更为饱满。但革命主题才是作者更想表达的精神内核。

《青春之歌》中的女性个性解放

深圳中学 2020 届　刘腾藤小组

《青春之歌》是中国现当代文学史上一部刻画女性形象的经典之作，引起了人们对于女性处境的思考，对提高女性地位和促进女性的个性解放有着现实的影响意义。《青春之歌》成功塑造了一个摆脱了家庭束缚、把个人幸福与民族未来结合在一起、追求进步和共产主义的新的女性形象代表——林道静。这个女性形象的成功塑造对于研究女性个性解放有着不小的影响意义。

林道静是一个典型的有政治追求的女共产党员的形象——她说话干脆利落，总给人一种恬淡却又刚毅的感觉，暗示了她有一种革命的大无畏精神。从性格方面来讲，她是有些偏男性化的，作为一个要为民族的前途而奋斗的成长中的女性，她的身上是不容许出现胆小害怕的性格的，一个优秀的无产阶级革命者应该是坚定不屈、意志坚强的，甚至在某些时候要像花木兰那样表现得比男性更为果断与勇敢。这样看来，被模板化的林道静似乎给人一种不真实的僵硬感。但事实并非如此，阅读惯性会使我们对文学作品中的政治因素有所排斥，但是也不能忽略了政治对于文学的积极作用。在她的政治追求的衬托下，林道静的形象也显得更加鲜明。她的爱情经历不仅仅是阐释政治力量演变历程的工具，也是她斗争和成长的过程，是她的信仰逐渐成熟、确立的过程。林道静并不是一个死板僵化的形象，不是一个政治宣传的工具，这是受时代和作者主观创作意图的影响的。《青春之歌》创作于二十世纪五六十年代，那时新中国刚刚成立，共产党的形象深入人心，给了人民很大的安定感与希望，所以林道静的形象是特别受欢迎的。即使到了今天，我们还是会深深地感受到他们那个时代爱国学生对祖国的热爱和真诚，被他们对于信念的坚贞所感动，这是一种激昂向上的动态美。可毕竟，林道静还是欠缺了女性所特有的气质，更像是"符号"女性。

林道静是一个不甘于命运的安排、能为了自己的幸福勇敢进行斗争的人，她代表了当时绝大部分为了自身幸福而奋斗的女性。林道静是一个从出身于地主阶级家庭的小资产阶级知识分子成长为共产主义战士的艺术典型，是新民主主义革命时期一个革命知识青年的形象。她所走的道路，是一条从小资产阶级知识青年追求个性解放，到参加党领导的革命事业，并在斗争中成长为无产阶级革命战士的艰难曲折的道路。显然这些都有很强的阶级色彩，但同时也要看到林道静身上所体现的一种积极乐观、活泼勇敢、敢做敢当、向往自由、热情奔放的性格以及正直不屈、信念坚定、有追求等品质。她身上所散发出来的青春朝气和热血的力量影响了许许多多有理想追求的年轻人，鼓舞着他们去奋斗并给了他们很大的希望，这是用一种浪漫主义的方式去歌颂女性对个性解放的追求。

贺桂梅在《"可见的女性"如何可能：以〈青春之歌〉为中心》一文中提出，近代以来的文学作品中，阐释性别叙事的方式主要有两种：第一种主要是从阶级叙事角度出发，忽略了性别叙事，往往也忽略了女性形象的存在价值；第二种忽视的是女性与革命间的互动关系，只是对女性形象做了本质化的理解，也就是说淡化了阶级叙事方面。《青春之歌》受政治的影响较大，显然更侧重于阶级革命的叙事角度，书中传达出的女性解放似乎也只是为了达到政治目的，并非真正关注女性内心的真实感受。"革命加爱情"是女性浮出历史的一条途径，林道静走上自由解放的道路则是一个渐渐脱离自身女性形象的过程。这从反面告诉我们，女性要想走上真正的自由解放道路是相当困难的，除非她把自己的女性身份先否决掉。在文学创作乃至其他多个方面，女性常常处于边缘位置。西蒙·波伏娃说过："男性不存在公共和私人生活的割裂问题，（因为）在行动和工作上他对世界把握得越紧，他就越有男子汉气，而女人自主的胜利却与她的女人气质相抵触。"男女的性别差异已经被几千年的社会建构出来了，是如今很难再去改变的一个根深蒂固的观念了。所以，女性从她们走向革命道路之日开始，她们的女性特征就被自然而然地淡化了。

归根结底，林道静这一形象也是带有女性个性解放色彩的，只是被套上了政治的光环。抛开政治不谈，单从她勇于追求自身的幸福这一点来说，这也是女性更注重自身感觉的体现，是为女性"发声"、高呼女性个性解放的一大壮举。田卉群在《沉默、缺席与边缘——看不见的女性》中说："不带性别的注视——关注，正在成为新的潮流，我们有理由相信，那些不被看到的女性终将被纳入视野，沉默的将发出声音，在边缘的也将走向核心。"让我们共同期冀。

发现美，表现美

——《梁衡散文中学生读本》整本书阅读指导

于舒婷

阅读指导视频

朗读音频

书名：《梁衡散文中学生读本》　作者：梁衡

出版社：北京联合出版公司

出版年：2015

定价：29.80 元

ISBN：9787550247109

一、意蕴与价值

　　散文以其清新隽永的文字、不拘一格的形式和悠远深邃的意境，给人带来"美"的阅读体验，因而散文素有"美文"之称。对中学生来说，多读散文可在语言建构与运用、思维发展与提升、审美鉴赏与创造等方面都获得进一步提高。

　　梁衡散文语言精妙活泼，文字优美凝练，是学生积累、锤炼语言的范本。例如在《晋祠》一文中，"春日黄花满山，径幽而香远；秋来草木郁郁，天高而水清"等语句借鉴古文章法，读罢全文，可以寻到《醉翁亭记》《小石潭记》等传颂千年的名篇的影子。又如《把栏杆拍遍》文末以"龙头拐杖"比喻辛弃疾其人，令人耳目一新，也是对全文内容的精妙总结。

　　阅读梁衡散文，能够提高审美素养，让学生受到美的熏陶。梁衡提出散文之美有三个层次，分别是描写之美、意境之美、哲理之美，他认为除了物质层面的生态平衡，人与自然还要有精神层面的交流。人们常说"看景不如听景"，散文中所描写的山水往往别具魅力，在阅读过程中，脑海中的画卷徐徐展开，可以与曾身临其境的作者产生美的共鸣，伴着丰富的想象，还可以获得独特的审美体验。

　　梁衡散文情理兼备，可以帮助学生树立正确的世界观、人生观和价值观，获得逻辑思维、辩证思维和创造思维的发展。梁衡提倡"为文第一要激动"，从他的文字中能够感受到真挚的情感。他的散文又不止于抒情，写人篇写到的十二位名人，都堪称人生楷模，写景散文也常常蕴含着对人生哲理的思索，如《壶口瀑布》赞许上善若水，《冬日香山》议论骨气。

　　梁衡认为如果一个人有志于写作，那么阅读就是他入门的向导、创作的借鉴。多读名家散文，积累优美词句，学习创作思路，从仿写开始，可以帮助学生逐渐学会运用文字表达自己的审美体验和真情实感，创造自己内心的美好形象，实现从阅读美文到创作美文的蜕变。

二、作家与作品

　　梁衡，1946 年生，1968 年毕业于中国人民大学，著名散文家、学者、新闻理论家、政论家和科普作家，曾任《内蒙古日报》和《光明日报》记者、国家新闻出版署副署长、中国记者协会全委会常务理事、人民日报社副总编辑等。

　　梁衡由记者身份走上文坛，这段经历使他在创作时格外注重对写作对象进行调查研究，对文字和章法反复锤炼，他也因此被称为"苦吟派"。他早年以山水散文闻名，《晋祠》等篇目入选中小学语文教科书，产生了广泛而深远的影响。之后他转向人物散文，特别是政治领袖散文，《大无大有周恩来》《这思考的窑洞》《二死其身的忠臣彭德怀》等名篇代表了他在散文创作上的更高成就。

　　《梁衡散文中学生读本》是梁衡专为中学生选编的一本散文读本，他亲自挑选了一些适宜中学生阅读的文章。梁衡在本书自序中写道："总的来讲是想回答两个问题：怎样做人和怎样作文。"该书的特色在于作者本人尽量复盘当时的写作过程，对每篇文章亲自做出点评，披露背景资料，解析写作方法，旨在告诉学生文章是怎样写成的。

　　整本书在编排上内容多元、划分合理。全书分为教材解读、扩展阅读、碑赋作品、教学研究四个单元。第一单元收录了梁衡入选中小学教材的八篇散文，并在每篇之后附上作者本人的解读及相关资料。梁衡称教材是"改变人生的杠杆"，是"奠定一生事业的基础"，语文教材不仅能够传播语言文字知识，更会在思想道德方面对学生产生极其深远的影响，所以教材编写者对课文的选择是慎之又慎的，因此，对这些入选文章的认真研读是十分必要的。更为重要的是，文章之后的作者解读拉近了长期以来作为读者的学生与课文作者的距离，这种深度了解作者创作思路的机会难能可贵，对于学生了解创作背景、写作思路、文章内容和思想感情都大有裨益。

第二单元扩展阅读将梁衡散文划分为写人、写景、记事、抒情、说理五个部分，每一篇文章都附有条理清晰的点评以帮助学生阅读，深刻剖析作者写作心理。

写人篇中收录的散文并非人物传记，作者别出心裁，深入实地，亲自前往毛泽东写《论持久战》的延安窑洞、邓小平在江西时劳动的工厂、周恩来在日本游历过的岚山等，给读者以充分的想象空间。

在写景篇中，梁衡不仅将景物灵动地呈现在读者眼前，更是在与自然进行对话和交流，表达自己在景中的所思所感，让自然美的韵律与心率共振，力图构建人与自然之间的精神纽带。

记事篇强调"叙事是写作的基本功"，所选篇目皆构思精巧。《与朴老缘结钓鱼台》看似只是记述日常小事，但却并不枯燥，抓住一个"缘"字徐徐展开，时间和空间维度的设计引人入胜。然而，在讲述作为中国历史大转折的三大战役和新中国成立前夕的党史时，《红毛线，蓝毛线》没有进行宏大叙事，而是选择能够反映共产党领袖生活清苦、党风廉洁的小物件作为意象贯穿全文。

抒情篇旨在"激起情感的涟漪"，充满真挚情感。《一个大党和一只小船》纵论党史，站在历史高度，以理写情。《忽又重听走西口》以西北特有的爱情风味撩拨人的心弦。

在说理篇中，每篇文章都能够提出新思想，如《人人皆可为国王》自设新论，自圆其说，富有新意。

总之，《梁衡散文中学生读本》可以作为学生开展"整本书阅读"的入门之选。虽然它以散文集的形式呈现为"整本书"，但由篇幅较短的散文组成的特点，使它能够作为晨间或睡前读物，乃至茶余饭后的休闲图书，从而帮助学生逐步养成良好的阅读习惯，学会从书本中汲取营养。

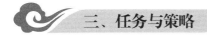

三、任务与策略

1. 整体思路

本书阅读按照"个人通读—教师指导—小组研读—班级研讨"的思路进行，学生先在基本了解本书内容的前提下根据"通读指导"粗读全书，对作品做初步理解，并结合"通读指导"中每一部分所留的"问题/任务"对所读内容进行深入思考。之后，再由教师对本书的重点突破内容进行指导，并按照任务安排分小组进行研究。最后，围绕小组讨论的几组内容进行班级研讨。同时，整合阅读经验，生成个性化的阅读成果，指导学生对今后其他散文作品的阅读。

2. 通读指导——阅读进程表

阅读篇目	关键词	问题 / 任务
入选中小学教材解读	分析创作思路	（1）作者创作散文的心路历程是怎样的 （2）创作散文需要具备哪些条件
写人篇	欣赏人物形象 领略伟人精神	（1）作者擅长将所写的历史人物置于历史大背景中，其写法对我们有何启发 （2）作者是如何选择恰当的事例并详略得当地突出人物品质的
写景篇	感受山水之美 关注景与理的结合	（1）重点积累和学习文中的优美词句 （2）作者是如何将对人生哲理的思索与景物描写有机结合的
记事篇	夯实叙事基础	（1）关注文章注释，总结各篇叙事结构及手法 （2）写作小练习：讲好一件事（参考书中记事篇阅读指导《叙事是写作的基本功》）
抒情篇	品味真情实感	结合文章，理解作者所说的"先要作者激动，并发而为文，再用这种文章去激动别人"
说理篇	领悟哲理之美	注意从情中悟理，在理中融情，把握文章所表达的事理或象征意义
碑赋作品＋作品与教学研究	回顾与总结	（1）结合教学研究文章，思考梁衡散文的风格、写作手法等 （2）总结读书心得体会

3. 策略指导

阅读策略	主要内容	实施方式	设计目的
阅读策略一	阅读方法指导	教师导读	帮助学生初步了解梁衡散文及散文的文体知识，为后续阅读奠定基础；提供阅读方法指导，引导学生制订合理的阅读计划；引导学生学习在阅读中积累语言材料，丰富自己的语言表达
阅读策略二	主题阅读指导	学生现场阅读，小组研讨交流	提升学生对散文的阅读鉴赏能力，从语言、构思、形象、意蕴、情感等多个角度欣赏作品，丰富对散文创作的理解
阅读策略三	创意写作	以小组为单位进行仿写练习与成果展示	引导学生学习运用语言文字表达自己的情感、态度与价值观，提升语言文字表达的效果与美感

阅读策略一　阅读方法指导

教学目标

（1）介绍梁衡散文及散文的文体知识，激发学生的阅读兴趣。

（2）以梁衡散文为例，让学生初步了解整本书阅读之散文阅读的基本方法。

（3）明确阅读进度，设定通读任务，指导学生安排个人阅读计划。

教学过程

内容一：梁衡散文导读（制作 PPT 课件）

（1）散文的文体知识。

（2）作者简介。

（3）作品内容介绍。

（4）作品的成就与影响。

内容二：散文阅读的基本方法

散文通常是以散文集的形式呈现为整本书的，可能为同一作者的全集或选集，也可能是同一话题或语境下不同作者的作品合集，其特点是各篇目之间风格相近，但又独立成篇。学生在阅读散文时，应养成良好的阅读习惯，保持一定的读书频率，制订合理的阅读计划。

散文阅读重在整体感知。在阅读时，应以篇目为基本单位，每次至少完成一篇文章的阅读，感知其中蕴含的描写美、意境美和哲理美。

散文阅读还需关注细节。在阅读时，应注重对优美词句的积累，注意分析推动情节发展或阐发哲理的重点句。可采取以下两种方法：一是书本记录，根据个人习惯在文中做标记，将自己的联想与思考记录在旁；二是摘抄评注，对文中优美词句进行摘录和积累，对文中富有哲理的内容可附上阅读感想和思考。

内容三：阅读计划安排

（1）规定阅读时限，根据时间安排个人每天的阅读进度，要求在阅读时限内完成对整本书的阅读。学生需制定个人阅读进度表。

（2）将"通读指导"发给学生，请学生根据"通读指导"粗读全文，对作品做初步理解，并结合"通读指导"中每一部分所留的"问题/任务"对所读内容进行深入思考。

（3）教师对本书的重点突破内容进行指导，并按照任务安排分小组研究学习。

《梁衡散文中学生读本》阅读进度表

阅读篇目		阅读日期		阅读时长		阅读页数	
阅读摘抄：							
阅读评注：							

阅读策略二　主题阅读指导

教学目标

（1）提升学生对散文的阅读鉴赏能力，引导学生感受散文的语言、意境和情感之美。

（2）梳理和整合读书心得，丰富学生对散文创作的理解。

教学过程

内容一：全篇通读

教师引导学生完成通读指导中的问题和任务，在阅读完指定篇目后，以小组为单位进行研讨，将问题和任务细化到单篇文章，分析文章的写作手法、思想感情等。

在此基础上，将不同类别的散文加以整合分析，了解叙事散文、抒情散文、说理散文的特点，研究作者梁衡的创作思路、写作风格等。

内容二：撰写读书札记

每位同学上交一份不少于 1 000 字的读书札记，可以谈谈自己的阅读感悟，也可以就文章内容展开思考，或畅聊散文创作的思路。

阅读策略三　创意写作

教学目标

（1）通过仿写练习，引导学生学习运用语言文字表达自己的情感、态度与价值观。

（2）引导学生深入理解散文之美，通过实践活动提升学生语言文字表达的效果与美感。

教学过程

以小组为单位，研讨梁衡在书中阐述的创作思路和写作手法，归纳和总结梁衡散文的写作特点。

在此基础上，确定仿写的篇目或类别，小组成员之间分工合作，共同完成梁衡散文仿写任务（推荐选择写人散文，方便小组合作开展人物生平、事迹、精神品质的调查研究）。

四、延伸与拓展

《朱自清散文精选：缺月疏桐》 作者：朱自清

出版社：华中科技大学出版社
出版年：2018
定价：31.50 元
丛书名：现当代名家作品典藏
ISBN：9787568040389

　　朱自清，中国近代散文家、诗人、学者，1916 年考入北京大学预科，1917 年升入北京大学本科哲学系，1932 年任清华大学中国文学系主任。其代表作《背影》《荷塘月色》成为近代散文的经典，至今仍被收录于中学语文教科书。

　　朱自清先生擅长融情入景，即景抒情，他用富有诗意的语言，生动传达了对人生哲理的深刻感悟和对社会现实的深入理解。

　　该散文集收录了朱自清先生的 50 篇代表性散文，主题包括身边的人物、风景、杂文议论以及旅行时的所见所感。

《周国平散文自选集》 作者：周国平

出版社：长江文艺出版社
出版年：2017
定价：32.00 元
丛书名：名家散文自选集
ISBN：9787535492234

　　周国平，中国当代著名作家、学者、哲学家，1945 年生于上海，1967 年毕业于北京大学哲学系，1981 年毕业于中国社会科学院研究生院哲学系，著有学术专著《尼采：在世纪的转折点上》《尼采与形而上学》等。对哲学的深入研究使周国平先生的散文文字质朴，但传递的人生哲理却能直抵人心。

　　该版本由周国平先生亲自精心挑选，收录了他三十余年间散文和随笔的精华文章百余篇，分为八辑：成为你自己、爱使人富有、生命中不能错过什么、人的高贵在于灵魂、人生贵在行胸臆、风中的纸屑、车窗外、向教育争自由。阅读该书，能够获得爱与人生等命题的新知。此外，《与书结缘》《与中学生谈写作》等散文贴近学生实际，具有启发意义。

《毕淑敏散文精选》 作者：毕淑敏

出版社：长江文艺出版社
出版年：2017
定价：36.00 元
丛书名：名家散文典藏彩插版
ISBN：9787535498809

毕淑敏，国家一级作家。她在从事医学工作 20 年后开始专业写作，共发表作品 300 多万字，代表作有长篇小说《红处方》《血玲珑》《花冠病毒》，散文集《心灵的力量》《恰到好处的幸福》《毕淑敏散文精选》等。

该版本收录毕淑敏代表散文作品 80 余篇，如《被老师读作文的时候》《关于生命与命运的遐想》《灵魂飞翔的地方》《我很重要》《冻顶百合》等，涉及生活、学习、情感、生命、旅行等多个方面。

《外国散文名篇赏析》 编者：董小玉

出版社：西南师范大学出版社
出版年：2014
定价：25.00 元
丛书名：青少年阅读欣赏丛书
ISBN：9787562170464

外国散文在国内受到的关注度远远不及外国小说，实际上，从外国的名家散文中时常可以发现对人生的别样态度和对世界的不同认知，当然还有人类共通的对自然与生命的无限热爱。

董小玉主编的《外国散文名篇赏析》精选外国近现代的经典散文作品 44 篇，并将其划分为倾听自然的声音、点亮智慧的星空、渲染生命的色彩三个主题，囊括川端康成、雨果、纪伯伦、卢梭、培根、尼采、罗素、海明威、马尔克斯、泰戈尔等名家佳作。每篇选文后附有作品赏析，对选文的主题、语言特色、创作技巧等进行归纳剖析，可以帮助学生解决在阅读外国文学作品时遇到的困难，提高阅读与鉴赏能力。

五、收获与成长

读书札记示例

读《梁衡散文中学生读本》有感

深圳中学 2017 级　梁琳浩

我一向觉得散文并不好读，虽说散文是追求"形散而神不散"，一直有一个中心脉络支撑着松散的文体，本应该更易追逐着作者的意识读下去，但似乎是因为"形"的松散，所以让我觉得难以融入文章中。这次读梁衡的散文应该是一种新的体验，书前一篇季羡林先生写的序给了我翻开这本书的勇气。季老说，梁衡的散文极力研究谋篇布局，极具结构，中心脉络所伸展的枝丫也十分整齐，可谓张弛有度。也正因为这个原因，梁衡的散文比较容易把我带进他想描述的那个场景中。

我看的是梁衡写人物的几篇文章，写的是中国的名人。有古代的文人，如李清照、辛弃疾，有现代的伟人，如彭德怀、周恩来。这些都是我们熟悉的名人，但通过梁衡的文章，我的确更深一层地了解了他们——从新的角度以及更深的层面。

文章的境界，是季老以及做批注的老师都夸赞的一个点。从文章中来看，梁衡写人的动机先是来源于他曾到过的古迹、遗址，从这些地方想到了这个人物。为了丰富人物形象，他了解了很多关于这个人的故事。要知道，并不是所有故事都是写进正史中的，其中一定有野史存在的成分，梁衡在写古人的时候所写到的故事，都是为了突出当时的人们对这些名人的评价、态度，而不是将这些故事真实化，让人怀疑他的真实，所陈述所铺垫的只是一个意境，这就是文章中"散"的地方。

梁衡也在文章中提到，他在写瞿秋白这个人物形象时，曾三次踏足他的故居，迟迟不动笔，而准备充足后便水到渠成。了解一个人的精神、品质，去见他所见、感他所感，就能够贴近这个人的心境。这就是在境界达到之后所具备的。

梁衡在写作时，先从人物最闪光的点入手，极力刻画人物最有特点的一面，从不同的点切入，让人物形象渐渐鲜活起来。他的文章角度独特，不仅写辉煌，也写困苦。他十分擅长对比，处处可见反衬的手法，对众多名人进行对比，也无轻易贬低，而是借助时代背景向读者们一一解读人物的境遇；还有时间上的对比，让读者们看到一个逐渐改变的人，以及逐渐改变的社会。

说到社会问题，梁衡的境界也体现在这儿。谈人物不仅仅是谈人物，更是从人物的心境牵扯到他所处的社会，之后便是深深的忧国忧民，不禁让读者代入我们现在所处的社会，虽比以前更为繁荣，但仍有需要我们忧心的一面，也需要现在的人们不断付出、创造。而整篇文章就从一个人物的忧愁、苦闷，上升到伟大的理想、抱负，最后到为国家、民族而忧心。几层立意的拔高，让人不得不敬佩梁衡的境界。

有了这个境界的存在，文章的中心脉络便异常清晰，框架结构也十分整洁，虽是散文，却布局规整。"散"只是一个意境。我从中学到的，除了文章脉络的构建，更重要的是对境界的构造与打磨。

创意写作示例

《梁衡散文选集》创意写作

深圳中学 2019 届　蒋琦　马小川　詹然　张爱欣　苏洪杨　郭泓楷

梁衡在写人物传记时，会从历史的多方面来突出所写人物的特点，这是他描写人物时的一个优点。同时，他也通过大量的引用来佐证观点，即使是简单的句子中也有较多的修饰，这都为他的作品增添了文学气息。另外，梁衡的作品充满正能量，历史性、政治性很强，用词正式、官方。

状元实业家

我对张謇的第一印象，来源于初中历史课本上对他干巴巴的评价：状元实业家。只记得老师夸赞他的爱国精神与实业精神，却并不过多地讲述他的事迹。我便心存好奇。在读过张謇的传记后，我对张謇的了解进一步加深，同时也被他"实业救国"的爱国行为折服。

张謇出生时，第一次鸦片战争已爆发，清政府也在走下坡路。他像大多数寒门子弟一样踏上了科举入仕这条道路，几番波折后张謇终于在不惑之年考中状元。科举之途开阔了张謇的视野，让他看到了中国内忧外患的真实情况。因此他参与了帝后党争试图挽救中国。可是随后《马关条约》的签订使他认识到救亡需另找途径。他的"实业救国"思想，就是在那时形成的。可以说，甲午中日战争是他人生中的一个转折点，迫使他从古代典籍、八股取士中抬起头，转向学习科技知识。

甲午中日战争影响的绝不止张謇一人。康有为、孙中山等人也因深受甲午中日战争的影响而选择了不同的救亡图存的方式：康有为选择变法，孙中山倾向革命。而张謇则选择了实业与教育。他们的目标都是救国，只不过所选方式不同，算得上是殊途同归。但是张謇没有"六君子"那般舍生取义的壮举，也不如孙中山有号召力，他有的，只是一颗办好"富强之大本"的实业和教育的坚定不移的心。

身居"士农工商"之首的状元，地位低下受到轻视的商人，这两个身份本应矛盾，但是张謇却同时拥有这两重身份，他投身于民族工商业和教育，救亡图存。他创办工厂，"状元办厂"的壮举感动了无数国人。他设立新式学校，"夫立国由于人才，人才出于立学，此古今中外不易之理"。实业需要人才，人才出于学校，但一切活动都需要经济支持，因此教育也仰仗于实业。张謇付出这一系列的努力时是否犹豫过？是，他也曾犹豫过。政府长久的抑商政策使商人受到轻视甚至是不公平待遇，张謇开厂需要克服传统观念的束缚，需要适应百姓异样的目光，需要赌上自己的大好前途。可他还是这么做了，为了百姓的生计，为了国家的未来，更为了民族的延续。好一位忧国忧民的状元实业家！

张謇的一生以实业为主体，做了几十年的开路先锋，到最后，他已成为东南地区的绅商领袖人物。工厂开办初始，官僚政府的盘剥与压榨、列强资本主义的侵犯和打压，都逼得他进退维谷。他艰难地维持着工厂的运作，将工厂越办越大，他的名气也随之越来越高。可他淡泊名利，不在意身后名，甚至为自己拟了墓门联语：即此粗完一生事，会须身伴五山灵。虽然晚年迭遭颠踬，工厂面临破产易手，但他仍是积极的，那颗忧国忧民的心始终未泯，他力所能及地做了大量有益于故乡经济文化建设、有益于中国近代化的工作，为中国近代化工业打下了良好的基础。

历史的潮流不会因人而改变，但正是因为有像张謇这样的"状元实业家"，潮流才能更快更准确地抵达远方的目的地。

下面这篇文章仿照梁衡先生的《读韩愈》而作。因为篇幅问题，只模仿了文章的前半部分结构，即"先从读者熟悉的事入手，通过此事转到人物身上（人物身上之事先是其挫折，再是其不为困难击败并为人民服务），最后总结自己对该人物的看法"。后半部分为自创新命题，结合当下，升华主旨。

读苏轼

苏轼作为唐宋八大家之一，在诗词书画文等方面都有很高的成就，苏轼的诗词经世人代代相咏，广为流传。《水调歌头》中的"明月几时有，把酒问青天"那轻快之节奏，《赤壁赋》中的"谈笑间，樯橹灰飞烟灭"那豪迈之气概，无不为人所称颂。他那天真淳朴的品格、开阔豁达的胸襟，至今依然清新如故，带给人们精神上的快乐和指引。

世人皆熟知"东坡肉"，也皆知苏东坡，可这"东坡居士"的由来恐怕还有许多人不知晓。当时是宋神宗在位时期，这位年轻的皇帝雄心万丈，想通过王安石的变法实现国富民强，可新政并不符合当时的社会情况，并且在施行的过程中出现了不少乱象，大量农民无钱还债，忍饥挨饿，背井离乡。苏轼难以容忍如此景象，多次上书批评新法的弊病，遭到了新党的排挤，最后在元丰二年（1079年），他的《胡州谢表》被新党曲解利用，新党说他对皇帝不忠，应处以死刑，在多方的劝解下，加上神宗皇帝也无杀他之意，苏轼逃过一劫，被贬黄州。

这是苏轼人生中的一个重大转折，从那时起，由于情势所迫，同时在他自身气质和对自然的爱好的促使下，他成了一名隐士。黄州只是长江边上的一个穷苦小镇，生活困难，他申请十亩田地，躬耕其中，也乐在其中，并自号"东坡居士"。

"黄州僻陋多雨，气象昏昏也""地既久荒，为茨棘瓦砾之场，而岁又大旱，垦辟之劳，筋力殆尽"。在黄州的生活异常艰辛，可这并未摧垮苏轼的意志，反而为他洗去了尘世的浮华，在死里逃生后，他开始深思人生意义，考虑如何才能得到内心真正的安宁，在务农生活中，他真切地体验生活、亲近自然，懂得了自然和谐之妙。

"去年东坡拾瓦砾，自种黄桑三百尺。今年刈草盖雪堂，日炙风吹面如墨。"从中我们可以看到一个朴素的经过风吹日晒的农夫形象，这时的苏轼已化身为一个真正耕耘的农夫，而不是地主。在这种农村气氛里，他说自己的生活越来越像田园诗人陶渊明的生活，甚至说陶渊明就是他的前身。他把陶渊明《归去来兮辞》的句子重组，将在田间地头耕作的感想编成民歌唱出，他也会放下犁耙，手拿一根小棍，在牛角上打拍子和农夫们一起唱。

苏东坡当时衣食自给自足，心满意足，可在当地有一野蛮风俗最使他心痛。当地按照传统只养两男一女，超过的都要杀掉。"初生，辄以冷水浸杀，其父母亦不忍，率常闭目背面，以手按之水盆中，咿嘤良久乃死。"苏轼在写给当地太守的信中，表达了他对此的悲痛之情。苏东坡自己成立了一个救儿会，请读书人古某担任会长，一个和尚当会计，向富人募捐，然后调查贫苦的孕妇，她们若应允养育婴儿，则给予资助。苏东坡每年亦自行捐出十缗钱。这一恶习逐渐得以纠正，当地百姓都十分感激苏东坡。

一个人生活在社会中，可能会发现自己的美好愿景与现实之间有着天差地别。许多人都在长大的过程中，失掉了一些原本的东西，也就是现在常说的本心。苏轼置身于混乱的官场中，依然守护着心中的那一片净土。

他忠诚，在许多老忠臣都被新党排挤时，他还关心着社稷；他爽直，遇有不惬心意之事，他觉得如蝇在食，不吐不快，直言上谏；他淳朴，在荒僻的东坡上耕种，自得其乐。

他一生穷达多变，可我们看到的似乎总是他豁达开朗、率性而为、笑对人生的样子。苏东坡过得快乐，无所畏惧。他曾对弟弟子由说："吾上可陪玉皇大帝，下可陪卑田院乞儿。眼前见天下无一不好人。"

而他之所以活得如此轻松快乐，难道不是因为他一直遵循着本心，尽情地享受人生吗？他的肉体虽然会死，但他的精神、他的才情则永存于世，可成为天空的星、地上的河，可以照亮黑暗，可以滋润万物。他留给我们的，是他那豁达的心胸，这才是万古不朽的。

生命的反思与救赎

——《蛙》整本书阅读指导

庞雨尧

阅读指导视频

朗读音频

《蛙》 作者：莫言

出版社：浙江文艺出版社
出版年：2017
定价：37.00 元
丛书名：莫言作品全编
ISBN：9787533946661

  一、意蕴与价值

  中国现当代文学作品不仅为高中语文教学提供了广泛的阅读材料，同时也是这一阶段重要的教学内容，2017 年版《普通高中语文课程标准》中安排了"中国现当代作家作品研习"和"中国现当代作家作品专题研讨"两个学习任务群，旨在让学生大体了解现当代作家作品概貌，培养阅读现当代文学作品的兴趣，以正确的价值观鉴赏文学作品，进一步提高阅读和写作能力，并且形成一定的理性思维和探究能力，能够把握时代精神和时代走向。可见，指导学生研习和研讨现当代文学作品，是我们教学中不可忽视的重要方面。

  中国当代文坛可谓群星璀璨，如果一定要选择一位作家来代表改革开放后中国文学的深度和高度的话，那我认为这个人非莫言莫属。2012 年莫言获得了诺贝尔文学奖，成为国人的骄傲。他的小说彰显着饱满的生命激情和魔幻的气质，奇异诡谲，想象丰富，文字粗犷又不乏精致，达到了一种俗与雅的平衡。同时，我们在莫言的小说中也可以看到他对人性的深刻剖析，以及对历史的真诚反思。

如果为学生推荐一部莫言的小说，我会推荐这部获得第八届茅盾文学奖的长篇小说——《蛙》。《蛙》成书于 2009 年，是莫言"酝酿十余年、笔耕四载、三易其稿"才完成的作品。故事以一位从事妇产科工作五十多年的乡村女医生（姑姑）的人生经历为线索，展示了新中国六十年波澜起伏的生育史，同时也剖析了当代知识分子卑微懦弱、矛盾纠葛的心灵世界。相对于莫言其他作品狂欢喧哗、辛辣刺激的"重口味"风格，《蛙》的叙事风格更显内敛平淡，易于被初次接触莫言作品的同学接受。同时，这本书的内容理解可深可浅，适合不同层次的同学阅读与感受。学生可以通过分析"姑姑"这一人物形象来体会文学作品中人物的变化和矛盾，也可以借故事来反思历史与现实，探究人性的本质。另外，莫言并不甘于传统的小说叙事模式，而是在不断探索新颖的讲述方式，正如《蛙》的茅盾文学奖颁奖词所言，莫言用"书信、叙述和戏剧多文本的结构方式建构了宽阔的对话空间"，这本书"体现了作者强大的叙事能力和执着的创新精神"，我想这一点也会给喜欢文学创作的同学带来启发。

二、作家与作品

1. 故事梗概

小说由剧作家蝌蚪写给日本作家杉谷义人的五封书信、四段长篇叙事和一部话剧组成，主要讲述了蝌蚪的姑姑万心的一生。

万心是新中国成立后的一位乡村妇产科医生，在二十世纪五十年代，姑姑为高密东北乡的孕妇接生婴儿，因为医术精湛，成为远近闻名的妇婴名医。1965 年，因为人口的急剧增长，国家开始实行第一个计划生育政策。作为公社卫生院妇产科主任，姑姑响应党中央号召，在全公社开展轰轰烈烈的"男扎"运动。但这一政策并没有得到群众的理解，在"文化大革命"期间，姑姑也因此受到了批斗。二十世纪七十年代末，国家迎来了计划生育的第二个高潮，姑姑为那些不符合计划生育政策而怀孕的女性做人工流产，这一过程并不顺利，姑姑和助手小狮子要乘船追踪这些偷偷怀孕的女性，并且强制她们堕胎，在这个过程中就发生了几起孕妇死亡事件，姑姑由从前的"送子观音"变成了人们口中的"妖魔"，但她执行计划生育政策的决心丝毫没有动摇。蝌蚪的妻子王仁美怀了二胎，最后在姑姑的劝说下做了人工流产，但不幸死在了手术台上。蝌蚪的小学同学陈鼻也是因为偷生二胎而家破人亡，他的妻子王胆在姑姑的追逐下虽然生下了孩子陈眉，但自己却因失血过多而丧生。

二十年后，高密东北乡发生了翻天覆地的变化，蝌蚪和他的第二任妻子小狮子回到了故乡。晚年的姑姑生命观发生了变化，她嫁给了泥塑艺人郝大手，并且通过她的描述和丈夫的手，来创造泥娃娃，以此来弥补她对那些没能来到人世的婴儿的歉疚。

蝌蚪的同学袁腮创办了一家牛蛙养殖公司，但其实做的是非法代孕的生意。没有生育能力的小狮子求子心切，在这家公司用"代孕"的方式使蝌蚪再次成为父亲。而这个"代孕女"就是陈鼻和王胆的女儿——在一场大火中烧毁面容的陈眉。蝌蚪陷入了前所未有的矛盾与纠结，他创作了一部话剧，讲述的是陈眉索要自己孩子的故事。

2. 关于作者

莫言，山东高密人，1955 年生，中国先锋派小说代表作家，2012 年诺贝尔文学奖获得者。著有《红高粱家族》《酒国》《丰乳肥臀》《檀香刑》《生死疲劳》《蛙》等长篇小说十一部，《透明的红萝卜》《司令的女人》等中短篇小说一百余部，并著有剧作、散文多部；其中许多作品已被翻译成英、法、德、意、日等多种语言，在国内外文坛上具有广泛影响。

3. 版本推荐

这本书最初由上海文艺出版社于 2009 年出版。2012 年莫言获得了诺贝尔文学奖后，有多个出版社发行此书。我们推荐的是浙江文艺出版社 2017 年 1 月发行的版本，这是莫言亲认的最终定稿版。

三、任务与策略

1. 整体思路

这本书的阅读学习分为三个阶段：学生通读、读书分享和写作活动。学生通读是学生按照教师所规定的阅读进度进行自主阅读，在学生通读前，教师会提供关于小说这一类作品的阅读建议，引导学生进行更深层次的阅读。读书分享是学生以小组的形式对文本进行分享与讨论，鼓励学生发表自己的看法，并且让学生学会倾听和吸纳他人的观点。写作活动是由教师创设情境，学生参与活动，尝试文学创作。这三个阶段依次进行，引导学生完成由"读"到"写"的学习与训练。

2. 通读指导——阅读进程表

时间	阅读范围	问题 / 任务	重点能力指向
第一周	第一部	（1）在阅读过程中，梳理人物关系，请在一张纸上绘制人物关系表。 提示：小说核心人物是万心（姑姑），线索人物是万跑（"我"），故事在万跑的同学们及他们的父辈中展开 （2）王脚的骡子咬过两个儿童：咬袁腮的时候，王脚用鞭子抽打骡子；而咬王胆的时候，王脚却没打骡子，而是抽了老婆一鞭，踢了王肝一脚。为什么会有这样的不同 （3）姑姑在侄孙象群庆贺"招飞"的晚宴上说，王小倜毁了她，也救了她。请联系前后章节理解这句话	（1）梳理人物关系 （2）理解语句含义
第二周	第二部和第三部	（1）张泉的妻子耿秀莲的死亡是谁之过 （2）为了逼迫王仁美和王胆打掉孩子，姑姑分别用了什么办法 （3）"我"在为王仁美上坟时遇到王肝，王肝告诉我，王胆已经跑到哈尔滨了，并且说"这是我拯救自己的一种方式"，这种方式是什么？如何理解 （4）"我"的母亲说："女人归根结底是为了生孩子而来，女人的地位是生孩子生出来的，女人的尊严是生孩子生出来的，女人的幸福和荣耀也都是生孩子生出来的。一个女人不生孩子是最大的痛苦，一个女人不生孩子算不上一个完整的女人。"你认同这个观点吗？如何评价这句话	（1）梳理情节，提取概括信息 （2）理解语句含义 （3）评价作品表现出的价值判断
第三周	第四部	（1）当"我"和小狮子得知姑姑在晚年时嫁给了郝大手，我们的反应"起初是感到吃惊，然后感到荒唐，最终是感到凄凉"。你如何理解这一系列心理变化 （2）小狮子到底有没有怀孕？作者为何这样写 （3）概括分析姑姑的人物性格特征	（1）理解语句含义 （2）分析艺术手法 （3）鉴赏作品的文学形象
第四周	第五部	（1）有人主张删掉第五部话剧，因为小说的前四部已经把这个故事讲完了，加上话剧是多余之举，你怎么看 （2）这部小说为什么叫"蛙" （3）作者对于我国生育史的态度是怎样的	（1）分析作品结构 （2）概括作品主题 （3）探讨作者的创作背景和创作意图

3 策略指导

阅读策略	主要内容	实施方式	设计目的
阅读策略一	小说阅读方法指导（问题探索法和角色代入法）	教师导读	引导学生掌握小说这一类作品的阅读策略
阅读策略二	读书分享讨论会的设计与指导	小组研讨交流，教师参与指导	引导学生学习读书分享与倾听，有效地进行讨论与交流
阅读策略三	创意写作与表达	情境创设和文学创作相结合	培养学生的写作兴趣以及创新能力

阅读策略一　小说阅读方法指导

教学目标

教会学生用问题探索法和角色代入法来阅读小说。

教学过程

阅读小说的方法有很多，这里主要介绍两种方法来供学生尝试，以帮助学生获得更好的阅读体验，达到更好的阅读效果。

1. 问题探索法

问题探索法，即带着问题去阅读，在阅读中寻找问题的答案。问题可以由教师在阅读之初布置给学生，也可以是学生自己的疑问。学生在阅读时可以通过便签批注法来寻找并整理答案。

对于《蛙》而言，可以让同学们带着这样的问题去阅读：

（1）为什么这本小说的书名是"蛙"？蛙的含义是什么？

（2）概括分析小说中姑姑的性格特征以及心态变化。

值得注意的一点是：问题探索法虽然可以训练学生搜集整理信息的能力，但问题不宜过多，否则会影响学生的阅读注意力。

2. 角色代入法

角色代入法，即想象自己是小说中的某个角色，让故事在我们的身上展开，尤其是角色面对抉择的时候，想象我们如果是他，会做出什么决定，我们的决定是否和角色的选择一致。如果不一致，我们可以进一步去分析，书中的人物为何会做出那样的决定，这样可以更深入地走进人物的心灵世界。

同学们可以把自己代入为"姑姑"，也可以代入小说的叙述者"蝌蚪"。例如，在故事的第二部第六节中，"蝌蚪"得知自己的妻子王仁美怀了二胎，他回到家中让妻子打掉孩子，设想自己是"蝌蚪"，你会做出和"蝌蚪"一样的决定吗？为什么"蝌蚪"会做出这样的决定？在这期间他经历了怎样的心理煎熬和犹豫不决，这和后期他的忏悔赎罪有没有一定的关系？同学们可以在分享会上一起探讨这些问题。

阅读策略二　读书分享讨论会的设计与指导

教学目标

教会学生如何开展读书分享与讨论，学会倾听、吸纳他人观点，在讨论与交流中获得丰富的信息、多样的观点和多元的感悟。

教学过程

1. 读书会前的准备

首先，建议读书会以小组的形式单独进行，每组 5～7 人，这样能够增加每一个学生参与的机会。其次，每个小组要选出一位组长做主持人，由他来组织以及把控分享会的进程。最后，一定要让学生在读书会之前写好发言稿或者读书心得，读书心得不需要面面俱到，学生可以针对小说中的某一点发表自己的看法。

2. 读书会的过程

《蛙》的读书会可以分两节课来进行，第一节为读书感悟分享，第二节为主题讨论。

在第一节读书感悟分享中，小组内每个人依次发言，如果对某人的话题有兴趣，组内可以就该话题展开讨论。教师在此过程中，可以观察各小组的活动，提醒学生学会倾听，随手记录他人的观点，并积极参与到讨论之中。同时，每个小组要搜集和整理同学们在阅读中的疑问，一些有价值的问题可以作为第二节主题讨论的内容。

在第二节主题讨论中，可以采用小组讨论的方式，也可以全班共同讨论。对于《蛙》这本书，可以讨论以下问题：

（1）小狮子到底有没有怀孕？作者为何这样写？

（2）作者对于我国生育史的态度是怎样的？

（3）第五部话剧是否画蛇添足？可否删掉？

3. 读书会的总结

教师引导学生总结读书分享讨论会的收获。

阅读策略三　创意写作与表达

教学目标

通过设置具有情境性的学习活动，鼓励同学们表达观点，并且尝试进行情境写作，以培养他们的写作兴趣，提高写作能力。

教学过程

教师可以在以下活动中选择 1～2 个进行教学活动，学生可以以小组为单位完成，也可独立完成。

（1）假设你是一位出版社编辑，要为《蛙》选定一个封面，在这五个版本中，你认为哪个更合适？理由是什么？如果都不满意，你也可以自己设计一款，并说明你的设计理由。

（2）为姑姑写一篇 1 000 字左右的人物小传。

（3）蝌蚪在给杉谷先生的第四封信中提到，姑姑知道关于杉谷先生父亲的一个重大秘密，但这个秘密并没有在书中说明。你可以续写第六封信或者创作一部话剧，来弥补莫言先生创作中的"疏忽"。

（4）针对感兴趣的情节，用文学方式完善这本书，例如对某一情节进行扩写或者进行整本书的续写。

（5）这本书中只有蝌蚪给杉谷先生写的五封信，没有杉谷的回信。请同学们以"杉谷义人"的名义给"蝌蚪"写一封回信。

四、延伸与拓展

《红高粱家族》 作者：莫言

出版社：浙江文艺出版社

出版年：2017

定价：37.00 元

ISBN： 9787533946722

　　《红高粱家族》是莫言于 1986 年创作的长篇小说，是莫言向汉语文学，乃至世界文学奉献的一部影响巨大的著作。小说通过"我"的叙述，描写了抗日战争时期，"我"的先辈们在高密东北乡上演的一个个轰轰烈烈、英勇悲壮的故事，同时也展现了人类在情感受到世俗规则压迫时陷入的冲突。据此改编的电影《红高粱》获得第 38 届柏林国际电影节金熊奖。

《丰乳肥臀》 作者：莫言

出版社：浙江文艺出版社

出版年：2017

定价：49.00 元

ISBN： 9787533946630

　　《丰乳肥臀》出版于 1995 年，是莫言创作的一部波澜壮阔的民间"史诗性"大作，也是作者最为著名的作品。它记录了一位饱经苦难的母亲和她的八个女儿构成的庞大家族，母亲用奶水喂养女儿和女儿们的子女，在战乱中保护孩子们避难、逃荒，女儿们跟着她们爱上的男人加入不同的政治势力，作品展现了这个庞大家族内部投射出的角逐与厮杀、亲情与背叛、牺牲与冷漠、荣耀与耻辱。大起大落之下，母亲始终如坚硬的河床承受着一切，保护着一切，见证了战争与饥饿，也见证了荒唐与挥霍。

《百年孤独》 作者：[哥伦比亚]加西亚·马尔克斯

出版社：南海出版公司

译者：范晔

出版年：2011

定价：39.50 元

丛书名：新经典文库：加西亚·马尔克斯作品

ISBN：9787544253994

　　《百年孤独》是魔幻现实主义文学的代表作，描写了布恩迪亚家族七代人的传奇故事，以及加勒比海沿岸小镇马孔多的百年兴衰，反映了拉丁美洲一个世纪以来风云变幻的历史。作品融入神话传说、民间故事、宗教典故等神秘元素，巧妙地糅合了现实与虚幻，展现出一个瑰丽的想象世界，成为二十世纪重要的经典文学巨著之一。我们可以在莫言的作品中看到《百年孤独》的影子，可以说马尔克斯的魔幻现实主义深刻地影响了莫言的创作。同学们可以把这部书与莫言的作品做比较阅读，以更好地体会莫言的叙事风格以及创作理念。

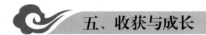
五、收获与成长

学生习作展示

给蝌蚪的两封回信

深圳中学 2019 届　王　晨　严俊达　崇玉宁

引言

　　《蛙》是一个生命被政治统治的故事，是一个人被负罪感扭曲的故事，是一个充斥着虚假救赎的故事……《蛙》的世界，充满血红的灰暗，细若游丝的光明恍若不曾存在。在阅读了《蛙》一书之后，我们选择以创意写作的形式呈现阅读成果，站在衫谷义人的立场上，给蝌蚪写两封回信。我们将对人物情感的解读和对故事的理解结合，或许认识不够深刻，或许文笔不够成熟，但我们会尽己所能完成这次创作。

回第一封信

蝌蚪君：

拜啓，夏季已至，日本有几分炎灼之气，中国可好？今日身体康健否？托你的福，敝人近来康健，还望勿再劳神牵挂。

收到你的来信未及时回复，万分抱歉，只因阅读蝌蚪君你所写的关于你姑姑的事迹让在下感触颇多，每每提笔，千思万绪涌入笔尖却难以着墨道明。斟酌数日之下，敝人这才提笔，不仅是为了避免回信太迟有失礼节，更是为了向蝌蚪君表明在下的想法。

写信也就是如此吧，提笔后，写着写着也就摸索到了思绪的头。那日我请蝌蚪君将姑姑的故事写下来，不曾想姑姑的故事竟如此精彩，想来蝌蚪君也辛苦耗神，为在下的请求写了如此长信。蝌蚪君所谓的"信笔涂鸦"，在在下看来颇具文学价值，已经有了一部宏伟著作的雏形了，还希望你能继续写下去。敝人着实希望自己能有这个荣幸，目睹你塑造姑姑这一极富文学价值的形象，本已预感蝌蚪君才华横溢、姑姑经历不凡，但看到真实的文字还是惊叹不已。请求蝌蚪君务必将这无价的故事写下来。

接下来，便是在下这封信写得百般踌躇的原因。蝌蚪君笔下提及的日军司令衫谷，正是在下的父亲。在下的犹豫不是因为不敢承担父辈的罪过，而是不知如何让蝌蚪君接受在下代父辈的忏悔，深谙罪过之大难以弥补，但愿坦坦荡荡承担、竭尽全力赎罪。历史血淋淋的记录，是镌刻在我大和民族人民脊骨上的罪，是亿万中国人民心头抹不去的伤，不可否认，父辈的罪过已然铸成，这一代的我们应当肩负起赎罪的责任。蝌蚪君，我为我的父亲，向你、你的家人以及你故乡的父老乡亲道歉。

蝌蚪君，我时常在想，若是没有战争，那时四五岁的我与我的母亲也不必与父亲分别，随后生活担惊受怕、颠沛流离。不是为我的父亲辩解什么，但是，若是没有战争，我的父亲继续学业，或许能成为一位不错的外科医生。拿手术刀的手变成了拿军刀的手，救人的手变成了杀人的手，战争啊战争，颠倒了多少人的命运啊！蝌蚪君，我只能庆幸父亲没苛待你的家人，若是他做了什么，我真不知道该如何面对你和你的家人，你们都是那么友善亲切，在我上次拜访时，那么真诚而又热情地招待我。蝌蚪君，我不畏惧承担罪过，只希望你们能给我个赎罪的机会。

劳烦蝌蚪君，将我的歉意传达给你的家人，如若有什么我能为你的家人做的事，还望你告知我，我愿竭尽所能弥补些什么，虽说我绵薄之力不能安抚过去的伤痛，但还是请你给我一个机会。

最后，希望蝌蚪君能继续写下姑姑的故事，我也希望能在故事中多看到蝌蚪君你的身影。上次信中，问及可否将我的报告发表，若能发表，这是敝人的荣幸。转告令尊，愿下次有幸能欣赏到红梅，祝他老人家贵体安康。

谨祝你与你的家人身体康健。

敬具

平成 14 年 7 月 15 日

衫谷义人

回第五封信

万足先生：

我本来也只是个普通文人，充其量也就是年龄比阁下略大一些，能受到如此信赖，真是出乎我意料。阁下对我的真诚，对往事的毫不避讳，对分享剧本的迫切，实在令我深受感动。我自然是没有理由不竭尽所能，为阁下排忧解难的。

阁下创作剧本时必定怀着某种特殊的情感，这才能将现实中身边人物的性格形象完美地剥离、二次打造，使其性情表现得淋漓尽致。读过阁下那么多的往事，又看完了剧本，我反而分不清何为现实、何为虚幻了。或者说，阁下的剧本与现实完美合一，还为现实中的人物点上了瞳仁。

我很高兴能看到中国几十年来的变化，尤其是对世界人口控制方面做出的贡献。阁下让我看到了计划生育鲜为人知的一面，让我得知了光荣历史下的苦痛。正是无数人的无私奉献、自我牺牲，才换来了今天中国的美好社会。

读完你的剧本后，我的思想观念不知不觉地也发生了改变。唯心主义，究竟是否是正道呢？如果一切鬼神都是子虚乌有，那人们的苦痛与寄托，是否也空无一物呢？摒弃了唯心主义后，我才发现空虚的祈祷，换来的也是空虚的救赎。生命是那样脆弱，无可挽回，流水逝沙终不是真正的消失，而生命的逝去留下的却只有生者心中无尽的恐惧。我们都套在罪感的枷锁中，挣扎带不来救赎，改不了伤痛，只能游走在人世间，品着这苦涩。

阁下，我也是背负着罪孽的。无论如何为自己开脱，我都无法摆脱平度城里的血迹。但沉浸在悲痛里，终究于事无补。历史已经发生过一次，不可能抹去上面的烙印。但心中的重负总还是有办法放下的，不是吗？

我在上文中肯定了你们做出的贡献，这不是为宽慰心灵而做出的恭维。正因贡献同样无法磨灭，阁下内心的苦痛才不应这般强烈。亡者已逝，生者犹在。活在世上，对生者做出更大的贡献，以此告慰死者之灵，才是得到救赎的道路。

沾到手上的血虽无法洗净，但被负罪感纠缠的灵魂终有解脱之日。微霞尚满天，愿阁下早日从阴影中走出。

衫谷义人

2009 年 7 月 15 日

结语

两封回信选择了不同的侧重点，分别是解读小说含义和揣摩人物情感。第一封阐述了衫谷先生同样背负着罪孽。我想，正是因为两人心中终究都有一份负罪感，才能敞开心扉交流，吐露心事。第二封信则指明了得到救赎的方向。转生之说，终究是子虚乌有。期待通过迷信来摆脱心中重负，得到的救赎也同迷信学说一样空虚。只有脚踏实地，内心才会得到些许宽慰。

陈鼻人物扩写

深圳中学 2022 届　樊祉奕　叶嘉诚

陈鼻想着自己一天一天乞讨面包的生活，自己那虚伪而又可笑的面容，痴痴地盯着别人的残羹剩饭，溢出渴望的目光。每一次乞讨都是那么的不堪，自己唯一的乐趣也是整天拿着一个空虚却装满酒精的瓶子，一口一口地喝，喝完又能怎样呢？那一滴滴酒精只不过是重复的自我麻醉罢了。一阵风吹过，能带来灰尘，能带来落叶，可是无法带走陈鼻忧愁的心情。

社会上的落魄者，总是有意或无意聚集在一起，那只小黑狗，仿佛他的追随者，抑或朋友，可是都不是的，它只是失败者中更为不堪的落魄者，它只会掠夺失败者的食物，吃饱了就会一脸忠诚地追随主人，陈鼻也并非不知道，但是他能怎么样呢？难道他去与一条狗搏斗？他曾记得，一天有个小孩大口大口地吞着面包，突然一条黑狗蹿了出来，将小孩吓了一跳，陈鼻就立刻贪婪地朝面包扑去，一把抢走了小孩的面包，不顾小孩的哭、小孩的闹，狼狈地夹着面包而逃，他已经做过如此邪恶的行为了，他是无论如何都不能原谅自己的。

想起自己的邪恶，嘴角上早已是许久未剃的胡须，浓密得同头发一般，两只眼睛仿佛已经深陷了进去，周围是乌黑的印记。自己只是一个颓废的人，被社会抛弃，他从来不奢望有人给予他关怀，他已是生活的奴隶，只是单单为了吃饱而活下来，他自己是可耻的，他会明目张胆地抢小孩子的食物，对孕妇吐口水，欺负残疾人，想到这儿他忍不住浑身打了一个寒战，对着一条污水河照了照自己，自己的心，岂不如同这浑浊肮脏到极致的水，但至少这水中还有绿草顽强生长，愿意用自己的根净化这黑水，也许再罪大恶极的罪人也有人愿意去劝导他，再顽皮的小孩也有人愿意教育他，再不羁的风也有树木愿意帮助它慢下来、静下来、缓下来。可是他呢？他什么都不是，只是一条肮脏的虫子。

在他的眼前，仿佛一直都有一条若隐若现的线，他的内心仅有的一丝良知不断拉扯着。终于，那宁静、皎洁的月光，将这条细线冷漠地扯断了。他的眼神突然变得无助、绝望，他双手抱头，仿佛负了莫大的罪，朝着一辆警车奔去，最终他被撞伤了，那条黑狗也随他同去，但他仿佛还在说着一些话：生而为人，我很抱歉。

杉谷先生的秘密（话剧）

深圳中学 2022 届　黄子宁　钟山　肖凯峰

第一幕

（2020 年，一个月黑风高的夜晚，蝌蚪和姑姑在家里休息。姑姑正靠在沙发上浏览网页，突然猛地直起身子。）

蝌蚪　（被姑姑的一反常态吓到）怎么了，姑姑？您悠着点呀。

姑姑　（又缓缓靠在沙发上）没事，只是看到了旧人的名字，想起了一些往事罢了。

（蝌蚪把身子凑近姑姑，低头看了看手机屏幕："2020 年诺贝尔文学奖获得者：日本作家杉谷义人先生。"）

蝌蚪　（惊喜地）恭喜啊，姑姑……

姑姑　（斜眼瞪着蝌蚪，立马打断了蝌蚪的话）恭喜什么恭喜，瞎说什么！

蝌蚪　（一怔）杉谷先生不是……

姑姑　（起立，面对着蝌蚪，有些恼怒，用手指着蝌蚪）闭嘴！我跟你说过这件事不能再提了。

蝌蚪　（身子后靠）但是……

姑姑　好了，时间不早了，我去睡了。（姑姑起身离去）

（第二天午饭过后，蝌蚪扶着姑姑到屋外亭子小憩，姑姑嘴唇翕动却没说出话。）

蝌蚪　怎么了，姑姑？（蝌蚪看了看姑姑，一夜不见，姑姑眼睛周围竟多了一圈淡淡的黑眼圈）

姑姑　小跑啊，我想，把杉谷先生请来，有些事，还是说开了好。

蝌蚪　姑姑，您真的想好了吗？

姑姑　不要说了，咳咳（皱着眉头，表情微微扭曲，左手轻轻贴着喉咙），你赶紧联系杉谷先生，请他过来吧。

（蝌蚪和姑姑离场。）

第二幕

（姑姑准备在胜利大酒店招待杉谷义人先生。）

蝌蚪 （满怀期待和仰慕）杉谷先生明晚要来了，我们得好好招待他。

姑姑 （强硬地）小跑，我不打算让你去。

（蝌蚪像突然想到了什么，缓缓点了点头。姑姑站在窗前，发胖的身躯占了很大地方，她默默地望着深邃的夜空，点着了一根烟。）

（第二天。）

姑姑 （满脸焦急）我得走了。

蝌蚪 （疑惑）还有两个小时呢。

（砰的一声，门重重地关上了。）

蝌蚪 （摇摇头，自言自语）以前的宴会总迟到，看来这次她真的上心了。

（酒店内，姑姑不停地在包间里踱着步，神情十分紧张，额头上渗出细小的汗珠。她缓缓从自己包里掏出一本残破的日记，两手颤抖地摩挲着。三声轻柔的敲门声响起，姑姑一惊，连忙将日记塞进包里，整理好自己的衣领。随后，杉谷先生走了进来。）

杉谷 （看到屋里只有姑姑，很诧异）您是蝌蚪先生的姑姑万心吧。

（姑姑没有回答，双眼一直紧盯着杉谷的脸庞，身子微微地，在颤抖。）

杉谷 （有些崇拜）在蝌蚪先生的信中，我知道了您是一位伟大的女医生，为计划生育做出了很大贡献，今日一见，果然双目如炬，精神抖擞（左手比画出大拇指）。

姑姑 （欲言又止，随后双目涣散，一阵沉默。俄顷，才猛地惊醒）久仰久仰，听闻杉谷先生近来得了诺贝尔文学奖，真是恭喜你啊。这是全市最好的酒店，你快尝尝这饭菜，当我请你的，给你接风洗尘。

杉谷 （礼貌地微笑）好，那我就不客气了。（开始就餐）

（姑姑双手托着腮，痴迷、目不转睛地盯着杉谷，眼睛里闪着诡异的光。杉谷放下筷子，放下碗，抽一张餐巾，突然看到姑姑如此奇怪的姿势。）

杉谷 （疑惑地）姑姑，您怎么了？快吃东西啊！

姑姑 （一愣）那个，没……没什么。

杉谷 （察觉到一丝不对劲，眼神逐渐凌厉）姑姑！您到底怎么了？

（姑姑束手无策，搓着手，哈着气，神情像凝滞了一般。空气突然安静，桌上绝世珍肴的香味凝固了，像结成了霜。许久，姑姑打破了沉默。）

姑姑 （搓手）这……这个，其实，今天邀请您来，主要是为了告诉您一个关于您父亲的秘密，就是小跑之前和您提过的，一直没机会和您说。

杉谷 （眼神逐渐柔和）是这样啊。那您有什么可紧张的呢？我一直以来都很好奇这个。您请说。

姑姑 （闪避杉谷的目光）你叫杉谷义人，义人其实就是义子的意思。当年我大奶奶被囚禁在平度城中三个月，那时她已怀孕数月，回来后这孩子却杳无音讯。所以大奶奶肯定在平度城生下了一个孩子，但因为某种原因，可能，被杉谷司令官收养了。

杉谷 （起立，双目圆睁，嘴巴张成O形）您，您……您的意思是……是……您是我的，亲……亲姐姐！

姑姑 （小声）应该是这样的。

杉谷 （右手贴额，身子向后仰去，瘫软地靠着墙，一阵头晕目眩）这，这……这您让我如何相信？

姑姑 （小心谨慎地）您父亲生前是否有给您留下日记？

杉谷 （无力）有倒是有，可这能说明什么吗？它可是残缺了一半。（猛抬头）莫非……

姑姑 小时候，在家里的炕上放着一本泛黄的本子，上面隐隐约约地写着"杉谷"两个字，或许就是您父亲留下的。（从包里缓缓掏出日记）你我手中应该都是半本，今天，我也把这半本日记带来了，结果可能就在上面。

（杉谷和姑姑各拿出自己的部分日记，将残缺页拼在一起，一幅魔幻的画卷，铺展在两人眼前。杉谷没有抬头，一个字一个字地读着这本日记，也不知他读了多少遍，气氛沉寂了很久……姑姑就在他身旁，看着，看着杉谷。）

金娃习作二则

深圳中学 2022 届　梁欣桐

习作二则，金娃作于 2019 年春

其一：

我的姐姐（大作文）

我的姐姐比我大很多，她 1982 年出生。我的姐姐和我不是一个妈妈生的，爸爸说姐姐的妈妈出了意外，后来他就和我的妈妈在一起了。

姐姐长得很平庸。她的脸不圆不方，她的眉毛不短不长，她的眼睛不大不小。姐姐短头发，戴眼镜。

姐姐以前住在西班牙。她和姐夫读书都很厉害，都是博士。姐姐以前在西班牙当大学教授。后来有了我，姐姐就回国了。姐姐和姐夫回到中国之后，姐夫继续当大学教授，姐姐创立了一个猎头公司。姐姐说她的工作是帮老板找厉害的人，但是我并不清楚她是做什么的。

姐姐说她以前不喜欢小孩子，因为养小孩子很费心思，她不能好好工作。我不能理解，因为我爸爸是剧作家，他养我不费心思，我认为姐姐的孩子应该和我一样好养。但是我出生之后，姐姐就喜欢小孩子了。我觉得我很棒，因为有我，改变了一个人的想法。

姐姐喜欢上小孩子之后，她就想要生孩子。她一开始给我生了一个侄子，他比我小三岁。侄子脸不圆不方，眉毛不短不长，眼睛不大不小，和我姐姐很像，但是他是个男的，姐姐是女的。姐姐生侄子是做手术生的。后来姐姐有一次意外怀孕，但是因为计划生育，她不得不去做流产。有了侄子之后，姐姐非常喜欢小孩子了。如果不是因为独生子女政策，她一定会生一堆娃娃。

2016年国家开放了全面二孩政策，姐姐终于可以生第二个孩子了。姐姐怀孕了，但是姐姐是宫外孕，她不得不又去医院做手术。姐姐仍然想给我生个小侄子或者小侄女，可是医生说她做过两次手术身体也不是很好，因此让她不要生。但姐姐仍然生了，侄女现在已经一岁半了。

姐姐还在努力工作，我不知道姐姐怎么那么厉害，她还花很多时间陪侄子、侄女。

其二：

我的姑奶奶（小作文）

虽然我的姑奶奶很老了，但是她仍然精神矍铄。

姑奶奶年轻的时候是妇产科医生，听说就是她接生了我爸爸、我姐姐和我。妈妈年轻的时候也是姑奶奶的助手。

姑奶奶性格风趣幽默，她平易近人，做事情干脆利落，我们都很喜欢她。

姑爷爷是捏泥人的，姑奶奶经常陪他一起捏泥娃娃。泥娃娃栩栩如生。

我很喜欢姑奶奶，姑奶奶也很喜欢我。

话剧续写

深圳中学 2022 届　梁欣桐

（深夜，高档住宅小区，主卧。）

小狮子　听老师说金娃在学校过得挺好的，他应该可以适应初中生活。

姑姑　他本来就没问题。姑奶奶的亲孙子，基因一定很优秀。

小狮子　但是金娃比别的孩子小一岁呀。

蝌蚪　不过这孩子从小比较懂事。

姑姑　那可不，比你当年听话多了。

小狮子　说起金娃，他的身世将来怎么告诉他？

蝌蚪　告诉？为什么要告诉？

小狮子　他会长大，他会怀疑，他会发现他越来越不像我。

蝌蚪　直接跟他说他是捡来的不就可以了？

小狮子　这……

姑姑　不行。

蝌蚪　为什么？

姑姑　这孩子像他旧妈妈，像他生母，像他新妈妈……固执。

蝌蚪　这有什么关系？

姑姑　他要是想不开去查 DNA，就会发现他是爸爸生的，却不是妈妈生的。

蝌蚪　那怎么办？

小狮子　他怎么接受？

蝌蚪　事情是你干的，你自己解决。

小狮子　我选择不解决。他就是我们的孩子。

姑姑　金娃将来要是出了什么事，需要输血或者移植骨髓的时候，他可能必须得知道。

蝌蚪　那怎么和他解释？

小狮子　我们都把他带到世界上了，他也顺理成章有了户口，将来想来也是顺理成章吧。

姑姑　我是说要是……从医学上看这不是小概率事件。

蝌蚪　呃……

小狮子　这或许有点麻烦。不过我还是相信金娃吉人自有天相，不会有这一天。

蝌蚪　我们就这么瞒他下去？

（良久。）

小狮子　想那么多也没用，我们早点睡觉吧。明天是祖国七十大寿呢，还要带金娃看阅兵呢！

姑姑　对，说得对。这是金娃第一次看国庆大阅兵呢！上次他还小哪……一定要让他知道，时代在进步。

（众人散去。透过房间窗户可以看到街上的灯长明，照亮了每一盏灯下面飘扬的红旗。小狮子心中五味杂陈。这一切并不耻辱，但着实荒唐。）

跨越时空的回响

——《杀死一只知更鸟》整本书阅读指导

杨洛

阅读指导视频

朗读音频

《杀死一只知更鸟》 作者：[美] 哈珀·李 (Harper Lee)

书名原文：To Kill A Mockingbird

译者：李育超

出版社：译林出版社

出版年：2017

定价：48.00 元

ISBN：9787544766500

一、意蕴与价值

《杀死一只知更鸟》曾获得 1961 年普利策小说奖，是美国中学推荐课外读物，也是美国图书馆借阅率最高的书，入选美国国会图书馆评选的"88 部塑造了美国的图书"，被大英图书馆评为"有生必读书"。由该小说改编的同名电影获得第 25 届奥斯卡金像奖三项大奖。该书对促进美国民权运动的发展影响深远，同时也促使国际社会开始关注美国南方地区的种族歧视问题。

该书对应 2017 年版《普通高中语文课程标准》学习任务群"外国作家作品研习"。该任务群旨在引导学生研习外国文学名著名篇，了解不同国家和民族不同时期的社会文化面貌，感受人类精神世界的丰盈，培养阅读外国经典作品的兴趣和开放的文化心态。

阅读该作品，学生不仅能了解美国经济大萧条时代背景下南方小镇纷繁复杂的社会环境，也能深切体会到作者所倡导的公正、平等、善良、正义等价值观。同时，通过作品映射出的相对完整的文化场域，可以帮助学生体验文化差异，养成面对具体文化现象能借助自己的文化视野积极审慎思辨，清晰判断、合理建构的素养。

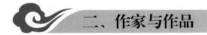

二、作家与作品

1. 故事梗概

《杀死一只知更鸟》的故事发生在二十世纪三十年代美国南部的一个小镇。该书以一个六岁小女孩斯库特的视角来展开情节。她和她的哥哥杰姆出生在一个中产家庭，他们的父亲阿迪克斯是一位具有正义感的优秀律师。小说以两条线索并行的方式展开故事情节。第一条线索是兄妹俩与"怪人"拉德利的故事。"怪人"拉德利被人们称为"恶毒的幽灵"，他十五年足不出户，坊间流传着他的诸多传闻，如他曾试图杀死自己的父母，他会在夜晚窥视别人。对于这样一个"怪人"，孩子们既恐惧又好奇。他们曾经用各种冒险行为，甚至恶作剧的方式去打探拉德利的生活，然而最终却发现拉德利一直在用他的方式悄悄地帮助着孩子们。第二条线索是父亲阿迪克斯为黑人汤姆辩护。黑人汤姆被指控强奸了一名白人女子。而真相是白人女子想要勾引汤姆，被其父撞见，白人女子谎称遭到黑人强奸，并将汤姆告上法庭。阿迪克斯毅然接受了法院的委派，替黑人汤姆做无罪辩护。在当时的社会环境下，白人为黑人辩护是"冒天下之大不韪"：阿迪克斯受到人们的非议指责，他的孩子们受到同学的羞辱，甚至族人也觉得他使家族蒙羞……即便如此，阿迪克斯依然坚定地帮助汤姆。虽然他竭尽全力去揭露事实，但诉讼仍以失败告终……

2. 作者简介

该书作者哈珀·李（Harper Lee，1926—2016）出生于美国南方阿拉巴马州的一个小镇。哈珀·李曾在阿拉巴马大学攻读法律，并在英国牛津大学学习过一年。当仅有六个月就要大学毕业时，她离开了学校，移居纽约去追求写作梦想。她一边做航空公司的订票员，一边坚持创作。1960 年，以她童年生活经历为故事原型的长篇小说《杀死一只知更鸟》在英国出版。该书甫一出版，立即成为畅销书，被翻译成四十多种语言，销售量超过四千万册。1961 年，哈珀·李凭借该书获得普利策小说奖；2007 年，时任美国总统为其颁发"自由勋章"，以表彰其文学成就。成名后的哈珀·李一直隐居在故乡门罗维尔市，从未接受过记者采访。她曾写道："在一个盛产手提电脑、iPod 和思想就像空荡荡的房子一样的繁华社会里，我依然与我的书本迈着缓慢的脚步前行。"

3. 版本推荐

自 1982 年起该书先后被翻译成 7 个中文版本：《梅冈城的故事》（黄木林译）；《百

舌鸟之死》(舒逊译);《枪打反舌鸟》(李占柱等译);《梅冈城故事》(商辛译);《杀死一只反舌鸟》(高红梅译);《杀死一只知更鸟》(高红梅译);《杀死一只知更鸟》(李育超译)。目前市场上销售的多为后两个版本。对比这两个版本,李育超的文笔更能体现译文的"达"与"雅";高红梅的译本则能直接体现文中主人公——一个六岁小女孩语言表达的直接和质朴。为感受文学作品的文字魅力并获得更佳的阅读体验,我们推荐李育超译本。对不同版本感兴趣的同学,不妨借助英文原著,通过对比阅读的方式,寻找你更喜欢的译本。

三、任务与策略

1. 阅读路径

本书阅读按照"个人通读—教师指导—小组研读—深度探究"的思路进行,旨在引导学生构建自己阅读一部外国长篇小说的经验与方法。学生在了解本书内容的前提下根据"通读指导"初读全文,对作品做初步理解,并结合"通读指导"中的"问题 / 任务"对所读内容进行深入思考。之后,再由教师对本书的重点突破内容进行指导,并按照任务安排分小组研究学习。最后,围绕小组讨论的内容进行深度探究,生成个性化的阅读成果,梳理总结外国小说的阅读经验。

2. 通读指导——阅读进程表

章节	标题自拟(此项由学生完成)	问题 / 任务
第 1～3 章	第 1 章: 初探"怪人"拉德利 第 2 章: 与卡罗琳小姐的"交锋" 第 3 章: 斯库特的厌学	(1)是什么事件导致了拉德利一家人的离群索居 (2)概括"我"和卡罗琳小姐的两次"交锋" (3)卡波妮在面对沃尔特和"我"的矛盾时是如何表现的?你如何评价卡波妮
第 4～6 章	第 4 章: _____ 第 5 章: _____ 第 6 章: _____	(1)迪尔第二次出场和第一次出现有什么不一样?你如何评价迪尔的言行 (2)三个孩子为什么会喜欢莫迪小姐 (3)孩子们试图通过松动的百叶窗偷窥拉德利,在这部分故事情节中,让你印象最深刻的描写是哪段?为什么
第 7～9 章	第 7 章: _____ 第 8 章: _____ 第 9 章: _____	(1)内森·拉德利先生为什么要填上那个树洞 (2)在下雪天堆雪人的故事里,你是如何看待阿迪克斯对孩子们的教育方式的 (3)阿迪克斯是如何向孩子们解释他为何要替汤姆辩护的?这番话对斯库特有何影响呢

续表

章节	标题自拟（此项由学生完成）	问题/任务
第 10~12 章	第 10 章：_____ 第 11 章：_____ 第 12 章：_____	（1）阿迪克斯成功射杀疯狗，让斯库特对父亲刮目相看，请在第 10 章中找出相关的精彩句子 （2）阿迪克斯为什么称杜博斯太太是"了不起的、尊贵的女士"？当你面对与你持完全不同观点的人时，你会如何称呼和评价他 （3）关于赞美诗吟唱的片段描写，你觉得有何作用
第 13~15 章	第 13 章：_____ 第 14 章：_____ 第 15 章：_____	（1）姑姑的到来是否改变了阿迪克斯对孩子们的教育方式？为什么 （2）迪尔离家出走的真实原因是什么 （3）斯库特是如何化解梅科姆监狱的危机的？你如何评价斯库特
第 16~18 章	第 16 章：_____ 第 17 章：_____ 第 18 章：_____	（1）有哪些人参与了汤姆案庭审？这些人对此案持何种态度 （2）在精彩的诉讼中，阿迪克斯是如何替汤姆辩护的？你觉得哪部分辩词最精彩
第 19~21 章	第 19 章：_____ 第 20 章：_____ 第 21 章：_____	（1）迪尔为什么会突然哭起来，这段描写的背后传递出什么信息 （2）阿迪克斯结束陈词前的那番话将庭审推向了高潮，你对那段话是如何理解的 （3）等待法庭宣布审判结果前的那段描写有何作用
第 22~24 章	第 22 章：_____ 第 23 章：_____ 第 24 章：_____	（1）莫迪小姐认为泰勒法官提名阿迪克斯替汤姆辩护并非偶然，你认同吗？为什么 （2）阿迪克斯为什么说如果杰姆是陪审团的一员，另外 11 位也是和他一样的男孩子，汤姆现在就自由了 （3）斯库特第一次参加传道会聚会，你认为她的一举一动是否得体？她为什么这么做？如果是你，你会如何应对
第 25~27 章	第 25 章：_____ 第 26 章：_____ 第 27 章：_____	（1）小说中为什么要用插叙的方式，以迪尔的视角讲述汤姆妻子海伦得知丈夫死讯的情节 （2）你是如何看待盖茨小姐的"双重标准的" （3）逐渐恢复平静的小镇上，发生了哪三件不同寻常的小事？这和后文有何关联

续表

章节	标题自拟（此项由学生完成）	问题 / 任务
第 28 ～ 31 章	第 28 章：_____ 第 29 章：_____ 第 30 章：_____ 第 31 章：_____	（1）斯库特第一次和拉德利正面接触，称"你好，怪人"，她是如何认出拉德利的呢 （2）你认为泰特先生对尤厄尔死因的判断正确吗？为什么 （3）小说末尾，阿迪克斯说"大多数人都是善良的，等你最终了解他们之后就会发现"，结合全书，你认同吗

3. 策略指导

阅读策略	主要内容	实施方式	设计目的
阅读策略一	阅读方法指导	教师导读	引导学生初步了解该作品以及这一类作品的有效阅读策略
阅读策略二	阅读鉴赏与表达交流	学生现场阅读、小组研讨交流、教师课堂指导	培养学生信息提取、理解阐释、赏析评价、思辨思维、表达交流的能力
阅读策略三	变式阅读与深度探究	资料整合、情境创设、对比阅读、跨媒介研究等方式	通过多种资源整合的方式来加深学生对读本的认知，提升学生积累整合、筛选提炼、解决问题、发现创新的能力

阅读策略一　阅读方法指导

教学目标

（1）介绍《杀死一只知更鸟》的相关知识，引发学生的阅读兴趣。

（2）以《杀死一只知更鸟》为例，让学生初步了解外国小说整本书阅读的方法。

（3）明确阅读进度，设定通读任务，指导学生安排个人阅读计划。

教学过程

内容一：《杀死一只知更鸟》导读

（1）作者简介。

（2）作品创作背景。

（3）作品内容介绍。

（4）作品的成就和影响。

内容二：外国小说阅读的基本方法

1. 关注译著版本

选择合适的译本是阅读外国文学作品的第一步。首先，看译者，一般倾向于选择名家作品。如托尔斯泰的作品，草婴的译本更佳；巴尔扎克的作品，通常都选择傅雷的译本。其次，看出版社。出版外国文学作品品质较高的出版社主要有人民文学出版社、译林出版社、上海译文出版社等。

2. 小说阅读的速度

初读时，建议采取快速阅读的方式。尤其是在阅读长篇小说时，要把阅读时间控制在合理范围内，否则容易忘记前面的故事情节。整本书阅读教学中，建议学生安排好阅读进度，完成"阅读进程表"第二栏"标题自拟"。

精读时，建议学生放慢阅读速度，以分析阅读和主题阅读的方式，结合"阅读进程表"第三栏"问题/任务"对文本进行咀嚼与消化、品味与思考。

3. 小说阅读的技巧

小说阅读关注的重点是人物形象、故事情节、环境描写三要素。以故事情节为例，《杀死一只知更鸟》的结尾：尤厄尔意图伤害斯库特和杰姆两个孩子，行凶的地点恰恰选在拉德利家门口的那棵大树下。幸亏拉德利及时出现并救了两个孩子的性命。这一情节巧妙地将小说两条主要线索交织起来，正如亚里士多德所言：情节是一个故事的灵魂。要把一本小说读好，就需要将手指放在作者的脉搏上，去感觉他每一次心跳。

提升阅读速度和阅读能力还需要学会做好读书笔记。读书笔记可采用以下两种方式。第一，书本记录。读者在阅读过程中，以画线的方式画出文中重要的句子，如观点句、优美句等。也可在空白处做笔记，如将原文中的复杂信息简化提炼，将自己的联想与思考记录在旁。还可以借助书签、便签条等帮助记录、查找重要的阅读信息。第二，摘抄评注。将书中引发读者思考的段落或句子摘录下来，并附上阅读感想和思考，力求言简意丰。

内容三：阅读计划安排

（1）规定阅读时限，根据时间安排个人每天的阅读进度，要求在阅读时限内完成对整本书的阅读。学生需制定自己的个人阅读进度表。

（2）将"通读指导"发放给学生，让他们根据"通读指导"粗读全文，对作品做初步理解，并结合"通读指导"中每一部分所留的"问题/任务"对所读内容进行深入思考。

（3）教师对本书的重点突破内容进行指导，并按照任务安排小组研究学习。

《杀死一只知更鸟》阅读进度表

阅读篇目		阅读日期		阅读时长		阅读页数	
阅读摘抄：							
阅读评注：							

阅读摘抄与评注示例

《杀死一只知更鸟》阅读笔记

深圳中学 2021 届　邓欣琦

摘抄一：

（1）没有什么比一条街上人踪全无、人们在紧张等待的情形更要命的了。树木静止不动，知更鸟沉默无声，莫迪小姐房里的建筑工们也消失了。

（2）蒂姆·约翰逊进入了视线，它晕晕地走在与拉德利家房子平行的弯道内侧。

（3）在一片朦胧中，我和杰姆望着我们的父亲走出去，来到街道中央。他走得很快，可是我感觉他像在水底游。时间慢得令人恶心，就像是在爬。

阿迪克斯把眼镜推到额头上，它又滑了下来，于是他干脆把它扔在地上。在一片静寂中，我听见了镜片的碎裂声。阿迪克斯揉了揉眼睛和下巴；我们看见他使劲眨眼。

评论：这几段选自书的 117 到 119 页，描写的是阿迪克斯开枪射击疯狗的场景，此处第二次提到了知更鸟。其实我个人认为这几页的描写非常不错，以上内容只是选择了一些有代表性的。我认为这里的疯狗可能是一种暗示或者指代，射击疯狗前的场景描写中夹杂了大量对于围观群众的人物描写，相当细致地刻画了他们对于还未曾伤人的疯狗的紧张与恐惧，也相当细致地用动作描写反映了阿迪克斯的心理。读这一段的时候，我思考了很久阿迪克斯为什么要犹豫。从被劝说去射击，到摔眼镜，再到干净利落的那一枪，无一不表明了阿迪克斯是一个优秀的枪手，但他为什么刚开始不肯去射杀疯狗呢？直到我看完了这本书，再返回来看这一段的时候，才意识到其实这里的疯狗可能是指代了某个人。我觉得可能是怪人拉德利。他和蒂姆·约翰逊（狗）有几个共同点：（1）拉德利以前是个好人，蒂姆·约翰逊以前是一条忠诚的狗；（2）拉德利疯了，狗也疯了；（3）拉德利最后死了，蒂姆·约翰逊最后也死了；（4）人们对待他们的态度都是一样的，都是带着怜悯和恐惧。于是我就在想，这里最终被枪杀的蒂姆·约翰逊是不是就暗示了拉德利最终的结局呢？然后我看到了这句话："蒂姆·约翰逊进入了视线，它晕晕地走在与拉德利家房子平行的弯道内侧。"我觉得我可能猜对了。而不管是拉德利，还是蒂姆·约翰逊，都可以和知更鸟联系在一起：知更鸟只唱歌给人们听，什么坏事都不做，只是衷心地为我们歌唱。也许，这就是阿迪克斯犹豫的原因：杀死一只知更鸟就是一桩罪恶。

摘抄二：

（1）"你敢反驳我！"杜博斯太太叫骂起来，"还有你……"她用一根因风湿而变形的手指指着我说："你穿背带裤干什么？小姐，你应该穿裙子和胸衣！要是再没人纠正你的举止打扮，你长大之后就只能当女招待端盘子了——芬奇家的人在 O.K. 咖啡店里端盘子。哈！"

（2）"没错，当一个芬奇家的人和自己人作对时，这个世界会变成什么样？我来告诉你们！"她用手按住了嘴巴，等她拿开时，拉出了一条长长的、白白的唾沫。"你们的父亲比他为之效力的那些黑鬼和无赖好不到哪去！"

（3）"小子，别跟我哼哼唧唧的！你抬起头来，说'是的，夫人'。我猜，你有那种父亲，也抬不起头来。"

杰姆便抬起下颌，面无怨恨地看着杜博斯太太。几个星期下来，他已经练就了一副礼貌而冷漠的神情，用来对付杜博斯太太捏造的那些最令人毛骨悚然的诬蔑。

（4）"她死得了无牵挂吗？"杰姆问。

"像山岚一样轻盈。"阿迪克斯说，"她几乎到最后都是清醒的。"他笑了一下。"清醒，而且脾气很坏。她依然坚决反对我做的事，并且说，我下半辈子可能都会花在为你保释上。她让杰茜给你准备了这只盒子……"

阿迪克斯伸手从地上捡起那只糖果盒，递给了杰姆。

杰姆打开了盒子。盒子里面，被一团团湿棉花环绕着的，是一朵洁白晶莹、完美无瑕的山茶花。那是一朵"银边翠"。

（5）"我想让你见识一下什么是真正的勇敢，而不要错误地认为一个人手握枪支就是勇敢。勇敢是：当你还未开始就已知道自己会输，可你依然要去做，而且无论如何都要把它坚持到底。你很少能赢，但有时也会。杜博斯太太赢了，用她那仅仅九十八磅重的身躯。按照她的观点，她死得无怨无悔，不欠任何人，也不依赖任何东西。她是我见过的最勇敢的人。"

杰姆捡起糖果盒，把它扔进炉火里。他又拾起那朵山茶花。我去睡觉时，看见他正用手指抚摸它宽大的花瓣。

评论：杜博斯太太是个非常复杂的人物。她是一个种族歧视分子，但是她本身是一位刀子嘴豆腐心的淑女，性格也十分的坚毅勇敢。她对于阿迪克斯为黑人辩护耿耿于怀，但是她又不会因为斯库特和杰姆破坏了她的山茶花而严厉地惩罚他们，只是让他们去为她读书。从某种程度上来说，她应该是一个比较善良的人。而真正感动我的则是在她去世之后阿迪克斯与杰姆的对话。这段对话让杜博斯太太从一个平面人物变成了一个立体人物。我了解了她的生平、她的不幸遭遇，以及她的勇敢。序号（5）这段关于勇敢的话是这本书中我最喜欢的片段之一。杜博斯太太，一个坚强、勇敢、敢于挑战命运、值得尊敬的女士，愿你在天国安息。

摘抄三：

"我想知道，你为什么带白人小孩来黑人教堂。"

"他们是我的客人。"卡波妮说。我又一次觉得她的声音很怪：她说话和这里的其他人一个腔调。

评论：从卡波妮将斯库特带到黑人区并到黑人教堂做礼拜这一段的情节来看，当时的种族歧视可能不仅仅是白人单方面的种族歧视，应该还有黑人对于白人的排斥。这一点从后面对汤姆的审判也能够看出来。这种排斥或许只有亲身体验过的白人才知道，所以哈珀的这一段描写对当时的大众来说比较新奇。从这一段能够更加细致地分析出卡波妮的人物形象。她应该是一名品格优秀、思想先进的黑人妇女，她和斯库特一家一样，都是致力于反对种族歧视的。由此看来，卡波妮也是一位值得尊敬的人。

摘抄四：

"没有必要把你懂的所有东西都说出来。那很不淑女——再说，人们不喜欢他们身边有人比他们懂的更多。那会让他们很恼火。你说得再正确，也改变不了这些人。除非他们自己想学，否则一点办法也没有。你要么闭上嘴巴，要么就使用他们的语言。"

评论：卡波妮语录。我最喜欢的话之一。

摘抄五：

（1）亚历山德拉姑姑从房间那头望着我笑了。她看着桌上装酥饼的托盘点了点头。我小心地端起托盘，走到梅里韦瑟太太身边，使出我最好的待客礼节，问她想不想来几块，不管怎样，如果姑姑能在这种时刻保持淑女的矜持，我也能。

（2）她没再问什么。她给我去拿了件衣服，让我穿上。如果我当时想得起来，一定让她永远记住这件事：她在神思恍惚中，给我拿了一条背带裤！"亲爱的，把这个穿上吧。"她说，递给我了一件她平时最鄙夷的服装。

评论：亚历山德拉姑姑的人设与杜博斯太太有些相似，都是尖酸刻薄但又善良的人。上面两段都发生在亚历山德拉姑姑的生活发生改变之际。第一段是汤姆越狱被枪杀，第二段是杰姆与尤厄尔打架手骨折。亚历山德拉姑姑对于小斯库特的影响应该是很大的。她聪明睿智，有淑女风范，又有很强的家族意识。她对于她的侄子侄女虽严厉有加，但本意和出发点都是好的。

阅读策略二　阅读鉴赏与表达交流

教学目标

（1）培养学生信息提取、理解阐释、赏析评价、思辨思维的能力。

（2）重点突破故事情节的梳理、人物形象的把握，以及小说主题的提炼概括。

（3）以小组讨论的方式深化学生对文本的认知，通过师生和生生互动，提升学生的表达交流的能力。

教学过程

内容一：全篇通读（对"通读指导"的梳理）

根据学生自拟的"阅读进度表"，对"通读指导"部分的"标题自拟"和"问题/任务"部分予以指导。"标题自拟"可帮助学生梳理故事情节，"问题/任务"部分的思考和探究有助于学生加深对小说人物形象、故事情节、环境描写等基本要素的理解。

内容二：文本细读（活动方式：小组讨论）

教师在关注学生与文本对话的丰富体验的同时，采用小组讨论的方式，共享思维的火花。提醒学生不仅要带着问题主动在文本中寻求答案，还要善于发现问题，并关注同伴提出的问题，以培养学生的思辨思维能力。

小组探究讨论

讨论章节	
探究问题/任务	
主要观点	
你的观点	

小组探究示例

讨论章节	全篇
探究问题/任务	小说中让你印象深刻的人物形象
主要观点	（1）父亲阿迪克斯是文中的一个关键人物。他是一位进步知识分子，因此在这个落后偏僻的乡村里显得格格不入。他开明、风趣、思想先进，是当时美国北方资本工业精神的象征。阿迪克斯深知歧视黑人的错误性，他被法官指派负责黑人汤姆的一桩案件。这意味着他将要打一场不可能胜利的战役：镇上的思想封闭落后，证据确凿，种族歧视，一切都在向着对辩方不利的方向发展。让我感到十分惊讶的是，他完全清楚地知道这一切。他知道自己不会赢。他在做不可能的尝试：用自己的力量改变对黑人的歧视。但是他却泰然自若，就连在自己和孩子的生命受到威胁的关头，他也坚持完成了对被告的辩护。他是一个追求正义和平等的人，对这样的人来说，仿佛并没有"为什么""有什么好处"等理由存在，他只是清晰地知道，应该这样做，这样做是对的。他无疑是一个不被当时的世俗观念所绑架的人。同时，在家庭教育方面，他也是一个成功的父亲。文中的一个细节是：阿迪克斯从不反对女儿穿男孩子气的背带裤，不在意亚历山德拉姑姑对斯库特的偏见，更从来没有希望过自己的女儿能成为一名文静漂亮的淑女。我欣赏这样的观念。"你是女孩所以该这样"在芬奇家中并不明显。性别并不能成为束缚一个人的枷锁，它只是一种生理上的与生俱来的特征，是我们无法选择的。这样的观念值得我们学习。反对种族歧视和性别歧视正是《杀死一只知更鸟》中作者想通过对比来突出的两大重点，是全书试图诠释的主题精华所在。（张可瑄）

续表

主要观点	（2）阿迪克斯是整部小说里最让我感到温暖的人物。他善良正义、敏锐冷静，是小镇上的道德模范，难得的保持清醒的人。镇上许多人无知、贫穷、肮脏、充满仇恨，拼命阻止他为无辜的汤姆辩护。而他对这些偏见和仇恨不但丝毫不怨恨，反而平静地从他人的角度出发，理解他们，甚至能看到这些人身上闪光的部分。阿迪克斯对待非议和指责的方式温和而理性，他和孩子斯库特与杰姆面对不公正时本能地从情感出发形成了鲜明的对比。他用实践教育斯库特与杰姆，告诉他们人的复杂性，告诉他们人是善恶的混合体，教会他们保持善良和正义，教会他们包容宽恕人坏的一面。（王知行） （3）卡波妮是一位值得尊敬的睿智的女性。从卡波妮将斯库特带到黑人区到黑人教堂做礼拜这一段的情节来看，当时的种族歧视不仅仅是白人单方面的种族歧视，应该还有黑人对于白人的排斥。从这一段还能够更加细致地分析出卡波妮的人物形象。她应该是一名品格优秀、思想先进的黑人妇女，和斯库特一家一样，都是致力于反对种族歧视的。此外，卡波妮在发现斯库特的优越感和对他人的不尊重以后立刻反应，教育了她。这段描写塑造了卡波妮"三观"极正的形象。大萧条时期的美国深南地区，社会普遍存在这样的"鄙视链"：富人歧视穷人，穷人将怨恨发泄在黑人身上。卡波妮作为黑人，在芬奇家工作时表现出平等的观念是很难得的。她没有因为自己处于这样的社会环境中而去默许斯库特表现出优越感。她以一个黑人的身份否定斯库特的行为，其实也体现出了芬奇家良好的氛围和善意。（邓欣琦） （4）"怪人"拉德利是善良和正义的隐喻。在第28章中，斯库特终于见到了占据她们整个童年想象生活的怪人拉德利，他站在墙角，好像怕光，斯库特抓起拉德利的手，"这手那么苍白，却出人意料地温暖"。虽然他非常弱小，常年"隐身"在黑暗里，但在关键时刻他挺身而出，战胜了恶势力。少年拉德利被他的父亲关在房间里，一扇铁门将他与社会隔绝，或者说是将他保护起来：他一直待在没有邪恶和黑暗的地方。在那个时代，善良和正义的力量太过单薄，只能以躲避的方式来免受污染和迫害，唯此方能保留住他人性中的纯洁、善良和正义。拉德利似乎象征着不论正义的力量多么弱小，它最终都将冲破黑暗，给人们带来希望和光明。（李梓源）
你的观点	

阅读策略三　变式阅读与深度探究

教学目标

（1）通过改变阅读视角（跨媒介阅读）、创设真实情境、提升文学活动层次等阅读方式，丰富学生情感体验，挖掘学生思维潜力，涵养文学审美情趣，提升文化理解能力。

（2）以多种资源整合的方式来加深学生对读本的认知，提升学生积累整合、筛选提炼、解决问题、发现创新的能力。

教学过程

内容一：跨媒介探究

（1）阅读以下材料并查阅相关资料，谈一谈你是如何看待《杀死一只知更鸟》这部作品对美国社会的影响的。

材料一：门罗维尔是哈珀·李的家乡，《杀死一只知更鸟》出版并获得巨大反响后，当地随即将法院改为"知更鸟"博物馆。剧团还把小说改编成剧本《门罗维尔的知更鸟》，将其搬上舞台演出。这部小说不仅成了小镇的营销噱头，也成为当地人骄傲自豪感的来源。然而 1988 年当地发生了一起案件，一名出身于当地名门望族的 18 岁女孩在小镇的一个干洗店被人谋杀。经过几个月的调查后，警长未能捕获凶手，委员会对此很生气，控告警方无能。迫于压力，警方指控当地一名叫沃尔特·麦克米连的黑人，他和一名白人妇女有过私情，并因此招来流言蜚语。在缺乏证据的情况下，政府强迫所谓的目击者出庭证明此人有罪。他们的陈述与事件本身并不相符，但这并不重要。虽然三名黑人目击者的证词都说明事发当时麦克米连身处于一个教堂餐会，但也同样无济于事。他仍被判死罪。

材料二：阿迪克斯·芬奇（Atticus Finch）是为汤姆·鲁滨逊辩护的律师，他这一人物形象激励了几代正义的十字军战士。他爱好和平又顽强抵抗的精神鼓舞了无数的积极分子。马丁·路德·金（Martin Luther King）在他年少时期的演讲《我们为什么不等待》（Why We Can't Wait）中说道："1963 年的黑人就像阿迪克斯·芬奇一样，我们都明白非暴力主义象征的是英雄主义的金章，而不是怯懦的表现。"时至今日，美国的许多方面仍然受这本小说的影响。在美国有关司法正义的全国对话中，讨论了"重视黑人"这一运动，甚至美国前总统巴拉克·奥巴马（Barack Obama）也因此进行了监狱改革。

（2）观看电影《杀死一只知更鸟》，撰写观影笔记。

要求：

1）可以从导演的故事构思、声音、画面、音乐、拍摄技巧、角色扮演等方面谈谈自己的认识。

2）通过小说和电影版的比较，发现二者的差异，加深对文本内涵的体会。

3）要求原创，力求见解独到、新颖、深刻。字数不少于 800 字。

内容二：创意写作

（1）通读马丁·路德·金的演讲稿《我有一个梦想》全文（自行在网上查找），试着将小说中阿迪克斯在庭审结束前的陈词内容以阿迪克斯的口吻改编成演讲稿。

要求：

1）符合演讲稿的文体特点。

2）可结合小说中的故事情节丰富演讲稿内容。

3）字数不少于 800 字。

（2）选取小说中的任一情节，将其改编成短剧并在全班展示。

要求：

1）小组合作完成。

2）编剧、演员、导演分工明确。

3）短剧时长为 10 分钟。

内容三：深度探究

（1）借助网络资源查找"文学作品中知更鸟的象征意义"的相关论文，探究以下几个问题。

1）根据相关论文的内容，概括出知更鸟的象征意义。

2）你认为《杀死一只知更鸟》的小说中还有哪些人物是知更鸟？为什么？

3）你阅读过的文学作品中有类似的象征手法吗？试举例说明。

要求：

1）务必结合文本回答。

2）言简意赅，条分缕析。

3）可在检索到的论文右侧空白处做批注。

（2）以《杀死一只知更鸟》和相关作品推荐为材料，任选一个角度写一篇小论文（可以小组为单位完成）。

要求：

1）一周时间确定论文的选题及完成开题报告。

2）一周时间完成论文的资料补充和大纲。

3）一周时间完成整体框架设计和文字整合。

开题报告

论文题目			
研究方向			
选题缘由			
主要观点	相关材料		文献资料
1.			
2.			
3.			
4.			
时间安排			
小组分工			

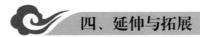

四、延伸与拓展

1. 文学读物

《守望之心》 作者：［美］哈珀·李（Harper Lee）

出版社：译林出版社
原作名：Go Set a Watchman
译者：张芸
出版年：2017
定价：48.00 元
ISBN：9787544766999

　　《守望之心》是哈珀·李有生之年出版的第二部小说。2015 年，该书一经出版立刻创造了销售奇迹，日销量达 10 万册。据说本书源自作者早年的手稿，哈珀·李本人以为这份手稿早已遗失。其创作年代早于《杀死一只知更鸟》，讲述的是斯库特成年以后回到家乡探亲的故事，其中穿插了很多斯库特童年的回忆。在编辑的建议下，哈珀·李以童年片段为基础，创作了《杀死一只知更鸟》。《守望之心》是《杀死一只知更鸟》的延续，其中的家庭关系、现实与理想的矛盾，以及贯穿始终的爱，会给我们每个人深刻的启示。

《汤姆叔叔的小屋》 作者：［美］斯托夫人

出版社：译林出版社
译者：林玉鹏
出版年：2019
定价：45.00 元
ISBN：9787544775793

　　美国前总统林肯接见该书作者斯托夫人时曾戏谑道："写了一本书，酿成了一场大战的小妇人。"这也从侧面反映出《汤姆叔叔的小屋》这部长篇小说的巨大影响。

　　该书是美国南北战争的导火线之一，是影响历史进程的经典著作。1851 年，斯托夫人在家境极其贫寒的情况下完成了该作品。小说以连载的形式在报纸上发表，引起了强烈的反响，受到了人们的欢迎，仅第一年就在国内印了 100 多次，销售量达 30 多万册，后被译为 20 多种文字在世界各地出版。评论界认为该书在启发民众的反奴隶制情绪上起了重大作用。

《汤姆叔叔的小屋》通过对汤姆叔叔、乔治夫妇等黑奴们曲折经历的描述，揭发和控诉了黑暗的奴隶制度，在当时的美国社会背景下，可以说是一部引发、推动废奴运动的惊世之作。这部享有盛誉的世界文学名著，自问世至今已有一个半世纪多的时间，但今天读来依然那么促人深思、催人泪下，足见作品的深刻内涵和艺术魅力。

《哈克贝利·费恩历险记》 作者：［美］马克·吐温
出版社：人民文学出版社
译者：张友松
出版年：2016
定价：31.00 元
ISBN：9787020115860

《哈克贝利·费恩历险记》是美国作家马克·吐温创作的长篇小说，是小说《汤姆·索亚历险记》的续集，首次出版于 1885 年。该书以风趣诙谐的手法，描述了主人公哈克贝利为了追求自由的生活，离家出走并与黑奴吉姆结伴乘坐木筏沿密西西比河漂流的种种经历，塑造了一个不愿受"文明"社会约束、一心想回归大自然、聪明机灵但又不乏同情心的美国顽童形象。该作品被视为美国文学史上具有划时代意义的现实主义杰作。

《无声告白》 作者：［美］伍绮诗
出版社：江苏凤凰文艺出版社
译者：孙璐
出版年：2015
定价：35.00 元
ISBN：9787539982830

本书是华裔作家伍绮诗耗时六年完成的第一本长篇小说，因其精妙细致的故事情节、沉稳内敛的文笔受到读者欢迎，成为《纽约时报》评选的畅销书，并入选 2014 年度最佳图书。

《无声告白》以莉迪亚之死为开篇。这个家庭的所有成员，她的父母、她的哥哥和妹妹都陷入崩溃的边缘。这名 16 岁少女的意外死亡牵扯出这个家庭的"秘密"。莉迪亚是家中老二，她遗传了白种人母亲的蓝眼睛和黄种人父亲的黑头发。父母深信，莉迪亚一定能实现他们无法实现的梦想。莉迪亚的尸体被发现后，她的父亲内疚不已，母亲则一心报复。莉迪亚的哥哥觉得，此事和隔壁的坏小子有关，只有莉迪亚的妹妹看得一清二楚……她的死，谁能负责呢？"我们终此一生，就是要摆脱他人的期待，找到真正的自己。"或许这就是答案。

《雪落香杉树》 作者：［美］戴维·伽特森

出版社：作家出版社
原作名：Snow Falling on Cedars
译者：熊裕
出版年：2017
定价：52.00 元
ISBN：9787506387873

戴维·伽特森，美国小说家、诗人。《雪落香杉树》是他的成名作，他花了十年时间创作了此书。该书曾获福克纳文学奖和美国书商协会年奖，畅销近五百万册，被选入全美大中学泛读书单，并被译成三十余种文字。

故事发生在二十世纪四十年代珍珠港事件前后，美国西海岸城市西雅图附近的一个香杉积翠、草莓遍地的小岛上。不少日本移民在那里安家落户，但宁静的小岛上涌动着种族主义的暗流，那些干着最脏最差活计的日本人被视为异类，珍珠港事件带来的仇日情绪使他们的处境更加艰难。日本人被以"战时安全需要"的理由关进了集中营。故事以小岛上的美籍日裔居民宫本天道被控谋杀居民卡尔·海因的案件开始，以插叙的方式展现了主要人物命运复杂交错的故事：一对青梅竹马的跨种族恋人，一桩被偏见与战争复杂化的土地交易，几个被战场改写性格与命运的士兵……善与恶、爱与宽恕、公正与偏见、仁慈与冷漠的主题交织奏响。

2. 影视作品

《杀死一只知更鸟》

导演： 罗伯特·马利根

编剧： 霍顿·福特、哈珀·李

主演： 格利高里·派克、约翰·梅根纳、弗兰克·奥弗顿、
罗斯玛丽·墨菲

类型： 剧情、悬疑、犯罪

制片国家 / 地区： 美国

语言： 英语

上映日期： 1962 年 12 月

片长： 129 分钟

美国南部的梅冈镇上住着父亲芬奇（格利高里·派克饰）和他的一对儿女。虽然妻子已经亡故，但一家人仍过得其乐融融，芬奇对儿女既严格又疼爱。父亲平时还对他们说，不要杀死为人类唱歌的知更鸟，因为它们善良而且从不伤害人。

芬奇除了是一位慈父，还是当地一名勇于伸张正义的律师。这天他接到一宗强奸案，被告是黑人鲁滨逊（布洛克·皮特斯饰），而受害者是一名白人女子。这样一个案件，在那个种族歧视相当严重的年代，鲁滨逊的境况堪忧。即使芬奇找到了他没有犯罪的证据，也不足以让人们抛开种族成见。芬奇在法庭上奋力维护事实和法律的公正，然而却没能阻止人们根深蒂固的偏见。更糟糕的是，怀有种族偏见的白人已经把芬奇当作公敌，而鲁滨逊也无法洗清罪名。

《为奴十二年》

导演： 史蒂夫·麦奎因

编剧： 约翰·里德利、所罗门·诺萨普

主演： 切瓦特·埃加福特、迈克尔·法斯宾德、本尼迪克特·康伯
巴奇、布拉德·皮特

类型： 剧情、传记、历史

制片国家 / 地区： 美国、英国

语言： 英语

上映日期： 2013 年 11 月

片长： 134 分钟

所罗门·诺瑟普（切瓦特·埃加福特饰）本来是一位小提琴演奏者，家庭生活幸福。不料他却被两个白人欺骗，一觉醒来发现自己成了黑奴。起初他被卖给了福特先生（本尼迪克特·康伯巴奇饰），在庄园里当奴隶，不久又被卖给了素有"黑奴终结者"

之称的 Epps 先生（迈克尔·法斯宾德饰）。他在种植园里日复一日地采摘棉花，也目睹了许多黑奴的悲剧。12 年过去了，他始终没有放弃重获自由的希望，终于他遇到了一个思想进步的人士——木匠巴斯先生（布拉德·皮特饰）。所罗门是否能结束他身为奴隶的命运？

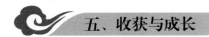 五、收获与成长

学生习作展示

1. 跨媒介研究

这就是美国

深圳中学 2021 届　徐悠游

《杀死一只知更鸟》一书为我们展现的是怎样的美国社会：虚伪的？狡诈的？诡谲的？温情的？善良的？正义的？充满人文关怀的？我个人觉得，"This is America"是这个问题最好的答案。《杀死一只知更鸟》中糅合的多元主体，有对种族歧视的深刻思考，有对人性虚伪与欺诈的揭示，有对公正的渴求与呐喊，有对人性温情与善良的赞颂，而更多的，则是呈现了一幅真实而完整的社会图景，我们不能用任何修饰词去定义它，而只能无奈地说：This is America，这就是美国吧。

《杀死一只知更鸟》呈现了二十世纪三十年代的美国南部小镇图景。我们从孩童的眼光切入，认识了一个历史悠久、乡村气息浓郁、悠闲而宁静的小镇。但是随着故事的发展，原本平静的小镇生活被打破，原本在小说开头建立的"和平镇"图景被撕裂，我们看到了主人公和他的哥哥，年纪尚小就看到了社会的暴力、残酷、偏见和冷漠，它们来自人与人之间的隔阂与社会上根深蒂固的偏见和歧视。我们同样看到了以阿迪克斯为代表的觉醒者，为了正义而奋斗，为了法庭的公正而努力，他们宁可承担着社会的流言蜚语、指责攻击，也毫不畏惧；我们看到了以琼·路易斯与杰姆为代表的新一代青少年，在严酷的社会环境下不忘本心，坚定维护心中的正义，不顺随世俗的眼光，用新的价值观、道德观去观察这个世界。全书结尾"等杰姆早上醒来，他会在他身边"，最终将亲情、社会的温情与关爱推向高潮，自然收笔，实则反映的是，在南部根深蒂固的"人种差异"社会中，仍然存在着爱与关怀，从书开头就存在，一直到全

书结束时，爱的火光仍然旺盛。

《杀死一只知更鸟》让我想起了《汤姆叔叔的小屋》，让我想起了马丁·路德·金的《我有一个梦想》，让我想起了曼德拉的《自由路漫漫》……读完《杀死一只知更鸟》，也许有人会感叹道，自由和平等已经是当今社会发展的主题。然而，我读完《杀死一只知更鸟》，心情是沉重的，许多美国学生的心情也该是沉重的。美国当今社会，歧视和暴力的阴霾仍然没有消散。

熟悉欧美流行乐的人也许会知道我的标题的第二层含义。*This is America*，是 2018 年由音乐人唐纳德·格洛沃（Childish Gambino）创作的现象级单曲，其歌词和 MV 具有许多深层次的隐喻色彩，直指美国的社会矛盾。

> 在我们头顶高出的黑暗中，一只落单的知更鸟正不停气地翻唱着它的曲目，幸福得忘记了是站在谁家的路上。它先来了一段葵花鸟尖利的"叽叽"声，又转为蓝背鸟暴躁的"嘎嘎"声，稍后又变成了破维尔鸟忧伤的哀叹曲："破维尔，破维尔。"

是的，就是这一段让我立马想起了 *This is America*。我想起了歌曲 MV 中的一个个让我"细思极恐"的细节，但是它们都最真实地反映了美国社会的现状。被射杀的尸体被拖走，而枪支被整洁的红布包起来；学生盲目地跟随 MV 中的 Gambino 跳舞，却对后方的街头暴乱一无所知；出现无数次警车却不见警员；对立的红色公鸡与白色母鸡（两党之争）；Gambino 跳着极其荒谬、夸张的舞蹈，模仿最早"种族歧视"电影中的白人滑稽的行为；从 2 楼摔下来的人被马赛克模糊掉；黑人小哥举起手机报警，被警方认为"在举枪"而被射杀；学生们手持手机却被蒙上了眼睛和嘴巴；飞洒如水的美元钞票；17 秒的静默默哀 17 名在枪杀案中死去的学生；MV 最后仿若美剧《逃出绝命镇》的结尾。这一切与审判汤姆的法庭上，陪审团和法官面对铁证如山的事实，却选择了无视的冷漠如出一辙。

我很想把阿迪克斯在法庭上的总结陈词全篇引述在这里，但由于篇幅限制，我只能在此简单提及。阿迪克斯陈词中的"公正""理性""生而平等""道德"在今日难道就成为现实了吗？并没有。"Guilty，guilty，guilty——"，社会残酷的判决，不仅在《杀死一只知更鸟》中存在，在今天仍然存在。而今天，甚至可能都不会有一个像杰姆那样的孩子，用发白的手抓住栏杆，渴望呐喊出那一声"这不公平"。正如歌曲 *This is America* 所唱的那样：

> 黑人小伙，赚足你的钱，逃得越远越好！黑人小伙的街区有枪支和大麻，他也有个小小的军火库；祖母告诉他，不要被抓到，不要被人们抓住你的把柄！曾经的皮鞭，至今还抽打在黑色皮肤身上……

　　我穿着 Gucci，我多么炫酷啊！我开着世界豪车，我太厉害了！可是我只是这个世界上一个普通的黑人，我不过是被打上条码的商品。尽管我是一条上等犬，但也要被拴在屋子的后面，这日子也真不好过。

　　唐纳德·格洛沃的歌曲在美国乃至全世界掀起了惊涛骇浪，也许美国人开始认真地审视他们的社会问题，也许他们仍然无所作为，无动于衷。也许，杀死一只知更鸟，对他们无伤大雅，但是他们不会明白，孩子们多么喜爱知更鸟，"每杀死一只知更鸟都是一种罪恶"。美国帕克兰校园枪击案后，青少年群体行动了起来，开始反对《宪法》中对枪支的宽容。于是世人看见了，至少孩子们的心中还留有对温情、对社会和平安定的希望。

　　在女孩斯库特的心中，她的那个小镇永远是宁静和平的，夏天的时候会有一轮金黄色月亮挂在天空上。当她逐渐长大，她终于认识到了真正的社会，于是她会感叹，This is America——既是虚伪的、狡诈的、诡谲的，又不乏温情、善良和正义。

2. 小说主题探究

那些杀与被杀的知更鸟

深圳中学 2021 届　王依朵

　　《杀死一只知更鸟》是我早有耳闻的一部作品，但唯有读完才能够知其深意。梅科姆模型成为美国二十世纪关于黑人问题的一个典型而又特别的缩影。

　　故事发生于一个与世隔绝、自给自足的小镇，很大程度上简化了社会上的其他外来因素。在这里，大部分人或盲从，或无知，人云亦云。本来心存善良的人，也可能因为一个错误的导向而随波逐流，酿成无可挽回的人性的悲剧。

　　小说传递的信息很多，平淡的叙述，带有儿童情感的特殊视角，让小说整体显得不那么黑暗。即使是讨论黑人人权这样沉重的问题，当借用一个孩子的视角时，都会蒙上童真的色彩。所以斯库特、杰姆和迪尔的出现，不仅仅是为了体现他们的成长，也是为了让小镇具有亲切感和欢乐，让读者读起来可以感受到蓬勃的生气。

　　小说里第一个重点表现的是黑人的人权。汤姆无辜被捕，人们却宁愿相信苍白无力的起诉方辩词，也不肯相信一个深肤色的憨厚的人的一次冤屈。历史放大了这一偏见，自丑恶的大西洋三角贸易开始，黑人便自然而然地居于社会的底层。

　　像斯库特一样，汤姆仍旧被判死刑时笔者内心诧异而惊恐。为什么？为什么真相大白，他却永远无法获得清白？反观众居民的态度，这一答案，似乎又确凿无疑、不可逆转——讽刺的是，这样的天差地别只是因为皮肤的色差。为由天而定的色素含量，多少黑人要用一生去承受痛苦！

在黑人纠纷问题的渲染下，人们往往基于自己的情感色彩来判断是非。而斯库特也逐渐明白："阿迪克斯使用了所有能开释一个自由人的法律手段去拯救汤姆，可是在人们内心深处的那个秘密法庭里，阿迪克斯根本没有任何诉讼可言。"在根深蒂固的歧视面前，阿迪克斯所代表的真理的纯良与挣扎看起来如此渺小。大部分人都无法摘下有色眼镜，无法真正静下心来审视自己或周围的人。

对于汤姆这一案件，陪审团最终的表决令人心寒。但，这些人真的都是坏人吗？

也许汤姆是最典型的知更鸟代表，但小说中善与恶的斗争远比汤姆的遭遇要复杂、深远。有单纯的善，如莫迪小姐，如阿迪克斯，如怪人拉德利；也有单纯的恶，像鲍勃·尤厄尔，为了自己的名声居然三番五次想要危害"我们"的性命。除开这些善恶分明的人物形象，小说中更多反映的是人性的灰色地带：小镇上的人，如亚历山德拉姑姑，表面和和气气，心中却经常充满不满与轻蔑；如斯蒂芬妮小姐，对于别人的不幸总是多嘴多舌，散布谣言但又热情真诚；更有很大一部分民众，随波逐流，耳听同样为实，一传十十传百，将杜撰的事情传为真相，躲在"众人"的皮囊下窃窃地观察着风向。

这些人坏吗？笔者认为答案是否定的。第 11 章中，尖酸刻薄的杜博斯太太为了有尊严地离去而与病魔做着最后的斗争；第 15 章中，杰姆、斯库特和迪尔一行人的闯入唤醒了暴徒的良知，放走了阿迪克斯；每个人之间也许都矛盾重重，但当莫迪小姐的楼房着火时，整个梅科姆镇都倾其全力以死相救……这些普通的人，在这个小小的梅科姆镇，如时代缩影一般，展示着小市民的生活百态。

每个人都可以是一只知更鸟。每个人也都可以杀死一只知更鸟。

在汤姆被 17 颗子弹相继打中，倒在冰冷的监狱地上时，仍有许多阴暗处的人同样遭受着不公平的待遇。马耶拉也许还承受着父亲家暴的恐惧，拉德利因不愿与人深交而遭人耻笑和议论，杰姆因为鲍勃的突袭而变为残疾……一个社会中本身就有很多的阴暗面，它们也许来自生活的压迫，压倒了精神上的最后一根稻草；也许来自内心的痛苦和不满；又也许来自舆论，来自随波逐流……黑暗的事情会永远存在，时刻与光明交接、对立，投射下阴影。

然而，光明，永远不会在孤立无援中放弃对真理、对人性的渴望。

阿迪克斯，这个看起来孱弱、无助而沉默的父亲，凭一己之力，为汤姆争夺了生的时间，他坚持真理，即使涉及自己的孩子也要保持诚实。他的努力，多多少少改变了人们对汤姆这件事的看法，既然道德得到了坚持，就永远不会失去它的意义。而纯良的斯库特，也有幸在他的引导下，成为一个善良正直的人。阿瑟·拉德利，这个被孩子们所恐惧，其实从未伤害过任何人的"怪人"，在火灾时为"我"披上了毯子，并最后救"我"和杰姆的性命于水火之中。幸存的知更鸟，在无数猎枪的威胁下仍然坚强地存活着。只要有善良存在，就会有越来越多的猎枪被放下，就会有越来越多的人相信善的意义。正是这些近于固执的坚守，成为善良延续的原因。

所以，我们要保持冷静，坚守善心。做知更鸟，捍卫知更鸟，并保护知更鸟。

3. 读书札记

《杀死一只知更鸟》读书札记

深圳中学 2021 届　　熊南熙

一、作者简介

哈珀·李，美国作家，1926 年生于亚拉巴马州门罗维尔镇的一个律师家庭。童年时，哈珀·李的父亲曾经为两位被指控谋杀白人店员的黑人辩护，最终这对黑人父子被双双吊死。哈珀·李还曾听闻其他一些涉及黑人的争议性刑事案件。高中时，哈珀·李开始对英语文学产生兴趣，后入读亚拉巴马大学，攻读法律专业，但未取得学位。1948 年夏，哈珀·李前往牛津大学参加夏校，仍未能对法律产生兴趣。

《杀死一只知更鸟》于 1960 年出版，出版后立即热销，好评如潮，并在翌年揽获普利策小说奖。

2007 年，哈珀·李因为其文学成就获颁美国总统自由勋章，2010 年，获颁美国国家荣誉艺术奖章。2011 年，一家澳大利亚报纸报道，当被问及不再创作的原因，哈珀·李说："我有两个原因：第一，不论获利多少，我不想再经受《杀死一只知更鸟》给我带来的压力和曝光度；第二，我已经说出我想说的话，且不会再说了。"

2016 年 2 月 19 日，哈珀·李在亚拉巴马家中安详离世，享年 89 岁。

二、段落摘录

我躺在后廊的凉床上，听见的夜晚中的每个声音都被放大了三倍；石子路上的每一阵脚步声，都像是怪人拉德利在伺机报复；夜路上每一个黑人的笑声，都像是怪人拉德利出来捉我们；昆虫扑打在纱窗上的声音，像是怪人拉德利疯狂的手指在撕扯铁丝；那两棵楝树也充满了恶意，盘旋摇摆着，好像活了似的。我在半梦半醒之间徘徊挣扎。

斯库特和伙伴们闯进拉德利家院子，听到枪声仓皇逃跑，杰姆的裤子落在院中。作者此处描写夜色下的景物，从视觉、听觉的角度，赋予脚步声、笑声、昆虫扑翅声和楝树独特的联想，生动折射出斯库特紧张、惶恐的心情，营造出恐怖、阴森的气氛。

　　"噢，我现在只能说，等你和杰姆长大以后，也许你们会带着同情和理解回顾这件事，也许会对我没有让你们失望而心怀感激。这个案子——汤姆·鲁滨逊的案子，它在某种程度上触及了人的良心和道义的本质——斯库特，如果我不去帮助这个人，我就再也没脸去教堂礼拜上帝了……他们当然有权那样认为，他们的观点也有权受到完全的尊重，"阿迪克斯说，"但是在我能和别人过得去之前，我首先要和自己过得去。有一种东西不能遵循从众原则，那就是人的良心。"

作者通过阿迪克斯之口，诠释了道义和良心。作者认为，良心是对自己负责，是人固有的对自己的约束准则。不论外界观点如何，不论一件事涉及多么广泛或深刻的利益，都应谨循事实，为善良辩护。这种维护善良与正义的行为，只有一个单纯的出发点，即秉守良心。

　　她是位女士。她对事物有自己的看法，和我的很不同……勇敢是：当你还未开始就已知道自己会输，可你依然要去做，而且无论如何都要把它坚持到底。你很少能赢，但有时也会。杜博斯太太赢了，用她那仅仅九十八磅重的身躯。按照她的观点，她死得无怨无悔，不欠任何人，也不依赖任何东西。她是我见过的最勇敢的人。

以上是阿迪克斯对杜博斯太太的评价。杜博斯病重，在已知的生命的最后几个月时间，她决意戒除吗啡，并最终成功。阿迪克斯"了不起"的评价和斯库特"她是恶魔"的看法形成鲜明对比，他借此教导女儿对一个人评价的多维性。尽管杜博斯在种族问题上与阿迪克斯持截然相反的态度，但她坚毅顽强、勇敢追寻目标的精神仍然值得敬重。我们应当包容他人的不同观点甚至缺点，同时注意到其"了不起"的一面。

　　不对，每个人都是从头学起，没有人生下来就会，那个小沃尔特非常聪明，他学习落后，是因为要经常旷课去帮他爸爸干活。不对，杰姆，我认为世界上只有一种人，就是人。

这句话摘自杰姆和斯库特对不同家族差异的讨论。目睹不同人、不同家族截然不同的境遇和举动后，他们对人的平等和人性的关怀有了朦胧的感悟。人们肤色相异，来自不同的家庭，但是一个人诞生到这个世界，他并不因其出身而拥有与他人不同的某种特质；不论外界给他贴上怎样的标签，出生时他都是一张纯真无邪的白纸，等待后天的教育。这正是本书的一个重要主题。

三、书评

《杀死一只知更鸟》描绘了二十世纪初美国南部小镇的生活图景。小说的时间跨度只有短短几年，却通过几年间的事情，深刻体现了童年、种族、人性的主题。小说以叙述者斯库特的视角，让这些主题在儿童纯真的面纱下充分展现，开创了独特的艺术手法。

小说讲述了斯库特和小伙伴的童年生活，纯真、自然而富于童趣。童年是许多文学作品共同的主题。斯库特的童年是亚拉巴马的一个小镇上亲切和蔼的邻居们，是一个个安静的夏日，是夏日里和玩伴的嬉闹。夏天到来，她盼着迪尔从远方来；她和男孩们排演剧本、逗弄邻居、滚轮胎；她在邻居家中享用蛋糕，无拘束地畅谈；她憎恶学校，不是因为学业繁重，而是因为老师重视基础，不让她读书看报。这些描写充满个性又洋溢着天真无邪的气息，仿佛把读者也拽去那充满笑声的夏日。不论社会如何混乱灰暗，儿童的世界总是无忧而欢乐的。

种族和人性在小说中是充分糅合的。通过斯库特的经历，我们从一个人和一件案子中感受到了作者呼吁的种族平等和相互尊重。斯库特的保姆卡波妮是进步黑人的代表，她善良友爱、富有责任心、知书达理，在阿迪克斯家里受到充分的尊重。斯库特参加黑人弥撒，亦受到黑人欢迎。然而，在保守的白人，如亚历山德拉眼中，雇用这样的黑人是不可接受的，而斯库特前往黑人教堂做礼拜也是不可接受的。这种暗存的歧视黑人的社会现实在汤姆的案子中得到更彻底的体现——白人陪审团竟然罔顾事实和正义，为无辜的黑人小伙定罪，成全反诬他人的尤厄尔。而阿迪克斯为正义辩护，竟也成为一些人嗤之以鼻之事。作者将这些情节不加渲染地呈现，揭露了违背良知歧视黑人的社会现实。

种族的主题体现在对种族歧视的展现上，而贯穿全书的人性的关怀则将平等的理念提升到更高层次。一次斯库特请一位家境贫穷的同学到家中用餐，那位同学吃饭方式有些特别，斯库特便一直抱怨。为此，卡波妮教育道："不管他是谁，只要踏进这家门，就是你的客人。"这是对差异的包容和尊重。杜博斯太太对黑人持激进的偏见，阿迪克斯仍称赞她的勇气。阿迪克斯为办理案件到黑人社区访问，同黑人儿童友好交谈。时隐时现的怪人拉德利，作为怪异的典型常常被孩子们骚扰，阿迪克斯说，怪人不愿意出来，那也是他选择的生活方式，亦值得尊重。小说结尾，读者终于发现，最不被人理解的拉德利，原来也是一个诚恳善良的人。斯库特的话言简意丰，"世界上只有一种人，就是人"。人们表观相异，给人留下不尽相同的刻板印象。但生而为人，本性相同；抛却纷繁的社会背景，回归单纯的"人"的角度，每个人都存其人性之本真，都应当被理解和尊重，都有值得欣赏的一面。以自然真实的"人"的眼光看待周遭的每一个个体，我们将少一份偏见，多一份尊重。

从艺术角度来看，斯库特的视角是小说的亮点。全书以孩童的口吻著就，朴实无华，流畅自然，又不乏幽默之趣。故事的背景是美国南部安静祥和的一个小镇，孩童的视角切合了作品缓和悠长的格韵，给人几分童年的烂漫之感。小说的主题严肃深刻，作者以孩童的视角窥探复杂的成人世界，使人山外看山，获得对相应主题更全面的感触和体悟。同时，孩童的视角又能够带给读者童年的回忆和成长的启迪，为小说增添了教育意义。

《杀死一只知更鸟》既是黑暗时代的缩影，又是人性之美的颂歌；既具时代意义，又有深远影响。这大约是其成为当代经典的原因。

4. 对比阅读

种族主义主题文学作品初探

深圳中学 2019 届　沈凌宇　黄萱　段心童　张鸿鹏　顾昕　肖博禹

研究方向：关于种族歧视问题的文学作品的故事情节、叙述视角、艺术手法等创作手法的异同。我们小组主要参考的书籍：《杀死一只知更鸟》《汤姆叔叔的小屋》《雪落香杉树》。

研究准备：通读三本小说后，我们发现这三本书都对种族歧视这一社会现象进行了探讨。如《杀死一只知更鸟》里小镇上的人对鲁滨逊有着固有的偏见；《汤姆叔叔的小屋》里庄园主对奴隶们惨无人道的暴行；《雪落香杉树》里小岛上的日本人在二战时受到的种种歧视。读罢这几本书，我们感触颇深：这三本书创作背景不同，主要人物的社会角色也不相同，但他们的境遇却如此相似。也正因为这样，我们试图从不同的创作角度来探究这一社会现象，以下是我们在阅读时的所感所想。

一、创作主题

《杀死一只知更鸟》

书中的父亲阿迪克斯说过一句话："你射多少蓝鸟都没有关系，但是记住，杀死一只知更鸟就是一桩罪恶。因为它们只唱歌给人听，什么坏事也不做。"在我看来，杀死知更鸟，等同于杀死无辜的生命，是不可饶恕的罪恶。而这本书中的知更鸟，就是那些因为偏见而不被善待的人。

这是个关于偏见的故事，毫不忌讳地揭开社会血淋淋的一面，展现出那些扎根在这个社会里的黑暗的不平等。

而阿迪克斯，这位伟大的父亲，他用自己的言行去影响孩子，而不是强制地灌输自己的思想。同时他更是一位优秀的法律工作者，能够冲破那个时代的枷锁，在歧视和偏见中，坚持作为一名法律工作者的正义和原则，为处于弱势地位的黑人辩护。他甚至承担着被威胁、被伤害的风险，也要控诉这个社会的不公，为黑人应该获得平等的权利而发声。书中这句话让我印象深刻："我们知道，人并不像某些人强迫我们相信的那样生来平等——有些人比别人聪明，有些人生来就比别人占优势，有些男人比别的男人挣钱多，有些女士的蛋糕比别的女士做得好，有些人天生就比大多数人有才华。可是，在这个国家里，有一种方式能够让一切人生来平等——有一种人类社会机构能够让乞丐平等于洛克菲勒，让蠢人平等于爱因斯坦，让无知的人平等于任何大学的校长。这种机构，先生们，就是法庭。"

《雪落香杉树》

本书故事情节主要是围绕一名日裔美籍男子、一名日裔美籍女子和一名美籍白人三人之间的纠葛展开的。日本裔男子宫本天道出生于美国的一个岛上，他是家族中第一个有美国身份的成员。珍珠港事件爆发后，宫本家的一桩土地交易出现纠纷：土地持有者在宫本家已付租金的情况下，将土地卖给了海因一家人。宫本在集中营遇到了初恋日本女孩初枝并且娶了她，然而她却念念不忘自己的初恋白人伊什梅尔。战争结束后，海因被发现死在自己的渔船上，在不明确他杀还是意外的情况下，宫本天道成了嫌疑人，被监禁在监狱中，伊什梅尔手中掌握着可以证明他无罪的证据，但是他们之间的种种瓜葛让他十分纠结，而岛上的多数居民因为他的日本裔身份，都觉得他是杀害海因的凶手。

《汤姆叔叔的小屋》

汤姆叔叔因主人欠债而被主人卖掉。之后几经转卖，汤姆被卖到了一个残暴的棉花种植园主的手上。园主对他一次又一次地施暴，最终汤姆叔叔死于他的皮鞭下。该书揭露了奴隶制的罪恶。黑奴汤姆善良、宽厚、虔诚。但是，就是这样一位近乎完美的人，却只能像货物一样被卖掉，最终惨死在奴隶主的残酷折磨之下。

或许，小说里最感人的不是汤姆，而是小小的伊娃，那个被当作天使的小姑娘。她的出生也许就是为了带给大家欢乐和爱，也许只是为了告诉我们什么是爱。在她旅程结束前的那一刻，她说："我看见了爱——欢乐——宁静——平安。"她的爱，从生命萌芽的伊始到结束的刹那，得到了永生。

二、叙述视角及主要情节

叙述角度的不同直接影响了作品的风格。《雪落香杉树》是对日裔遭受的不公待遇进行描写，并且主要以第三人称的视角进行叙述；《杀死一只知更鸟》用天真的孩子的口吻道出了背后严肃的种族歧视问题，主要是以第一人称来进行描写；而《汤姆叔叔的小屋》主要还是通过记叙汤姆叔叔的悲惨经历，凸显出当时黑人的低下地位。

《雪落香杉树》和《杀死一只知更鸟》都通过描写法庭审理来衬托出当时种族歧视问题的严重。法庭作为一个国家审判机构，应该体现国家的威严和法律的公正。如果法庭都可以因为种族原因而随意审判，那更能从侧面体现出当时社会环境的恶劣。在《雪落香杉树》里，大部分人都是赞成将被告日裔宫本天道处死的，而且陪审团12名成员中有11个人都是在证据不确凿的情况下，毫不犹豫地同意执行绞刑。唯独1个人，抱着尊重生命的态度而为正义拖延着时间。在当时的时代背景下，无论是最后这一位坚持正义的陪审团成员，还是对案子抱有一丝疑虑的任何一个人，毫无疑问都是真正的勇士。

在《杀死一只知更鸟》中，黑人的教堂和白人的教堂很不一样，展现了当时的黑人生活与白人的差异，如教堂里的装饰、礼拜的形式等。赛克斯牧师布道，他会号召大家为在监狱中的汤姆的家人捐款。作者用这一独特的视角向我们呈现了当时大部分黑人的生存状态：他们处境艰难、缺乏财富、知识匮乏。在这群人中，卡波妮是勇敢的。她的勇敢源自她识字，此外，我认为这与她是阿迪克斯的朋友和家人密不可分。她带着两个白人孩子去了黑人教堂，后来她又带着这两个孩子去了法庭的二层，坐在黑人当中。她把这两个孩子当成了自己的孩子，她是打破黑人与白人界线的战士。并没有谁比谁更高贵，是人在心中把和自己不同的人划分在栅栏外。

三、社会根源

《杀死一只知更鸟》中所描述的黑人的处境是多方面的原因导致的，有白人也有他们自己，还有多年来的传统。要改变这一局面不能靠一个人、一群人，而是要靠很多代人的努力。无论是黑人汤姆还是怪人拉德利，他们在某种程度上都是社会偏见的受害者，也是两只无辜的知更鸟。白人对黑人的偏见和种族歧视让汤姆蒙受不白之冤，而足不出户的拉德利在孩子们眼中代表了恶魔的恐怖……

在《雪落香杉树》中，美国本土白人歧视日本人的最直接原因就是战争——珍珠港事件。它挑起了岛上的孤立与仇视。虽然岛上的日裔男壮年都被征做美国士兵来防御日本人，但岛上的美国人看到他们的黄皮肤时，还是会想到那些他们失去了的亲人朋友。这一"原罪"对岛上的日本人来说，无疑是最不公平的。在故事结尾，伊什梅尔手中掌握着关键证据时，就曾说过："我盯着他这张脸，就和战场上那些魔鬼的脸一样，被子弹打穿的胳膊还会隐隐作痛，我的战友们在身边一个一个倒下的场景还历历在目，看到他的脸就会想起初枝。"伊什梅尔对日本人是恨之入骨的。所幸的是，他还是为了最后的正义放下了仇恨，他也是一位打破歧视的勇士。虽然，案子审理结束后，大家对日本人的看法依然没有很大的变化：没有人认为错怪了他，也没有人为拆散他的家庭而承担责任，大家只不过是感叹那位渔夫只是一不小心因为风暴掉进了水中。

四、故事结局

在《杀死一只知更鸟》中，虽然汤姆在被押往监狱的路上因为试图逃跑而被打死，这使芬奇律师所践行的知更鸟信念受到了极大打击，但这位正义的英雄却从未怀疑过自己的信念。令人感到欣慰的是，拉德利最终凭借自己的真心和善良赢得了孩子们的信任和尊敬。尽管曾受到伤害，但内心的纯洁和澄澈最终让他浴血重生。对于一个我们从未接触过的人，别人的说法永远都不该成为我们评价他的唯一标准，正如芬奇律师所说——你不可能真正了解谁，除非你进入他的鞋子，陪他走上一段。对那些可能被误会的知更鸟，我们应以公正的态度去对待他们，去保护、珍惜那些善良。

在《雪落香杉树》中，正义最终也克服了一切困难降临到了冰天雪地、大雪纷飞的小岛上。法官在法庭上不断强调一定要对证据没有任何疑问才可以判决，宫本夫妇不卑不亢的态度和信心最终给他们带来了正义的结局。

即使在今天，种族歧视也依旧隐匿在世界上不被人注意的角落，是一个非常值得重视的不平等现象。这也是我们认为种族歧视是文学史上经久不衰的主题的原因之一。

5. 学术小论文

凶手是"爱"

深圳中学 2021 届　谢正阳　包晗之　李美仑　潘宇凡　武晨旭　徐若嘉　张芷苒

摘要：本文以《无声告白》为切入点，通过对比阅读的方式分析文学作品中以爱为名的家庭教育存在的问题及其启示，并结合现实生活和自我成长体验分析爱背后的隐忧，试图寻找其解决策略。

关键词：《无声告白》　爱　家庭　教育　期待自我

如果有一天，我们身边的亲人突然消失不见，像是从来没有出现过，你会不会觉得像是坠入一场梦？如果有一天，你最爱的那个人，毫无征兆地离开这世界，凶手却不知踪影，你会不会觉得心里烧进一团火？人们往往以为那个失去生命的人一定是死于非命或迫不得已，但其实，那些真正决定赴死的人，早在多年之前，就已经被杀死了。

如果有一天，那个你最在乎的人突然消失或离开，除了你所认为的那些原因之外，还有一个你不易察觉的凶手，那就是"爱"。

当然，正常的爱不会成为凶手，只有变质了的爱、过度的爱，才会让人误入歧途。

一、摆脱他人的期待，找到真正的自己

——《无声告白》中见"凶手是'爱'"

《无声告白》讲述的是一个典型的二十世纪七十年代美国中产阶级家庭内部成员之间发生的故事。小说开头便点明结局："莉迪亚死了，可他们还不知道。"这就设置了悬念，引出后面的故事情节。作者不厌其烦地以慢镜头回放莉迪亚死前几十年间发生在这个家庭里的事情：父亲詹姆斯害怕与众不同，做事总会观察别人的反应；母亲玛丽琳害怕重蹈自己母亲可悲可怜的一生，曾离家出走；大女儿莉迪亚害怕母亲玛丽琳再次离开，并因此按母亲意愿而活；大儿子内斯从小被父母无视，巴不得早一天考上大学离开家庭；小女儿汉娜从出生那一天开始，便成了最不受欢迎的那个人，她像是一个透明的人，默默地做着一个旁观者。每个人都向别人呈现出最健康、最正常的那个自己，没有人愿意与别人分享生命中的难堪与隐痛。大女儿莉迪亚的命运最悲惨，她在父母的期望下早已不堪重负，只能不断用谎言迎合父母的期待。内斯考上大学后的离开更是给莉迪亚带来了巨大冲击。她再也无法忍受精神上的重压，最终投湖自尽，无声地向父母"告白"了她无尽的痛苦。

莉迪亚，是一个压抑又痛苦的小生命。她的母亲玛丽琳把自己全部的野心和梦想寄托在了女儿莉迪亚身上，她把莉迪亚当作了另一个自己，要求她热爱理科，并热切期盼她有一天能成为一名真正的医生。莉迪亚为了博得母亲的欢心，也害怕母亲再次离家出走，全然失去自我地配合着母亲，直至有一天承受不住这样的压力而投湖自尽。故事的最后，莉迪亚用自己的死亡发出了最沉痛的呐喊，这个家里的每一个人都开始用心倾听她最真实的想法，只是莉迪亚永远不会知道了。莉迪亚的死换来了所有人的沉默与思索，最终，生活还将继续，一切都回归平静。那么多的误解都在寂静无声中被莉迪亚的死亡消融，最终完成了一个真正的妥协。

"我们终此一生，就是要摆脱他人的期待，找到真正的自己。"

詹姆斯一生渴望被人认可，但他的黄皮肤使他饱受歧视，他优异的成绩没有为他带来更好的前途，最后只成为一个普通的教授，他以为自己的女儿莉迪亚有不错的人际关系，于是他把自己的期望寄托在了她身上。玛丽琳曾有成为医生的理想，但是生活的压力最终将她变成了一个普通的家庭妇女，玛丽琳又将自己未能实现的梦想强加在女儿莉迪亚的身上。来自父母的压力使莉迪亚的内心世界变得无比压抑，她隐藏自己的爱好，隐藏自己的理想，甚至隐藏自己的性格，只是为了不让自己的父母失望，但是她慢慢发现自己无法再承受如此大的折磨，最终选择溺死在水里。

这个家庭中的三个主要成员，都在压力中改变了自己本来的面貌，使自己成为别人眼中应该成为的自己，而不是自己想成为的自己。他们曾热烈地追逐着属于自己的梦，但都在社会、生活和家庭的压力下退缩，最终失去了自我，导致了他们并不美好的结局。

二、活着就该过自己想过的生活

——《小小小小的火》中见"凶手是'爱'"

伍绮诗进入文坛，只有两部作品——处女作《无声告白》和 2017 年的作品《小小小小的火》。

《小小小小的火》的故事发生在一个名为西克尔的小城，这座城市的座右铭就是"经过规划的才是最好的"，潜台词就是：任何事物都可以——也应该——被规划，从而避免出现不恰当、不愉快甚至灾难性的后果。

讽刺的是，这恰好完美地映射了故事中理查德森太太对小女儿伊奇的过分控制导致了她最后放火烧家。

小说中性格最鲜明的形象莫过于伊奇，有三个哥哥姐姐的她，出生的时候是个早产儿，因此从小父母总是担心她会不会有听力、视觉、智力的缺失，怀疑她是否患上了某种罕见的疾病。伊奇正是在这种毫无理由的担忧下成长，身边的兄长也总觉得她脑子一定有什么问题。伊奇的母亲总是想让她坐得更直、多吃肉、不要总是穿黑色的衣服，"时刻不停地给她行为限定"。在母亲这种无微不至的过度关注下，伊奇有着格外敏锐的洞察能力，她受不了兄长的自私虚伪和父母的操控，最终一把火烧掉了房子想要重新开始。

与《无声告白》中的莉迪亚一样，她也是因为特殊原因成了父母特别关注的对象，她们的一举一动都受父母期望的影响，而最后，她们也都采取了极端的手段来摆脱父母的操控——莉迪亚投湖自尽，伊奇放火之后离家出走。

《无声告白》和《小小小小的火》是两本非常现实的书，当今社会，希望依靠孩子完成自己夙愿的父母比比皆是，而被父母用线牵着的孩子也是数之不尽。当我们剖开他们的生活，去看那些像莉迪亚和伊奇一样的孩子们的内心想法时，才会惊愕地发现，原来那些被压成小火苗的火焰，随时随地都可能燃成燎原烈焰。

而书中伊奇的母亲与《无声告白》中的玛丽琳也有几分相似。玛丽琳为了爱情放弃了医学梦，而《小小小小的火》并没有提及理查德森太太早年有什么不幸遭遇，只是说她从小生活在封闭小城中，很孤独。她长大以后变成了一个十分虚荣的人，以自己优秀的儿女为傲，总是"昂首挺胸地走进厨房，拿着车钥匙"。她的大女儿去堕胎，她却坚信是房客的女儿干的；她因为"脑子不正常"的小女儿而蒙羞，千方百计地想改造她，却从来没想过，伊奇表现得不正常的原因是大家总是挑她的毛病……最后，当房客米娅再也忍受不了她的污蔑，带着女儿离开时对她说："你不明白为什么别人会选择和你不一样的东西，这让你感到恐惧，因为你放弃了你不知道的东西……你究竟放弃了什么呢？……整个人生？"过度操控，让她和玛丽琳一样，失去了理解孩子的最后机会。

由于年龄阅历的差异，父母和孩子之间的隔阂不可避免，但是父母对孩子的过度关注和控制绝不能解决问题，或许，一点点的交流就可以化解那些过高的期望带来的误会；我们也绝不能强迫别人去过自己想要的生活。

"记住，我们活着的每一个瞬间，都该去过自己真正想过的生活。"

三、变质的爱，才是凶手

——说出自己的想法，不要让爱成为束缚

在现实生活中，这种家庭不在少数。

有人可能会说，你怎么能定义这个家庭是个怎么样的家庭呢？是的，现实中不可能与书中完全一样，但是，无论怎么定义，我们总能从一幕幕悲剧中看到莉迪亚家庭的影子。

家庭往往是一个人性格的塑造者。

不少走上歧途的人，少年时家庭都不和谐。这隐隐约约可以看出，家庭的教导并不是孩子的第一任老师，家庭中的行为才是。

看惯了日本作家东野圭吾曲折绕弯的推理小说的我，竟也想以一种推理的方式来读华裔美籍作家伍绮诗的《无声告白》。书的开头便是结局："莉迪亚死了，可他们还不知道。"但当读完整本书后，得到的结果却令我瞠目结舌：我苦苦追寻的那个凶手，叫作"爱"。

在人世间，爱是最崇高、最伟大的精神财富，这一点无可否认。但如此天物，缘何成为凶手？原因很简单：当失去了本应该保有的限度之后，爱会变质，会失去原有的纯真与善良，甚至成为凶手。

变质的爱遍布于各个方面：对子女盲目的爱、对国家偏激的爱、对自然绝对的爱，等等。其中最普遍的便是家庭中变质的父爱与母爱。这样的爱，终将成为凶手。由此不可避免地又会引出一个由古至今热议的焦点话题——教育。

有时候我们得不到的东西，会希望至亲之人可以得到它，尤其是父母对子女。很多时候，所谓望子成龙，都只不过是自己一厢情愿地想把当初没有触碰到的东西以另一种形式得到。于是，便衍生出了类似莉迪亚投湖自杀的惨案。

我们都或多或少地背负了父母的期望和他们未完成的梦想，我们在这方面和莉迪亚是相似的，都怀揣着父母的爱，活的是父母所期望的样子，我们没有活出真实的自己，这也是悲哀。

我们有时候也是莉迪亚，我们也会为了家庭而不得不妥协，放弃自己曾经或许很喜欢的事情。我们的父母也许同样急迫地让我们成为他们追梦的后继者。我希望，看完这本书，我们可以不要像莉迪亚那样，最后没有勇气也没有机会说出自己内心的告白。愿我们可以说出自己的想法，不要让爱成为一种束缚。

对于莉迪亚的解读，我个人觉得，她承受的太多。她是这个混血家族对于外界生活的唯一的寄托，是一个承载着父母全部心血的机器人而已。但这样的故事由伍绮诗写出来，就有了不一样的意义：种族问题、女权问题、文化问题、教育问题、家庭问题，都在这个故事里得到关注和讨论——这可能也是本书在美国大获成功的原因。用书评人的话说就是："即使我们熟知身边有这类故事，也从来没在美国小说中见过，起码，在伍绮诗之前，没有谁处理过这类故事。"

在看似融洽的生活中却有着无声的忍受，人们愿意因为爱的承诺而妥协、牺牲，会因为害怕失去而顺从。爱的倾斜成为沉重的负担，《无声告白》中的一些描述时时令我在心里默默流泪。

是期待杀死了她，来自父母的期待杀死了这个少女。她的身上既有爸爸的特质，也有妈妈的特质，她是父母最爱的孩子，但同时父母也对她寄予厚望，将自身无法实现或者无力做到的事情强加在她的身上。爸爸希望她能够融入人群，成为一个受大家欢迎和喜欢的人；妈妈则希望她能成为一名优秀的医生，而不是像自己一样因为大四时怀孕中断了医生梦，成为家庭主妇！

每一个人终其一生都是成为自己的过程，他需要挣脱他人对自己的期待，找到真正的自己。这个他人也许是父母，也许是伴侣，也许是社会群众。无论他们于我们而言多么重要，我们还是需要成为自己，为自己而活，因为人只能活这一次，不为自己而活的人生就白活了，失去了任何意义。

《无声告白》，那些从未说出口的，如果你想知道，我希望告诉你。可我们从未彼此袒露，告诉你我的想法，直到你知晓，却付出了一个女孩生命的代价。这本书中包含着沉重的反思，父母不能一面说让孩子自由地成长，一面却把自己的希望强加在孩子的身上；父母对自己经历的不满，不应传递给孩子。那些想要和亲近的人说的话，要表达出来，不要无声承受。

越坚强越脆弱，越洒脱越沉默。每个人都想要很多不属于自己的东西，别人梦寐以求的却往往不屑一顾，这就是生活，没有办法，虽然沉重窒息，却自古如此。

这就是共鸣所在，因为每个人都有，但我们依然不知道该怎么办，依然坚强着脆弱，洒脱着沉默。

无声告白，告白是因为爱，无声是因为压迫。

变了质的爱，终究成了凶手。

四、摆脱期待找到自己，让爱不再犯罪

——如何缉拿"凶手"，防患于未然

他人的期待，善意的或恶意的，都没有分别。如书中的莉迪亚一般，其父母认为她应该是一个受欢迎的、成绩优异的好学生，甚至为她决定了将来要从事的工作——成为一名女医生。殊不知，这只是又一种"刻板印象"而已，并不单纯是美好的期待。其实，这种期待无处不在，只是在父母身上最为典型。有人说，天下父母都是望子成龙、望女成凤的，但这个好的出发点不一定会带来好的结果。正如书中所写，无法摆脱这种期望给莉迪亚带来巨大的压力，最终逼迫她走向自杀。

最明显的例子，便是关于学习。莉迪亚实际上对科学并不感兴趣，但为了使母亲高兴，她迫使自己装出一副乐于学习的样子，这导致她无奈之下只能抄别人答案获取高分。在现实中，这样的事例比比皆是。有多少人，高考时在父母、亲戚的百般劝说下，填了一个自己不喜欢的专业？这都是一个又一个的"莉迪亚"啊！这些人，他们说不上绝望，但肯定没有希望；说不上痛苦，但不会有喜悦；说不上劳累，但也没有获得真正的轻松。他们活成了"别人家的孩子"，于是他们的心也不在他们自己那里了。

然而，这些期望不仅仅在学习上笼罩着莉迪亚——它们存在于方方面面。临近结局时，莉迪亚才渐渐看出，看似喜欢她的男孩对她只是像对待姐妹一样。那个男孩从没有真正喜欢她，而是在她身上寻找心中理想的那个人的影子。可悲的是，她自始至终都认不清这一点，反而促使自己向对方的理想靠拢，她只知道改变自己却永远不能让对方满意。

我们终此一生，就是要摆脱他人的期待，找到真正的自己。这个世界也因为不同的自我的存在，而变得更加和谐多彩。

除此之外，本书还写到了诸多方面的问题。

莉迪亚的父亲詹姆斯本就是种族歧视的受害者。他讲课时被自己的学生欺负，恋爱时被准岳母嫌弃，后来其妻玛丽琳也因为嫁给他而遭人非议。按理来说，这一家人应该对种族歧视最为深恶痛绝，但恰恰相反。潜移默化中，他们从受害者变成了加害者。莉迪亚因为遗传了母亲的蓝眼睛，看上去像一个"正宗"美国人而受到偏爱，其余孩子只能默默承受这不公。莉迪亚因为受到过多的关注，压力过大而自杀，而她的哥哥和妹妹只能活在痛苦中。

小时候弹钢琴有一种体会，有的音符不能一键按到底，必须用适当的力度将其按到中间的某个位置，才能获得最好的音效。困难的是，如果用力太小，钢琴根本不会发出音，而用力过猛，则会把琴键压到最底部。人生又何尝不是如此呢？父母的期待、他人的评价就好比演奏的手指，想要恰到好处地弹出一个孩子的人生，需要严格地把控力度；而我们又往往太像任人摆布的琴键，随着周遭环境而默默忍受或极不情愿地被塑造，从而被扭曲成一个不是我们自己的自己。外面的环境我们固然难以改变，可是尽力去寻找、去保护真正的自己是我们力所能及也理所应当做的。

《无声告白》中描写了两代人。母亲玛丽琳曾经是一个坚毅而聪明的女学生。她的母亲一辈子都被家务和繁杂的保守礼节所束缚，所以玛丽琳竭力想通过出色的学业成绩来摆脱相同的命运，而她最大的梦想就是考取医学院，当一名优秀的医生。学生时代的她为了自己的梦想不顾众人嘲讽和一屋子男生共修物理，她忍受了各种各样的恶作剧却从来没有改变过目标。然而，偶然邂逅一个中国男人并组建家庭后，她为了孩子放弃了学业，不知不觉中渐渐走上了母亲的老路。可是在玛丽琳心中，她真实的自我仍然存在，她心里一直有一道绕不过去的坎。她无法实现自己的梦想，因而把一切希望寄托在最像自己的女儿身上。同时，当她看到自己的同龄人伍尔夫太太，虽然没有美满的家庭，却是一名成功的大夫，她冲动地离家去继续研究医学，导致了家庭的第一次破碎。而玛丽琳的女儿莉迪亚，本应该是一个安静、内向的孩子。她的母亲没有实现自己的医学梦，她的父亲从小受种族歧视而不敢和人交往。只是因为她有一双蓝眼睛，只是因为在这个混血的家庭里她最像美国人，她母亲便用各种学术上的要求竭力把她塑造成一名优秀的学生和一名超群的科学家；她的父亲从小强制她参加各种社交活动，强迫她和一群她并不熟悉的同学交往，想让她变得"很有人缘"。表面上看，莉迪亚的确成了父母心中的小天使——她有优异的成绩和良好的人际关系。可是藏在表象下的，却是她对学校生活的厌倦，是无数个夜晚她对着没有接听者的话筒假装说长叙短。莉迪亚根本不适合她父母设计的光辉道路，但是她迷失了真实的自我，淹没在他人的期望中。最后，当她再也受不了每日伪装成别人而投湖自尽时，她的父母才骤然发现，原来女儿班上的同学说和她"不熟"，原来她九年的日记本都空空如也，原来那场没有通过的驾照考试才是她对内心最真实的考察。被他人期望所禁锢而被折磨得残缺不全的莉迪亚最终终结了自己的生命。

《无声告白》是对人格的一次剖析与审视。每个人都有自己害怕的东西，也都有自己热爱的东西。有时我们不得不因为生活的改变而暂时放弃一些喜好，但是我们不能忘记自己的初心。当生活来融化我们，我们不一定要按照别人设计的模型去流淌。当你被他人的期望左右时，其实是在强迫自己去改变内心最纯粹、最有动力的梦想。找到真实的自己，或许玛丽琳就可以坚持她的医学梦，或许身为亚裔就不会再是詹姆斯的心结，或许莉迪亚就可以一直做一个内敛的小孩快乐地活下去……找到真正的自己，每个人都能得到救赎。

而读这本书的我们呢？在众人纷杂的建议和长辈的期望下，我们不能忘记自己当初究竟是为了什么而奋斗。生命太短暂，不要活在别人的梦想中。当我们抛开一切杂念，向自己内心窥探，发现的可能只是一个小小的心愿或者小小的恐惧，但由于我们是我们，它就是我们存在的所有理由。我们活着，就是为了活着本身而活着；而活着本身，就应该是自由的。其实找到真实的自己并不难，只要你鼓足勇气，向着地平线眺望，那时你会发现，做回真实的自己，才能发出最耀眼的光芒。

如何科学地感受语言的艺术魅力

——《语言学的邀请》整本书阅读指导

刘 莎

阅读指导视频

朗读音频

《语言学的邀请》 作者：**塞缪尔·早川（Samuel Hayakawa）、艾伦·早川（Alan Hayakawa）**
出版社：北京大学出版社
原作名：Language in Thought and Action
译者：柳之元
出版年：2015
定价：48.00 元
丛书名：大学的邀请
ISBN：9787301259702

一、意蕴与价值

　　语言学既是艺术也是科学，既是自然科学也是社会科学，《语言学的邀请》正是一本能够以轻松的方式带领你走进这一门艺术与科学的书。

　　一方面，作为一本入门级的语言学书籍，它逻辑清晰明了，语言深入浅出，对于语言的产生、应用进行了深入的分析，且译者以"原文忠于原著，举例忠于读者"为原则，非常适合中学生们第一次迈出阅读舒适区，阅读一本严肃却充满吸引力的学术著作，也契合 2017 年版《普通高中语文课程标准》中提出的 18 个任务群中学术论著专题研讨和跨文化专题研讨的需要。

　　另一方面，高中生经过数年语文的学习，已经具有了一定的语言基础，而在实践中如何更好地应用语言是我们需要更加关注的问题，这既包括课堂教学所涉及的写作能力、阅读能力，也涉及学生的日常交际能力。《语言学的邀请》正是一本能够引导学生在日常生活学习中，结合语言学的理论更好地运用语言说话、写作、听话与阅读的书。

此外，本书作为一本学术著作，逻辑严密、语言严谨，其中所包含的概念、判断、推理等内容既有科学性，又有较高的趣味性，相信对于培养学生思维能力也有促进作用。

二、作家与作品

《语言学的邀请》原名为《思考与行动中的语言》（*Language in Thought and Action*），因北京大学 2015 年出版的系列丛书"大学的邀请"缘故，改为《语言学的邀请》，作者为美国语言学家塞缪尔·早川、艾伦·早川，译者为柳之元。本书最早出版于 1941 年，第五版出版于 1991 年，中文版即基于 1991 年出版的第五版的翻译。

本书多次再版，并适应时代发展增加了新的内容，也在一般读者、学术界得到了广泛的认可。罗伯特·麦克尼尔（Robert MacNeil）在书评中指出，塞缪尔·早川通过这本著作告诉我们如何应用人类最为重要的工具——语言，帮助我们减少好斗与恐惧的心理，增强理性、合作意识。沙尔利·诺泰斯（Charlie Notess）则指出，每一个高中生毕业前都应该读而且读懂这本书，它对于我们更好地理解语言、理解世界都有很大的作用。

塞缪尔·早川祖先为日本人，1906 年在加拿大温哥华出生，1936 年成为威斯康星大学教授，1976 年成为旧金山州立大学名誉主席。作为闻名世界的语义学权威，塞缪尔·早川的著作主要集中在语义学领域，《语言学的邀请》即为其代表著作，1941 年第一版出版时轰动一时，虽为学术著作却成为畅销书。除了语义学的研究，早川教授也十分关注新闻出版行业，同时广泛涉猎心理学、人类学、生物学、物理学等各个领域，并且人生经历十分丰富，曾在精神病院做过研究，又在多家周刊发表书评、乐评，对艺术领域也有很深的认识，因而，"他更加能够跳脱一门学问狭窄的范围，观察人类行为和思想中许多不同的部门"（柳之元）。

本书分为两大部分。第一部分为语言的功用，主要讨论语言是如何在社会中应用的，包括语言的产生、如何理解语言、如何理解语言的作用等内容。在这一部分，对抽象的语义学知识，作者能够举出贴近生活的事例，通俗易懂而且能引起共鸣。学生通过阅读作者所举事例，亦可举一反三，在生活中运用语言学知识，提高自己的语言应用能力。第二部分为语言和思想，主要从语言与我们的思想价值观的关系角度来探讨语言，引导读者进一步深入思考语言与思想的关系。这部分内容不仅仅是从语言学角度分析语言，更多的是引导读者进一步反思社会现象。学生通过这部分内容的阅读，能够更理性地认识、分析社会问题。

作为一本学术著作，能够长期得到大众读者的喜爱，与作者高超的写作功底密不可分。作者的逻辑严密，语言深入浅出，在阐释问题时举出的例子时而令人捧腹，时而令人深思，且让读者不由自主地联想起自己生活中的种种语言现象。

此外，出色的翻译为本书一大亮点。本书虽然由美国学者所著，但译者柳之元能够本着"原文忠于原著，举例忠于读者"的原则，将书中部分例证转换为汉语文化中的例子，例如第一编开篇引用的《论语·为学》。通过这种方式，进一步拉近了这本学术著作与国内读者的距离，也降低了阅读的难度。

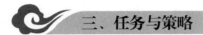 三、任务与策略

1. 整体思路

本书阅读按照"个人通读—教师指导—小组研读—班级研讨"的思路进行，学生先在基本了解本书内容的前提下根据"通读指导"粗读全文，初步体验学术著作的特点，并选出"通读指导"中"问题 / 任务"的部分问题或任务留作之后小组讨论、师生讨论的话题。之后，再由教师对本书的重点突破内容进行指导，并按照任务安排分小组研究学习。最后，围绕小组讨论的几组内容进行班级研讨，对本书所阐释的语言学问题进一步进行深入的思考，同时，整合阅读经验，指导学生对今后其他学术著作的阅读。

2. 通读指导——阅读进程表

章节	本章关键词	问题 / 任务
第一章　语言和生存	生存、合作	（1）语言有哪些作用 （2）语言是如何产生的 （3）如何看待竞争与合作
第二章　符号	符号；象征化过程；言辞世界与外在世界	（1）怎样理解象征化过程 （2）举例说明言辞世界与外在世界的异同 （3）如何理解符号？在日常学习生活中有哪些常用的符号

续表

章节	本章关键词	问题 / 任务
第三章　报告用的语言	推论与判断；偏倚	（1）区分事实与推论、判断 （2）按照第 57 页的格式描述一位本班同学
第四章　前后文	外向意义、内向意义	举例解释什么是外向意义、什么是内向意义
第五章　有助于社会团结的语言	听话、说话	结合中国、日本和英国的古典诗歌，谈谈诗人是如何抒情的
第六章　语言的双重任务	说明性含义、情感性含义	改写词语（说明性含义和情感性含义互换）
第七章　控制社会的语言	仪式	仪式有什么作用？迄今为止，你参加过的哪个仪式让你最有"仪式感"
第八章　传达感情的语言	语言与情感、修辞、隐喻与直觉、典故、科学与文学	（1）如何让自己的语言充满情感？试着以本班同学为对象写一段话 （2）结合本学期学习的古典诗词，谈谈你对典故的认识
第九章　艺术和激荡的情绪	文学的意义	梳理本章节译者所举例证
第十章　我们是怎样得到知识的	抽象化、概念	运用"高级抽象阶层"和"低级抽象阶层"写一个故事
第十一章　捕风捉影	概念与事实、抽象阶层	（1）关于本章所提到的"非洲黑人"你有何联想？结合本章知识谈谈你产生这种联想的原因 （2）就最近一则新闻和新闻下的评论谈谈你对抽象阶层的认识
第十二章　分类	分类、真理	你在学校会不会不自觉地给别人分类，比如"学霸""学渣""学神"？这种分类有何优缺点
第十三章　二元价值观点和多元价值观点	二元价值观点、多元价值观点；观点和逻辑	二元价值观点有哪些危害？日常生活中有哪些常见的二元价值观点？结合最近热门的新闻事件谈谈你的看法
第十四章　一团糟	内向观点	除了作者所谈到的电视、广告以外，现今社会还有哪些东西在无形中影响着我们的观点

续表

章节	本章关键词	问题 / 任务
第十五章　老鼠和人	外向观点、科学态度	科学的态度是什么
第十六章　走向内心和外界的秩序	自我概念、地图；报告与判断	用报告的语言写一段话介绍自己，再用判断的语言写一段话评价自己。对照两者的区别

3. 策略指导

阅读策略	主要内容	教学资源	设计目的
起始课	（1）本书基本结构 （2）如何阅读学术著作	教师导读、起始课资料	初步了解本书内容以及学术著作的特点
阅读策略一	形成对语言学的基本认识	施春宏、J. 莱昂斯论文	了解学术类论文、著作的基本构成；培养学生的论述文阅读能力
阅读策略二	将语言学知识与写作、阅读教学结合	阅读材料	（1）了解二元价值观点与多元价值观点 （2）学会用多元价值观点进行议论文写作 （3）学会理解语言传达的感情，并能够运用语言恰当地传达感情
阅读策略三	结合生活实际探讨语言学的意义	生活场景	（1）运用语言学知识学会说话 （2）运用语言学知识认识、解释生活现象
阅读策略四	拓展思考	英文原版《语言学的邀请》；本书序言	了解本书的社会意义；了解译著的特色

起始课

教学目标

（1）介绍《语言学的邀请》的相关知识，引发学生的阅读兴趣。

（2）明确阅读进度，初步指导学生安排个人阅读计划。

（3）设定通读任务，让学生初步了解整本书阅读的大方向。

教学过程

内容一：《语言学的邀请》导读（制作 PPT 课件，介绍《语言学的邀请》相关知识）

（1）作者简介——语义学的专家，人类行为与思想的观察家。

（2）作品内容的介绍，让学生了解本书主要内容。

（3）初步引入作品的思想性与艺术性。

（4）学术著作的特点与阅读方法。

内容二：阅读计划安排

（1）规定阅读时限，根据时间安排个人每天的阅读进度，要求在阅读时限内完成对整本书的阅读，学生需制定自己的个人阅读进度表。

（2）将"通读指导"发给学生，让他们根据"通读指导"粗读全文，对作品做初步理解，并结合"通读指导"中每一部分所留的"问题/任务"对所读内容进行深入思考。

（3）教师对本书的重点突破内容进行指导，并按照任务安排分小组研究学习。最后，围绕小组讨论的几组内容进行班级研讨。

阅读策略一　形成对语言学的基本认识

教学目标

（1）明确本书关键概念与重要假设。

（2）学会区分事实与观点。

（3）了解语言学的基本内容。

教学过程

内容一：明确本书概念与假设

1. 关键概念

语言、符号、仪式、言辞、现实。

2. 假设

假定为正确的命题或命题集。它是建构理论体系的基础，是理论推演的前提。它是一个理论体系中的"硬核"部分。在理论体系中，它具有某种公理性、先验性，是特定理论体系中的逻辑起点。一个学科、一个学派、一个理论体系，都以某些基本的假设作为理论的出发点，而这种假设往往就是对所考察对象的存在状态的一种理论认定。[①]

---

① 施春宏.语言学理论体系中的假设和假说［J］.语言研究集刊，2015（1）：20-38，351-352.

3. 本书的基本假设

第一章（第30页）

同类之间通过语言进行广泛的合作，是人类生存的基本工具。假如谈话的结果是引发或者增加了争执和冲突，不是说的人有毛病，就是听的人有毛病，要不然就是大家都有毛病。

因此，本书的出发点就基于这种假设，即人类通过语言进行合作，语言是一种基本工具。

4. 其他相关概念

（1）事实：事实是记录的客观存在，不以人的意志为转移；事实从自然收集而来，使用观察、实验、记录等测量手段；事实代表了客观，在语言陈述中体现出理性。

（2）观点：观点则是思想的主观判断，可以"仁者见仁、智者见智"；观点来源于头脑，通过学习、比较、判断、质疑等思维方法产生；观点代表着主观，在语言陈述中体现出感性。

内容二：语言是什么？语言是如何产生的？（可选内容）

从第一章我们可以知道本书作者对于语言的定义，即语言是人类生存的基本工具。我们也可得出，作者认为人类的语言产生于合作。对于语言是什么、语言是如何产生的，在语言学中有不同的假说。结合本书阅读的体会和我们现有的对于语言学的认识，阅读施春宏与 J. 莱昂斯的论文（《什么是语言》，请在网上自行查阅）回答以下问题。

阅读指引：

（1）找出中心论点，勾画文章基本脉络。

（2）圈出关键概念和重要结论。

语言学理论体系中的假设和假说（节选）

施春宏

（一）宏观层面的语言学假说

宏观层面的假说往往是就语言发生、存在、运作的根本状况或过程所做出的概括性推断。这些假说都跟语言研究的基本观念相关联，是研究者建构理论体系的根基性认识。这些假说往往是普通语言学层面比较关心且争论不休的话题。这个层面的语言学假说，往往不只是语言学家在关注，很多话题也是哲学家、人类学家、心理学家、社会学家等所关注的基本论题。

语言是如何产生的？这个问题是一切语言问题之本。对此，历史上出现过很多关于语言起源的假说。18世纪对这个问题的讨论尤为热烈，如法国思想家卢梭提出契约说，法国哲学家孔狄亚克提出情感宣泄说（也称感叹说），德国哲学家赫德尔则提出摹声说。其他的语言起源说如手势说、劳动说（劳动号子说）、体验说、本能说、进化说、人类本源说和神授说等，还有最为常见且认识上又相当模糊的约定俗成说。其中，影响比较大、论证比较丰富、理论相对体系化、对当下语言研究有深刻影响的则是进化说。这也是理解现代语言科学，尤其是生成语法及其相关研究的一把钥匙。与此相关的还有语言起源的单一祖语说和多祖语说、语言发展的谱系树说和波浪说等。

值得特别提出和专门说明的是"天赋说"和"普遍语法假说"。这是关于语言知识的本性和来源问题的一种假定，或者说是关于人类语言能力的一种假定。天赋说认为人类大脑中存在着与生俱来的具有人类语言基本结构知识的自足系统，这个系统是生物进化的结果，它设定了人类语言构造的原则及其变化参数，即"普遍语法"，各个具体语言之间的差异是原则的参数化，因此任何没有认知缺陷的儿童都具有掌握任何一门语言的能力。简言之，普遍语法可以被看作某种原则系统，这种原则系统先于每个人的后天经验，为人类所共享（Chomsky，1981：7）。也就是说，语言官能（Language Faculty）是人类所具备的生物性天赋能力的一个组成成分。这个假定是乔姆斯基学派的理论基石。

显而易见，上面这些假定，都是各种理论的基石，虽然以"假说"的面貌出现，虽然持有该"假说"的人也通过一些观察到的事实设计一些实验来论证其合理性，但从根本上看，它们都被当作一种理论体系的基础，因此完全应该看作是一种"假设"。它实际上是一种语言观、语言论，而不是一般意义的"假说"。像天赋说/普遍语法假说、萨丕尔-沃尔夫假说（Sapir-Whorf Hypothesis）这样关于语言的本性、来源、作用、地位的认识，在不同时期常以不同方式作为特定理论体系的理论出发点而呈现出来，而且也常引起学派之间巨大的争论。

阅读策略二　将语言学知识与写作、阅读教学结合

主要参考第十一、十二、十三章议论文写作中的观点。

教学目标

（1）了解二元价值观点与多元价值观点。

（2）学会用多元价值观点进行议论文写作。

（3）学会理解语言传达的感情，并能够运用语言恰当地传达感情。

教学过程

内容一：二元价值观点与多元价值观点的判别与应用

1. 概念

二元价值观点：建立在单一欲望之上，事物只有两种价值，一是可以满足那种欲望的东西；二是阻碍那种欲望的东西。例如，觉得不"好"的就一定是"坏"的，相对应地，不"坏"的也就是"好"的。

多元价值观点：不仅有"好""坏"，也有"很坏""不坏""还好""很好"等多种价值判断。对于一件事能够想到的行动方式更加精细。

2. 判别二元价值观点和多元价值观点

根据自己的喜好，试着用二元价值观点和多元价值观点评判某一事件。如：

（1）网球界最顶尖的两位运动员，一位代表天赋，一位代表勤奋。

（2）网球界最顶尖的两位运动员，一位天赋出众同时勤奋努力，一位天赋尚佳勤奋出色。

3. 写作运用

仔细审读以下文段，试着用多元价值观点分析问题、提炼观点。

文段一：2015年重庆卷作文题

一个刚上车的小男孩让公交车等一下他妈妈，过了几分钟，妈妈还没到，车上乘客开始埋怨起来，这时残疾妈妈拖着腿上车了，所有人都沉默了，考生按照这个材料进行发挥。

文段二：2016年浙江高考作文题

网上购物，视频聊天，线上娱乐，已成为当下很多人生活中不可或缺的一部分。

业内人士指出，不远的将来，我们只需在家里安装 VR（虚拟现实）设备，便可以足不出户地穿梭于各个虚拟场景：时而在商店的衣帽间里试穿新衣，时而在诊室里与医生面对面交流，时而在足球场上观看比赛，时而化身为新闻事件的"现场目击者"……

当虚拟世界的"虚拟"越来越成为现实世界中的"现实"时，是选择拥抱这个新世界，还是刻意远离，或者与它保持适当距离？

内容二：传达感情的语言

主要参考第八章内容。

（1）语言如何传达感情。

语言可以传达感情，如何更好地用语言传达感情？本书提出了以下方案：

1）运用好听的话、长的词句、一再重复的词句和发表讲话的庄严气氛产生感动人的力量。

例如，广告中常见的重复、网络上流行的"重要的话说三遍"、演讲中最后一段所用的排比句，等等。

2）直接与听众、读者对话以唤起读者的感情。

合理使用第二人称。

3）运用修辞来打动读者（这里与下面第4点分开来谈，主要是从语言学角度不同范围的修辞来讲）。

"为了自己的快乐，为了下一代的幸福，为了国家的富强，为了民族的前途，为了人类的将来，我们不能不注意清洁卫生。"

"平生不会相思，才会相思，便害相思。身似浮云，心如飞絮，气若游丝……"

4）运用直喻、隐喻来唤起我们的印象，更生动地表现情感。

"车似流水马如龙"

"人比黄花瘦"

"床头""山脚""建立""充溢"

这类修辞已进入一般词汇系统，因此更难察觉，读者们可以试着找一找其他类似例子。

5）运用典故来传达情感。

以上各种传达感情的方式在各种文化中有一定的差异，但基本相通。而"典故"这种方式有很强的文化特点，不同文化中传达同一种感情所用的典故可能完全不同。有兴趣的读者可以找一找中国的常见典故在英语文化、日本文化中有哪些对应的内容。

（2）运用以上2～3种传达情感的方法，写一段话号召同学们爱护教室卫生。

（3）结合本学期学习的古典诗词，选出一两个典故，创作一个故事。

（4）结合中国古典诗歌抒情方式，对比分析古诗中表达感情的方式与本书中所提到的内容有何异同。

阅读策略三 结合生活实际探讨语言学的意义

教学目标

（1）运用语言学知识学会说话。

（2）运用语言学知识认识、解释生活现象。

教学过程

内容一：报告的语言和判断的语言

主要参考第三章、第六章、第十六章内容。

1. 厘清概念：区分报告的语言和判断的语言

在本书中，报告的语言指的是这样的语言（第 46 页）：

（1）它们是可以证实的。

（2）它们会尽可能地避免做出推论和判断。

判断的定义是"作者对他所描写的人、事、物所有赞许或不赞许的表示"。

推论的定义是"根据已知的事物对未知的事物所做的陈述"。

书中的例子：

例 1：

报告："老李曾被判盗窃罪，在监狱里关过两年。"

判断 + 推论："老李是个贼"（因为老李可能没有偷过东西却被判罪，这是一个判断；而且老李现在、以后是否还会偷东西并不知道，因而是推论）。

例 2：

报告："周婉贞上周六晚上直到夜里两点才回家。"

推论："我敢担保她一定是在外面鬼混。"

判断："她是一个一文不值的人，我从来就看不上她那副样儿。第一眼看见她我就知道她是个什么人。"

2. 实际应用：如何应用报告的语言和判断的语言

"练习写报告文是增强对语言的注意力的一个捷径。"参考本书第三章的内容，选取一个现实的或者虚拟的人物，按照要求完成下面的写作练习：

（1）用尽量不带偏倚的报告语言写一段人物介绍。

（2）用"好的"报告语言写一段人物介绍。

（3）用"坏的"报告语言写一段人物介绍。

（4）用"好的"和"坏的"两种报告语言综合写一段人物介绍。

参考范例：

（1）亚历山大是一名网球运动员，1990 年出生于美国，青少年时期在西班牙接受专业训练。2008 年获得第一个冠军。他的妻子也是一名网球运动员，2010 年他们在法国比赛的时候相识，2018 年春天举办了婚礼，现在妻子正在怀孕中。在 2019 年的比赛中，他取得了 5 个单项冠军。

（2）亚历山大是一名职业网球运动员，1990 年出生于美国中部的一个小镇，青少年时期得到网球名宿的资助才得以来到西班牙接受专业训练。他以 18 岁的年龄在大满贯赛场取得首个冠军，是美国最年轻的大满贯得主。他的妻子也是美国的网球运动员，他们经常观看彼此的比赛，交往了 8 年并在 2018 年举办了婚礼，他的太太一直想要一个孩子，今年妻子怀孕了。在 2019 年的比赛中，他取得了 5 个单项冠军，是今年所有运动员中数量最多的。

（3）亚历山大是一名职业网球运动员，1990 年出生于美国中部一个犯罪率居高不下的小镇，青少年时期得到资助后在西班牙参加训练，早上的训练每周都会迟到。因为高排位运动员的退赛，2010 年大满贯比赛击败 7 位排名 100 名以外的运动员取得了冠军。他的妻子也是美国的网球运动员，从未取得冠军。他们断断续续交往 8 年后，2018 年在拉斯维加斯举行了婚礼。他的太太一直想要一个孩子，而他强调现在要专注于比赛，但是太太今年怀孕了，两人目前处于分居状态。在 2019 年的比赛中，他取得 5 个低级别的冠军，没有拿到任何一个大满贯赛事的冠军。

（4）亚历山大是一名职业网球运动员，1990 年出生于美国中部的一个小镇，那个小镇犯罪率一直很高。青少年时期他得到了网球名宿的资助，来到西班牙参加专业训练，在那段时间里他训练每周都会迟到。他是美国最年轻的大满贯得主，他在 18 岁便获得了冠军，但是他那次比赛中对手的排名都在 100 名以外。他的妻子也是美国的网球运动员，他们断断续续交往了 8 年，2018 年在拉斯维加斯举办了婚礼。他的太太很想要一个孩子，现在她终于怀孕了，但是他想专注于职业生涯，因而两人暂时处于分居状态。在 2019 年的比赛中，他取得了 5 个低级别冠军，是所有运动员中最多的，但是他还没有取得任何一个大满贯赛事的冠军。

内容二：仪式与语言

主要参考第五章、第七章内容。

近年来，"生活需要仪式感"的观点被越来越多的人认可，除了庆祝生日、每天道早安等以外，"仪式感"也有它存在的语言学根基。在本书中作者就从语言学角度对宗教、科研团体、职业团体等的各种类型的仪式存在的作用进行了深刻的分析。

（1）分小组讨论下列几种仪式的特点，分析这些仪式中使用的语言，并探讨仪式的作用：升国旗、开学典礼、毕业典礼、成人仪式、婚礼、欢迎会、告别会、生日派对、除夕聚餐、新年音乐会。

例：结婚仪式（包括婚姻登记处仪式、婚礼）。

参与人员：

1）必有人员：新娘、新郎、颁证员、证婚人等。

2）可有人员：双方父母、亲友、同事等。

地点：婚姻登记处、酒店、饭店、教堂等。

所用语言（以婚姻登记处仪式为例）：

民政局结婚宣誓词（一）

颁证员：我是×××民政局颁证员×××，很高兴能为二位颁发结婚证。

颁证员：今天是××××年××月××日，是你们喜结良缘的好日子。你们在茫茫人海中寻觅到对方，牵手走进了婚姻这神圣的殿堂。我衷心祝福你们！

颁证员：常言道，百年修得同船渡，千年修得共枕眠。婚姻是相伴一生的约定，标志着人生新阶段的开始。生活告诉我们：美满的婚姻，既有温馨、浪漫和甜蜜，更有义务、责任和付出。希望你们在今后的生活中不论遇到什么困难，都能以一颗宽容的心去善待、包容和理解对方，共享家庭的温暖，共历人生的风雨，请问你们能做到吗？

（双方回答）

颁证员：请二位上前领取结婚证。（双方分别上前签字领证）

颁证员：结婚证是证明两位夫妻关系的法律凭证，希望你们珍藏一生！祝你们相亲相爱，天长地久！

民政局结婚宣誓词（二）

颁证员：我是×××民政局颁证员×××，很高兴能为二位颁发结婚证。今天是个神圣的日子，请二位郑重回答我的问题：请问你们是自愿结婚吗？

（双方回答）

颁证员：请二位面对庄严的国旗和国徽，一起宣读《结婚誓言》。

双方宣读《结婚誓言》：

我们自愿结为夫妻，从今天开始，我们将共同肩负起婚姻赋予我们的责任和义务：上孝父母，下教子女，互敬互爱，互信互勉，互谅互让，相濡以沫，钟爱一生！

今后，无论顺境还是逆境，无论富有还是贫穷，无论健康还是疾病，无论青春还是年老，我们都风雨同舟，患难与共，同甘共苦，成为终生的伴侣！我们要坚守今天的誓言，我们一定能够坚守今天的誓言！

民政局结婚宣誓词（三）

新郎：

我，＿＿＿＿，娶你，＿＿＿＿，做我的妻子。我愿对你承诺，从今天开始，无论是顺境或逆境，富有或贫穷，健康或疾病，我将永远爱你、珍惜你直到地老天荒。我承诺我将对你永远忠实。

新娘：

我，＿＿＿＿，嫁给你，＿＿＿＿，做我的丈夫。我愿对你承诺，从今天开始，无论是顺境或逆境，富有或贫穷，健康或疾病，我将永远爱你、珍惜你直到地老天荒。我承诺我将对你永远忠实。

今天，我们将共同肩负起法律赋予的婚姻责任和义务：孝敬父母，教育子女，互敬互爱，遵纪守法。今后，无论贫穷或富有，健康或疾病，我们将患难与共，风雨同舟，热爱对方，珍惜爱情。

作用：

1）语言具有工具功能，这些誓言在见证人面前有法律意义，使得二人的婚姻合法化。

2）加强了夫妻双方的"团结"，进一步明确双方的感情与责任。

3）在见证人和全体参与人员的见证下，进一步加深双方的情感羁绊，同时提高违约的成本。

（2）你参加的所有仪式中哪一个让你最有感触？你印象最深刻的内容是什么？

（3）你希望在日常生活中增设哪一个仪式？请为这个仪式拟定参加人员、特色活动、特色话语。

（4）你希望在你的生活中删除哪一个仪式？为什么？

（5）你认为你和你的长辈们对于仪式的认识有哪些区别？就其中一个进行调查研究（例如对于春节活动的认识等）。

阅读策略四　拓展思考

教学目标

（1）认识本书的时代意义和现实价值。

（2）了解本书的翻译特色。

教学过程

内容一：对社会问题的反思

（1）本书的出版在当时的意义。

本书初版发行于 1941 年，出版后登上了畅销书榜单，此后多次重版，但对于一般读者来说热度最高的依旧是初版时期。

结合当时社会背景、作者个人资料，分组查阅相关资料，谈谈本书的时代意义。

（2）本书对于当下社会问题的意义（日后可完善）。

现今语言暴力的形式更加多样化，在互联网的作用下出现了更多因为语言的使用而产生的问题。结合本书谈一谈在网络环境中我们应该如何发言，以及该如何理解他人的发言。

内容二：探究优秀译著的特点

翻译讲求"信、达、雅"，本书基本上做到了这一点。有兴趣的同学可以找出书中的例子，举例说明"原文忠于原著，举例忠于读者"的原则在本书中是如何体现的。

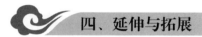

四、延伸与拓展

1. 语言学读物

《语言的第七功能》 作者：[法] 洛朗·比内
出版社：海天出版社
副标题：谁杀死了罗兰·巴特
原作名：La septième fonction du langage
译者：时利和、黄雅琴
出版年：2017
定价：48.00 元
丛书名：海天译丛·西方畅销书译丛
ISBN：9787550717756

语言的功能是由俄罗斯裔美国语言学家罗曼·雅克布森（Roman Jakobson）在心理学家、语言学家卡尔·布勒的理论基础上提出的，但是迄今为止雅克布森的理论框架里也只有语言的六种功能：指涉功能（the referential function）、诗性功能（the poetic function）、表情功能（the emotive function）、意动功能（the conative function）、寒暄功能（the phatic function）、元语言功能（the metalingual function）。语言除了这六种功能以外还有"第七功能"？来这本冒险小说中揭开语言功能的秘密吧！

《回锅肉和香菇菜心的语言等级》 作者：李倩

出版社：商务印书馆
出版年：2015
定价：39.00 元
ISBN：9787100112697

语言学的著作不一定艰深难懂，语言中包含的奥秘也可以用轻松易懂的方式呈现，《回锅肉和香菇菜心的语言等级》就是这样一本适合"吃货"的语言学好书。

《我们赖以生存的隐喻》 作者：［美］乔治·莱考夫、马克·约翰逊

出版社：浙江大学出版社
译者：何文忠
出版年：2015
定价：45.00 元
丛书名：当代外国人文学术译丛
ISBN：9787308143172

在阅读《语言学的邀请》关于隐喻的论述的基础上，我们可以通过两位认知语言学大师对于隐喻的深刻阐释进一步认识隐喻。相信读过《我们赖以生存的隐喻》之后，我们对于语言词汇中的隐喻会有更深的认识，对我们的思维方式也会有全新的发现。

《剑桥语言百科全书》 作者：［英］戴维·克里斯特尔

出版社：外语教学与研究出版社
出版年：2002
定价：99.90 元
丛书名：当代国外语言学与应用语言学文库
ISBN：9787560025137

想要多角度、更系统地了解语言，这本百科全书是绝好的选择。可以根据自己的兴趣挑选感兴趣的话题阅读，比如从"世界上的语言"开始阅读。

2. 影视作品

《依然爱丽丝》（2014）

导演： 理查德·格雷泽、沃什·韦斯特摩兰

编剧： 理查德·格雷泽、沃什·韦斯特摩兰、莉萨·吉诺瓦

主演： 朱丽安·摩尔、凯特·波茨沃斯、肖恩·麦克雷、亨特·帕瑞施、亚历克·鲍德温

类型： 剧情

制片国家 / 地区： 美国、法国

语言： 英语

上映日期： 2014 年 9 月

片长： 101 分钟

爱丽丝是一位事业有成的大学语言学教授，和丈夫约翰结婚多年，感情一直很好，两人生养了三个孩子莉迪亚、斐格利亚和汤姆，每一个孩子都健康长大。

50 岁那年，爱丽丝遭遇了生命中最大的变故，起初，她只是发现自己的记忆力有些退化，随着时间的推移，这种退化越来越严重，经过医生的诊断，她患上了阿尔茨海默病。丰沛的感情，珍贵的记忆，睿智的思想，爱丽丝渐渐失去了生命中重要的一切，然而，在家人的陪伴和鼓励下，她并没有失去活下去的希望，勇敢而又坚强地迎接新的一天。

这是一部关于语言与记忆的作品，可以引发我们对记忆、情感、语言的种种思考。

《编舟记》（2013 电影版）

导演： 石井裕也

编剧： 渡边谦作、三浦紫苑

主演： 松田龙平、宫崎葵、小田切让、黑木华、渡边美佐子

类型： 剧情

制片国家 / 地区： 日本

语言： 日语

上映日期： 2013 年 4 月

片长： 134 分钟

出版社"玄武书房"在进行中型日本语辞典《大渡海》的编纂企划时，在该社营业部门任职的马缔光也被即将退休的资深辞典编辑荒木发现了才能，并调动到辞典编辑部。马缔光也对于语言强烈的执着以及坚持不懈的天性，让其充分展现出辞典编辑的才能。但在马缔光也加入后不久，在公司内部素有"浪费公司资金的害虫"之称的辞典编辑部面临辞典编纂企划被喊停的危机，虽然在同事西冈正志的努力下企划得以延续，但西冈却遭到调职。十三年后，马缔光也晋升为编辑部主任，《大渡海》也终能问世。

《编舟记》(2016 动画版)

导演：黑柳利充、藤井辰巳、光田史亮、长屋诚志郎、由井翠

编剧：佐藤卓哉、根元岁三、木户雄一郎、黑柳利充、三浦紫苑

主演：樱井孝宏、坂本真绫、神谷浩史、金尾哲夫、麦人

类型：剧情、动画

制片国家 / 地区：日本

语言：日语

首播：2016 年 10 月

集数：11

单集片长：23 分钟

马缔光也是一位性格非常内向的年轻人，总是无法很好地通过语言来表达自己的想法。可是这样的他偏偏进入了公司的第 1 营业部，每天的工作都让光也感到压力非常巨大。一天，光也意外地在大街上遇见了名为西冈正志的男子，这个看似轻浮又油嘴滑舌的男人，竟然是辞典编辑部的一员。

正志在光也的身上发现了校编辞典的天赋，于是邀请他加入编辑部，开始了对于辞典《大渡海》的校编，光也就此结识了对文字爱得深沉的荒木公平、将自己的一生都投注到辞海中去的松本朋佑以及非常努力务实的佐佐木薰。

语言的学习从来都离不开辞典，从这部改编自三浦紫苑小说的动画片里，可以看到一本辞典的编纂过程。其中的艰辛与成就感会让人对辞典产生新的认识，对于语言中的词汇也会有新的理解。

《通天塔》(2006)

导演：亚利桑德罗·冈萨雷斯·伊纳里多

编剧：吉列尔莫·阿里亚加

主演：布拉德·皮特、凯特·布兰切特、盖尔·加西亚·贝纳尔、艾德里安娜·巴拉扎、菊地凛子

类型：剧情

制片国家 / 地区：法国、美国、墨西哥

语言：英语、阿拉伯语、西班牙语、日语、柏柏尔语、法语、俄语、日本手语

上映日期：2006 年 11 月

片长：143 分钟

电影讲述了在摩洛哥、墨西哥和日本发生的三个故事。

理查德和妻子苏珊因为婚姻危机，去摩洛哥旅行，苏珊在旅行车里遭遇枪击，为了医治苏珊，一车美国游客不得不在摩洛哥的小村滞留，而警方也将此次事件上升为恐怖袭击，展开了调查，其实真相却惊人的简单。

理查德夫妇滞留在摩洛哥，影响到了家里的孩子们，墨西哥保姆为了参加儿子的婚礼，只能让她的侄子开车带着她和孩子们一起去，但是，从墨西哥过境回来的时候，他们遇到了麻烦，警方怀疑她绑架美国小孩，事情开始不受控制。

日本，聋哑少女千惠子孤寂地生活在无声的世界中，母亲的自杀使她和父亲的沟通越发困难，由于自己的残疾，她也得不到异性的关注，性格越发叛逆。于是，她用自己的方式，和世界沟通交流。

《语言学的邀请》一书的基本假设是"同类之间通过语言进行广泛的合作，是人类生存的基本工具。假如谈话的结果是引发或者增加了争执与冲突，不是说的人有毛病，就是听的人有毛病，要不然就是大家都有毛病"。这部电影中的三个交流不畅的故事可以让我们进一步理解这个假设。另外，本电影中有多种语言同时使用，也可以感受到不同语言的魅力。

《降临》(2016)
导演：丹尼斯·维伦纽瓦
编剧：埃里克·海瑟尔、姜峯楠
主演：艾米·亚当斯、杰瑞米·雷纳、福里斯特·惠特克、迈克尔·斯图巴、马泰
类型：剧情、科幻
制片国家 / 地区：美国、加拿大
语言：英语、俄语、汉语普通话
上映日期：2016 年 9 月
片长：116 分钟

地球的上空突然出现了十二架贝壳状的不明飞行物，悬浮在十二个不同的国家的上空，外星人向人类发出了讯号，但人类却并不能够解读。美国军方找到了语言学家路易斯和物理学家伊恩，希望两人能够合作破解外星人的语言之谜。

经过数次的接触，路易斯发现外星人使用了一种极为特殊的圆环状的文字，并逐渐了解了其中的奥妙。由于一直无法确定外星人来到地球的真正目的，中国、俄罗斯等四国决定对外星人发起进攻，美方亦决定放弃研究将全部人员撤离，在这个节骨眼上，路易斯终于明白了外星人的意图，利用外星人赋予她的特殊的"武器"，路易斯以一己之力改变了未来。

在《语言学的邀请》中，论证了用于合作的语言可以如何避免冲突与战争，在《降临》这部电影中我们可以进一步体会语言的这一层意义。